JN095214

A New Guide to English Grammar

日本語を活用して学ぶ英文法

石居康男
莱原和生
著

for Japanese Learners

神田外語大学出版局

はじめに

英文法の教科書としては，一風変わったタイトルかもしれません。本書は日本語を母語とする学習者を念頭に書かれています。外国語の学習はどうしても母語の影響を受けざるを得ません。その点で英語の学習も例外ではありません。ならば，それを逆手に取って，日本語の影響を受けてしまいがちな部分をあえて前面に出し，それを材料にして英文法の解説を展開しようと試みたのが本書です。

本書は８つの章からなっています。各章の扉裏にはその章で展開される話の流れが手短にまとめてあります。章によって，節の数に違いはありますが，どの節も《考えてみよう！》《日本語に注目しよう！》《英語と比べてみよう！》《問題解決！》《練習問題》という５部構成になっています。

各節の冒頭の《考えてみよう！》では，その節で扱う文法事項の中から代表的なものを１つ選び，問いの形で提示しています。その問いにはすぐに答えを出さず，次の《日本語に注目しよう！》に進みます。そこでは，話を日本語に転じて，対応する文法事項が日本語ではどうなっているかに注意を向けます。本書は日本語文法の本ではありませんので，日本語に関する記述は，あくまでその節で扱う英文法の項目に関連する範囲にとどめています。《英語と比べてみよう！》では，前節で注目した日本語と比較しながら，その節で扱う文法事項を詳しく解説します。ここでも冒頭の問いにすぐに答えるのではなく，順序立てて話を展開していきます。続く《問題解決！》で冒頭の問いへの解答を示し，必要に応じて補足をしながら話を締めくくります。最後に各節のまとめとして，《練習問題》が用意されています。本文で扱った内容の再確認やさらに深い理解ができるようになっています。やや進んだ問題には星印（☆）がついています。１つの節がさらに小節に分かれている場合も，練習問題は大きな節の末尾にまとめています。

この本で学ぶ皆さんは，冒頭の《考えてみよう！》でまず先に自分の答えを書いてから，本文を読み進めることをお勧めします。《英語で考えてみよう！》を読んでいる途中で，自分が最初に書いた解答が間違っていたことに気がつくかもしれませんが，その気づきが大切なのです。そのためにも，まずは自分で考えてみてください。また，《日本語で考えてみよう！》では，自分の母語でありながら，これまであまり考えたことがなかったことに触れられているかもしれません。しかし，それを知ることによって英文法の理解が深まることが多々あります。まず当該の文法項目に関連する日本語の仕組みを押さえた上で，それを英語の仕組みの正しい理解に「活用」しようとするのがねらいなのです。

本書を英文法の授業などでお使いくださる先生方には，ことばについての直観を意識に上らせる能力（「メタ言語能力」）を育てる形で授業を展開していただければと思います。外国語は母語のように自然に身につくものではありません。自分の母語に対してもっている言語直観をまず確かめた上で，英語の場合にはそれとは異なる仕組みが背後にあることに気づき，それを学んでいくという学習方法のほうが，大学生を含む大人の外国語学習では，はるかに現実的で効率のよい方法だろうと思われます。同時に，そのような「メタ言語能力」を伸ばすことは，単なる言語の習得を超えて，知的な営みにもつながっていきます。文法の学習が決して無味乾燥なものではないことを体験する機会を提供することも言語教育の重要な役割ではないでしょうか。

このように，本書は，日本語を母語とする英語学習者のために，学習者のもつ母語に対する言語直観を活用し，英文法の学習につなげていこうとする意図で企画されたもので，英文法の総覧を目指したものではありません。したがって，すべての文法項目を網羅的に取り扱うことはしていません。しかし，目次を見ていただくと分かるように，英文法のほぼ全領域に片寄りなくトピックが行き渡るようにしました。同時に，従来の英文法書にはなかった新しい切り口で項目を設定していますし，解説にも統語論や意味論の研究から得られた新しい知見が反映されています。本書が英文法への興味のきっかけとなり，ひいてはより包括的な英文法書への架け橋になれば，本書の役割は果たしたと言えるでしょう。

本書の執筆にあたっては，神田外語大学出版局の米山順一氏に様々な局面で大変お世話になりました。本書の構成も米山氏の助言によるところが大きく，編集者と共に本を作り上げていくことの醍醐味を実感することができたのは大変貴重な経験でした。ここにお礼申し上げます。

2020 年 2 月 15 日

石居康男
棄原和生

目　次

日本語を活用して学ぶ 英文法

第１章

文の構造と種類

第１章では情報伝達の基本単位である文をとり上げます。文は１つ（あるいはそれ以上）の語からなる「句（phrase）」という意味上のまとまりによって構成されています。

文の表わす意味は多種多様で際限はありません。だからと言って，多種多様な意味を表わす文の形式が無数に存在するわけではありません。文構造は動詞の意味特徴によっていくつかの基本パターンに集約することができます。例えば，「食べる」という動詞は，「食べる」という行為を行なう人と「食べる」という行為の対象である物を表わす句が必要で，それらを主語，目的語として表わすことによって文の基本構造が決まります。「行為者」や「行為の対象」のことを「意味役割」と言いますが，「食べる」以外の動詞でも，「行為者」と「行為の対象」をとる動詞であれば，同じ構造をもちます。同様に英語の eat も「行為者」と「行為の対象」を選択し，それぞれを主語，目的語として表わせば，Eve ate the fruit. のような文を作ることができます。§1.1 では，多種多様な意味を表わす文の構造が動詞の意味特徴（どのような「意味役割」を担う要素をとるか）によっていくつかの基本パターンに還元されることを見ます。さらに，上記の例では主語も目的語も共に名詞句という「統語範疇」として具現していますが，「統語範疇」と「意味役割」は独立の概念です。両者の関係も確認していきます。

文には情報伝達という機能の他に，「断定する」「質問する」「命令する」「驚嘆する」といった話し手の行為を遂行（実現）するという機能があり，これを「発話行為（speech act）」と言います。§1.2 では文の表わす「発話行為」について考えます。どの言語にも発話行為ごとにそれを具現する形式（仕組み）があります。日本語では，「お昼ご飯ならもう食べました。」「お昼ご飯は食べましたか。」「早くお昼ご飯を食べなさい。」「今日のお昼ご飯はなんておいしいんだろう。」から分かるように，文末の形式の違いによって，それぞれの文が異なる発話行為を表わすことが示されています。英語でも異なる形式によって異なる発話行為が表わされます。「平叙文」（He worked hard.），「疑問文」（Did he work hard ?），「命令文」（Work hard.），「感嘆文」（How hard he worked !）のように，「陳述する」「質問する」「命令する」「驚嘆する」という発話行為を表わす専用の形式が用いられ，日本語とは反対に文頭位置の形式の違いによって区別されています。

1.1 文の構造：基本文型の先にあるもの

考えてみよう！

［1］～［3］では同じ「置く」という動詞が用いられていますが，動詞の前に現われる語句の順序が異なっています。［1］～［3］を英語に訳すとどうなるでしょうか。

［1］井上さんが昨日このテーブルにバッグを置いた。

［2］井上さんがこのテーブルに昨日バッグを置いた。

［3］井上さんがバッグをこのテーブルに昨日置いた。

日本語に注目しよう！

（1）～（3）の例文では，動詞が従える「句（phrase）」に違いがあります。

（1）　ジョンは本を読んでいる。

（2）　お客さんは部屋に行った。

（3）　鶯（うぐいす）が庭で鳴いた。

（1）では，他動詞が「本を」という目的語を従えているのに対して，（2）では，「行く」という自動詞が「着点」を表わす「部屋に」という句を従えています。（3）では，自動詞が「場所」を表わす「庭で」という句と共起しています。（1）～（3）から，日本語では動詞が従える句の違いは格助詞や「に」や「で」などの後置詞（§5.9を参照）によって表わされることが分かります。（1）（2）では，動詞が異なる句を従えるものの，これらは動詞にとって意味的に必要な要素です。（3）の「鳴く」は，（2）の「行く」と同じ自動詞ですが，動詞の直前に現われる句には働きの違いがあります。「行った」という自動詞の場合，「お客さんは行った。」のように「部屋に」が省略される場合もありますが，それは「着点」がすでに了解済みである場合だけで，通常は「着点」が必要です。一方，（3）の「庭で」は，それがなくても「鶯が鳴いた。」と言えることから，付加的な情報を与えるだけで，「鳴く」という動詞にとって意味的に必要な要素ではありません。このように動詞の従える句の違いによって，文はいくつかのパターン（文型）に分けることができます。（1）は動詞が目的語を従える文型，（2）は自動詞が着点を従える文型，（3）は動詞が意味的に必要な句を従えない文型，ということができます。

» 英語と比べてみよう！

英語でも「述語動詞（predicate verb）」の従える句の違いによって文を５つの基本文型に区別することができます。

（4） The baby *smiled.* 【SV 型】

（5） John *is* a teacher. 【SVC 型】

（6） John *criticized* our plan. 【SVO 型】

（7） Mary *gave* John a T-shirt. 【SVOO 型】

（8） John *believes* Bill honest. 【SVOC 型】

学習英文法でいう５文型とは，述語動詞の従える要素を目的語（object），補語（complement）に区別し，動詞がどの要素と共起するかによって，英語の文を５つのパターンに分類したものです。

（4）の SV 型は，「動詞句（Verb Phrase, VP）」が自動詞からなり主語以外の必須要素を従えていない点で，日本語の（3）と同じ文型だということができます。（5）の SVC 型は，主語の状態や性質を叙述する句（主格補語）を従える文型で，英語では be 動詞や become のような「連結動詞（linking verb）」が用いられます。日本語でも（9）のように英語の be 動詞や become に相当する「～だ／です」「～{に／く} なる」などの自動詞が用いられ，対応関係が見られます。

（9） a. ジョンはこの学校の数学の先生です。

b. 天気が悪くなった。

SVC 型の文型で用いられる自動詞の多くは，「不完全自動詞」と呼ばれ主格補語なしに用いることはできません。この点も日英語に共通した特徴です（*(　) の表記は（　）内の表現は省略できないことを示します）。

（10） a. John is *(a teacher).

b. ジョンは *(この学校の数学の先生）です。

（6）の SVO 型は多くの場合，日本語では「ジョンがその計画を批判した。」のように「S が～を…する」という形式に対応しますが，SVO 型のすべてを「～を…する」と訳せるわけではありません。

（11） a. We discussed his proposal.（彼の提案<u>について</u>議論した。）

b. Will you marry me？（私<u>と</u>結婚してくれませんか。）

c. They opposed the proposal.（その提案<u>に</u>反対した。）

英語学習者の誤用に discuss *about* his proposal, marry *with* me, oppose *to* the proposal のような表現がよく見られますが，これは英語の SVO 型が日本語では自動詞構文で表現される傾向にあるからです。

また,（12）のような例も日本語では, 自動詞文や形容詞文となります。

（12）a. The boy *hurt* himself in the playground.（その子が運動場で怪我（を）した。）

b. I *enjoy* her company.（彼女と一緒にいて楽しい。）

英語の SVO 型が日本語では SV 型で表現され，文型にズレが生じる場合があります。これは伝達内容を SV 型，SVO 型のいずれに構造化するのかについて日英語で傾向が異なるからです（§§2.8, 2.9 を参照)。

（7）の SVOO 型は，give, buy などの「授与動詞」で用いられます（§2.10 を参照)。日本語では VOO の部分が「〜に〜を…する」という形式で表わされます。

（13）a. メアリーがジョンに T シャツをあげた。

b. ジョンがメアリーに指輪を買ってあげた。

英語の SVOO 型とそれに対応する日本語の構文では，語順の制約に関する違いが見られます。英語では，常に「動詞－間接目的語－直接目的語」の語順となり間接目的語と直接目的語の順序を入れ替えることはできませんが（*Mary gave a T-shirt John.（*はその文が非文法的，容認不可能なことを表わします)），日本語では「メアリーが T シャツをジョンにあげた。」という語順も許容されます。これは英語では，動詞の従える要素が一定の順序で並ぶのに対して，日本語ではその順序が比較的自由であることによります。例えば，英語では，（14b）に示したように目的語と場所句の順序を入れ替えることはできませんが，日本語では,「場所句－目的語－動詞」（15a),「目的語－場所句－動詞」（15b）のいずれの語順も許容されます。

（14）a. John *met* Mary in Boston.

b. *John *met* in Boston Mary.

（15）a. ジョンがボストンでメアリーに会った。

b. ジョンがメアリーにボストンで会った。

（8）の SVOC 型で用いられる他動詞は「不完全他動詞」と呼ばれ，目的語の状態や性質を叙述する目的格補語を必要する点で SVO 型の他動詞とは異なります。（16）は「ジョンはビルのことを信じている。」という解釈では可能ですが，その場合の believe は（8）とは違う用法になります。

（16）John *believes* Bill.

（16）が（8）と違う用法であることは，（8）の honest を dishonest に変えて John believes Bill dishonest. としてみるとよく分かります。この文の解釈が（16）の解釈とは相容れないことは明らかでしょう。「ジョンはビルのことを不正直だと信じている」ことは「ジョンはビルのことを信じていない」ことになり，（16）の解釈とは逆になるからです。

SVOC 型に対応する（17）のような日本語の表現でも，O に対応する句はヲ格の「名詞句（Noun Phrase, NP）」として現われ，日英語で対応関係が見られます。また，日本語でも英語の C（honest）に対応する「正直だ」は省略できません。ちなみに「ジョンはビルのことを思っている。」という文は容認可能ですが，この場合の「思っている」は（17）とは異なる用法です。

（17）ジョンはビルのことを*(正直だ）と思っている。

学習英文法で用いられる 5 文型は，英語の文の基本構造を理解するのには有用な考え方ですが，不十分な点もあります。まず，5 文型の分類では，（18）は上で見た（4）と同じ SV 型になります。

（18）*The guest* *went* to the room.
　　　　S　　　V

（18）の to the room は「着点」を表わし，go にとっては必要な要素ですが，目的語でも補語でもないので，（18）は（4）と同じ SV 型と分類されます。しかし，この分類では（4）の smile が後に必須要素をとらないのに対して，go はその後に「着点」を表わす句を要求するという相違点をうまく捉えることができません。

英語の 5 文型をそのまま日本語に当てはめた場合にも同じ問題が生じます。（2）（3）はいずれも自動詞からなる VP の構造をもちますが，この分類では動詞の前に必須要素があるか否かという（2）と（3）の相違点を的確に捉えることができません。

（8）の SVOC 型の O と C の部分は，（19）のように不定詞節を用いて書き換えることができます。

（8）　John *believes* Bill honest.

（19）John *believes* Bill to be honest.

さらに（8）のOとCの部分は，（20）のようにthat節を用いて書き換えることも可能です。

（20）John *believes* [that Bill is honest].

このようにOとCの部分が不定詞節，that節に書き換えられるという事実は，OとCが主語と述部の関係を成す1つのまとまりであることを示しています。つまり，（8）（19）のbelieveは，[Bill（to be）honest]を目的語として選択していると考えれば，（8）（19）（20）を（21）のように統一的に扱うことができます。

（21）a. John *believes* [Bill honest].

b. John *believes* [Bill to be honest].

c. John *believes* [that Bill is honest].

believeという動詞は，「思考する人」と「思考の内容」という意味役割を担う要素を選択するという意味特徴をもっており，（21）の分析はこの特徴を反映しています。5文型の分析では，動詞の後にくる要素が担う文法機能が示されていますが，それが動詞にとって必須要素かどうか，どのような意味役割を担っているのかについては示されていません。

このように5文型の分析には限界があります。このことを端的に示す例として，最後に（22）について考えてみましょう。

（22）Ms. Inoue put her bag on this table yesterday.

この文は上で見た5文型のどれにも当てはまりません。この文の特徴について，順を追って考えていきましょう。

（22）のputは，（ i ）「動作主（agent）」（動詞の表わす動作・行為を行なう人），（ ii ）「主題（theme）」（動詞の表わす動作の対象となるもの／人），（iii）「場所（location）」（「主題」が置かれる「場所」）という意味役割を担う必須要素を3つ選択します。（22）の文末に現われるyesterdayは付加的な情報を与えるだけで，putにとっては必要な要素ではありません。これらの動詞の必須要素を英語では一定の順序に従って配置することで文の基本構造が決まると考えられます。

（22）では「動作主」と「主題」がNP，「場所」が「前置詞句（Prepositional Phrase, PP）」として現われています。このような意味役割の具現形を「統語範疇（syntactic category）」と言います（なお，（8）で目的格補語として形容詞（honest）が用いられている例を見ましたが，そこでは目的格補語が「形容詞句（Adjectival Phrase, AP）」という統語範疇として具現化していることになります）。

VP内に現われる要素には，動詞にとって必要な要素と随意的な（あってもなくてもよい）要素があるので，前者を「補部（complement）」（学習英文法でいう「補語」とは異なる概念であることに注意），後者を「付加部（adjunct）」と呼び区別することにします。

このように文の基本構造は，文中の要素（動詞にとっての必須要素／随意的要素）が，（i）どのような「意味役割」を担うのか，（ii）その意味役割がどのような「統語範疇」として具現化しているのか，（iii）動詞にとって「補部」，「付加部」のいずれに該当するのか，によって決まります。この3つの観点から（22）を整理すると，（23）のようになります。

（23）

	Ms. Inoue	put	her bag	on this table	yesterday
文型：	主語	述語動詞	目的語		
意味役割：	動作主		主題	場所	時
統語範疇：	NP	V	NP	PP	NP
補部／付加部:			補部	補部	付加部

5文型では，on this tableは目的語でも補語でもないので，それがputの補部であることを捉えることはできません。（23）に示したように，動詞がどのような意味役割を担う必須要素をいくつ選択するのかという観点から文構造を見直すと，文中の要素と述語動詞との意味的関係をより明確に捉えることができます。

課題解決！

動詞の後に現われる要素がOかCかの違いによって，英語の文の基本パターンを明示したのが5文型です。英語のように動詞の従える要素の語順が固定されている言語では，多種多様な文をいくつかの文型に集約することができます。これに対して，日本語のように動詞の従える要素の語順が自由な言語では，英文法の5文型をそのまま当てはめても，基本文型を設定することはできません。[1]～[3] の例文で用いられている「置く」という動詞は，それが表わす行為の直接の対象となる目的語（「バッグを」）とその対象の移動する場所（「このテーブルに」）を必須要素としてとる動詞です。[1]～[3] には「昨日」というNPも現われますが，これは「置く」にとっての必須要素ではありません。これら3つの要素が，［1］～［3］では異なる順序で並んでいますが，［1］～［3］には実質的な意味の違いはありません。英語では動詞の従える要素の現われる位置が固定されているので，［1］～［3］の英訳はいずれも上述の（22）になります。

練習問題

次の各文について，［　　］で囲った動詞，名詞，形容詞が従える句の（i）意味役割，（ii）統語範疇，またそれが（iii）補部／付加部のいずれに該当するか答えなさい。なお，意味役割は，動作主・主題・場所・時・様態・原因・手段・受領者・疑問・命題の中から選びなさい。

1 Charles Darwin [expounded] the theory of evolution in his 1859 book *On the Origin of Species.*

2 I [worded] the letter very carefully.

3 Families [influence] children's dietary choices and the risk of obesity in a number of ways.（https://www.hsph.harvard.edu/obesity-prevention-source/obesity-causes/food-environment-and-obesity/）

4. The president [urged] an investigation into why the dispatch of federal relief had taken so long.

5 Corpora will [provide] us with data that reveal what is usual and typical about the language.

6 He [revealed] the secret to her when nobody was standing by.

7 Recent [advances] in modern technologies have enabled us to investigate higher brain functions non-invasively in human subjects.（☆）("Recent advances in non-invasive studies of higher brain functions," *Brain and Development* 15.6, p.423.)

8 I'm not in complete [agreement] with the direction we're going.（☆）

9 It is [debatable] whether these alternative medical treatments actually work.（☆）

10 It is quite [plausible] that there are defects in the functioning of certain cells in the brain that cause autism.（☆）（*The Art of Data Science*, Roger Peng and Elizabeth Matsui, 2016, p.23.）

1.2 文の種類：平叙文・疑問文・命令文・感嘆文

考えてみよう！

文はそれが表わす意味によって形式が異なります。事柄をありのままに伝達する場合には，［1］のような平叙文が用いられます。相手に情報の提供を求める場合には，［2］のような疑問文が用いられます。

［1］John visited Boston more than twice.

［2］Why did you call her last night ?

［3］［4］もそれぞれ平叙文と疑問文ですが，［1］［2］とは異なる機能を担っています。どのような機能を担っていると言えるでしょうか。

［3］I hope you can help me with my homework.

［4］Why don't you call her ?

» 日本語に注目しよう！

文はそれが表わす意味によって，「平叙文（declarative sentence）」「疑問文（interrogative sentence）」「命令文（imperative sentence）」「感嘆文（exclamatory sentence）」の4つに分類することができます。

（1）　神田君は夏休みにカナダに行きました。　【平叙文】

（2）　a.　神田君は夏休みにカナダに行きましたか。【yes/no 疑問文】

　　　b.　神田君は夏休みにどこに行きましたか。　【wh 疑問文】

（3）　もっと本を読め。　【命令文】

（4）　神田君はなんと親切な人なのだろう。　【感嘆文】

文の種類の違いに応じて，それぞれ文末形が異なることが分かります。平叙文は（1）のように，動詞の「です」「ます」体か終止形で終わります。疑問文には「yes/no 疑問文（yes/no question）」「wh 疑問文（wh-question）」の2種類がありますが，いずれも疑問を表わす終助詞の「か」が文末に置かれています。（3）の命令文は動詞の命令形で終わっています。（4）は感嘆文ですが，「のだろう」という文末形が「なんと」と呼応することによって他の3つの文タイプとは区別されています。このように日本語では文の表わす意味タイプの違いは，文末に現われる形式によって区別されていると言えます。

≫ 英語と比べてみよう！

英語でも4つの文タイプを区別することができます。

（5） He went to Canada last year. 【平叙文】

（6） a. Are you ready to go home？ 【yes/no 疑問文】

b. Where did you buy your T-shirt？【wh 疑問文】

（7） Open the window. 【命令文】

（8） a. What an expensive car he drives！【感嘆文】

b. How beautiful these flowers are！ 【感嘆文】

（1）～（4）の例文と（5）～（8）の例文を比べると，英語でも日本語と同様に文の種類の違いに応じて異なる形式が用いられていますが，日本語と英語は鏡像関係になっていることが分かります。日本語では文末に文の種類を示す形式が現われますが，英語では日本語とは正反対の位置，すなわち文頭に現われています。平叙文は主語から始まり，厳密に言えば文頭には特別な形式は現われませんが，それが平叙文の印だと考えることができます。疑問文は yes/no 疑問文であれば，「主語・助動詞倒置（subject-auxiliary inversion）」が適用され助動詞が文頭に，wh 疑問文であれば wh 句が文頭に生起します。命令文では主語がなく動詞の原形が文頭位置に現われます。感嘆文は文頭に what, how が現われる点で表面的には wh 疑問文に似ていますが，主語・助動詞倒置が起こらないという点で，wh 疑問文とは区別されます。英語では文頭，日本では文末に現われる形式によって文の種類が概ね区別されるという違いは，日英語の大きな相違点の現われと見ることができます。この違いは，文の種類だけではありません。他にも日英語ではすべての句について，句を構成する要素の現われ方が反対になっています。（9）は VP，（10）は PP（Prepositional Phrase（前置詞句）/Postpositional Phrase（後置詞句））の例です。

（9） a. *ate* pizza

b. ピザを<u>食べた</u>

（10） a. *from* Tokyo

b. 東京<u>から</u>

句は「主要部（head）」（句の主要語）とそれが従える要素から構成されています。（9）（10）を見ると，日英語では主要部の現われる位置が正反対になっていることが分かります。英語の VP では，主要部の動詞が句の先頭に，日本語では句の最後の位置に現われています。PP では，英語の前置詞が句の先頭に，日本語の後置詞が句（後置詞句）の最後に現われています。英語では文の種類を区別する要素が文頭に，日本語では文末に現われるのも日英語の基本的な相違点の現われです。

以下では，4 つの文タイプの特徴について詳しく見ることにします。

◆平叙文

平叙文の機能は情報の伝達にあり，典型的には，発話内容が真であることを断定する場合に用いられます。

（11）a. John left for Boston yesterday.

b. She walks to the station every day.

つまり，（11）のような平叙文を用いることによって，話し手は「断定」という行為を行なったことになります。このように言葉を使って行なう行為のことを「発話行為（speech act）」と言います。通常，平叙文は発話内容の断定という行為を表わしますが，文脈によっては，異なる発話行為を表わす場合もあります。(12)のような平叙文は，室温が高いことを断定しているのではなく，例えば，暑いから窓を開けて欲しいなどの「依頼」という発話行為を表わしていると考えるのが普通です。同様に，(13)も単にゴミが外に出ていないという状況を述べているのではなく，例えば，暗にゴミを出して欲しいという依頼をしていると解釈することができます。

（12）a. It is so hot in here.

b. この部屋はとても暑いですね。

（13）a. The garbage isn't out yet.

b. ゴミがまだ外に出ていないよ。

◆疑問文

聞き手に情報の提供を求める場合に用いられるのが疑問文です。疑問文には yes/no 疑問文，wh 疑問文の他に「選択疑問文（alternative question)」があり，それぞれ異なる音調で読まれます。日本語では yes/no 疑問文，wh 疑問文いずれの場合も上昇調の音調で読まれますが，英語では yes/no 疑問文は文末を上昇調に，wh 疑問文は下降調に読みます。また，選択疑問文は，与えられた選択肢から答えを選ぶことを求める場合に用いられ，最後の選択肢以外は上昇調，最後の選択肢は下降調に読まれます。

（14）a.　Is this your book ? ⤴（これは君の本ですか。⤴）

　　　b.　Did you finish your homework ? ⤴
（宿題は終わりましたか。⤴）

（15）a.　What did you eat for lunch ? ⤵
（お昼には何を食べましたか。⤴）

　　　b.　Who do you think we should invite to the party ? ⤵
（パーティーには誰を誘ったらいいと思いますか？⤴）

（16）a.　Would you like to have some tea ⤴ or coffee ? ⤵

　　　b.　Do you go to school on foot, ⤴ by bus, ⤴ or by train ? ⤵

次に，疑問文の作り方ですが，英語の yes/no 疑問では，上述のように，主語・助動詞倒置が起こります（助動詞がない場合は do が挿入されます）が，wh 疑問文はさらに wh 句を元の位置から文頭に移動させます。英語の疑問詞（名詞と副詞）を表にしてまとめておきます。

（17）What did you eat ____ for lunch ?

（18）

		人（人称）	もの（非人称）
名詞	主格	who	what
	所有格	whose	—
	目的格	who（m）	what

副詞	場所	where
	時	when
	様態	how
	理由	why

一方，日本語では平叙文の目的語を wh 疑問文で問いたければ，その位置に wh 句を置き，文末に終助詞の「か」を置けばよく，文頭に移動させる必要はありません。

（19）a.　お昼にうなぎを食べました。

　　　b.　お昼に何を食べましたか。

日本語では平叙文と疑問文では文末形が異なるだけで wh 句の現われる位置に違いは見られません。（19b）の「何を」は（19a）の「うなぎを」と同じ位置にあります。

◆命令文

相手に何らかの行為を命令，依頼，懇願する場合に用いられるのが命令文です。英語では主語の You を省略し，動詞の原形が用いられ，通常下降調の音調になります。

（20） a. Open the window.

b. Pass me the salt.

c. Give me a ride.

命令文には，（21a）のように will you, won't you などの付加疑問を付けて依頼を表わすことができますが（won't you の場合は「是非とも～してもらいたい」といったニュアンス），付加疑問の代名詞は主語の人称と一致するので，命令文では二人称主語の You が省略されていることが分かります。

（21） a. Send me an email address, *will you* ?

b. Send me an email address, *won't you* ?

ただし，主語を伴う命令文もあり，主語を伴わない命令文とは異なる意味を表わします。主語を伴う命令文は，（22）のように異なる主語と対比したり，（23）のようにあえて目の前にいる相手を You と言って強調することにより，話し手の怒りや苛立ちなどの感情を表わしたりします。

（22） a. *You* take a taxi, and I'll walk.

b. *You* peel potatoes, and I'll cube them.

（23） a. *You* be quiet.

b. *You* leave at once.

（23）のような話し手の強い感情を表わす命令文には，丁寧さを示す please を付けることはできないので，主語を伴う命令文を用いる場合は注意が必要です。

（24） a. *You be quiet, *please*.

b. *You leave at once, *please*.

禁止を表わす命令文では文頭に Don't/Do not を付けます。

（25） a. *Don't/*Do not* you open the door.

b. *Don't/*Do not* anyone move.

（26） a. *Don't/Do not* eat in the library.

b. *Don't/Do not* be careless.

否定の命令文では，平叙文とは異なり，否定辞は文頭に現われます。（25）のように主語を伴う否定の命令文では，Don't という縮約形のみが許容されますが，この場合も文頭位置に現われています。平叙文とのもう1つの違いは，（26b）に示したように be 動詞の否定形でも助動詞の do

が用いられるということです。平叙文に現われる be 動詞には，do を用いることはできません。

（27）a. He is not careful.

b. *He *does* not be careful.

日本語の否定の命令文にも，英語に似た特徴を観察することができます。（28）のように日本語の平叙文では否定辞は，時制辞の内側に現われますが，（29）の命令文では，平叙文とは異なり，否定辞が文末に現われます。

（28）a. お昼を食べ－な－い。（な＝否定辞，い＝時制辞（非過去））

b. お昼を食べ－なかっ－た。

（なかっ＝否定辞，た＝時制辞（過去））

（29） 食べる－な。（る＝時制辞（非過去），な＝否定辞）

命令文で用いることのできる述語には意味的な制約があり，自分の意志次第で実行することのできる行為や状態を表わす「自己制御可能（self-controllable）」な述語でなければ，命令文で用いることはできません。run, walk のような動詞が命令文でよく用いられるのは，これらが主語の意図的な動作を表わすからです。状態動詞であっても，remain silent や be careful のような述語であれば，自分（＝主語）の意志で静かにしたり注意を払ったりすることができるので，命令文で用いることができます。

（30）a. Please remain silent.

b. Be careful.

一方，be tall, know などの述語は命令文で用いることはできません。これらの述語によって表わされる状態は自分の意志によってもたらされるわけではないからです。日本語の命令文でも同じ制約が働いています。

（31）a. *Be tall.

b. *背が高くなれ。

（32）a. *Know the answer.

b. *答えを知っていろ。

◆感嘆文

話し手の驚きや感動を表わすのに用いられるのが感嘆文です。英語には how 感嘆文と what 感嘆文があります。

（33）a. How fast John can run!

b. How well he plays the piano!

（34）a. What a beautiful city Kyoto is!

b. What an attractive person she is!

感嘆文は文頭に wh 句が現われる点で wh 疑問文に似ていますが，（33）（34）の how, what は（35）（36）の平叙文の程度を表わす so, such に対応しており，wh 疑問文中の how, what とは異なる性質をもっています。

（35）a. John can run [*so* fast].

b. He plays the piano [*so* well].

（36）a. Kyoto is [*such* a beautiful city].

b. She is [*such* an attractive person].

（35）（36）の so, such をそれぞれ how, what に置き換え，句全体を文頭へ移動すれば感嘆文ができます。したがって，表面的には wh 疑問文と似ているように見えても，（33）では so fast，so well と同じ意味を表わす「副詞句（AdvP＝Adverb Phrase）」，（34）では such a beautiful city, such an attractive person と同じ意味を表わす NP が文頭に移動しており，wh 疑問詞の移動とは異なることが分かります。（33）（34）では意味的には疑問詞ではない AdvP や NP が文頭に移動したに過ぎないので，wh 疑問文とは異なり感嘆文では主語・助動詞倒置は適用されません。

日本語の感嘆文にも，（4）のような驚きを表わす副詞「なんと」を用いた感嘆文の他に，「何＋助数詞」の疑問詞や程度を表わす疑問詞の「どれほど」が感嘆文に用いられることがあります（以下，wh 感嘆文と呼ぶことにします）。

（37）wh 感嘆文

a. 論文を何回書き直したことだろう。

b. ここでどれほど待ったことだろう。

（38）wh 疑問文

a. 論文を何回書き直しましたか。

b. ここでどれほど待ちましたか。

日本語では wh 句を文頭へ移動することなしに，wh 感嘆文，wh 疑問文を作ることができ，英語とは正反対の文末に wh 感嘆文，wh 疑問文を標示する形式が現われます。（4）や（37）の感嘆文では「のだろう」「ことだろう」，（2b）や（38）では「か」という形式が文末に現われ，これらはそれぞれ，感嘆文，疑問文を標示する機能を担っています。

» 課題解決！

文はそれが表わす意味タイプによって専用の形式があることを見ました。しかし，文脈によっては文の表わす意味タイプと形式にズレが生じる場合もあります。すでに述べたように，（12）（13）のように平叙文でありながら，文の表わす内容が正しいことを断定するのではなく，依頼を表わす場合もあります。［3］も平叙文ですが，話し手はこの文で聞き手に宿題を手伝って欲しいと思っていることが正しいことを伝達しているのではありません。聞き手に宿題を手伝ってくれないかと依頼しているのです。［4］も［2］と同じ疑問文の形をしていますが，この場合は理由を尋ねているのではなく，「彼女に電話をしたらどうか」と勧めているのです。

練習問題

A 次の命令文では自己制御可能ではない内容を表わす述語が用いられています。これらの例文と（31）（32）のような命令文の間にはどのような違いがあるか答えなさい。

1 Have a nice holiday.

2 Sleep tight.

3 Know thyself.

4 “May I use your phone ?” “Of course. Be my guest.”

B how 感嘆文の how によって修飾される形容詞，副詞，動詞句には意味上の制約があります。次の例文から，どのような制約があるか答えなさい。

1 How happy she was !

2 How well she dances !

3 How I love classical music !

4 *How alive the fish is !

5 *How mainly John works in this office !

6 *How I listen to the music !

第２章

動詞とその仲間たち

文中に現われる登場人物の織りなす出来事は，（ｉ）時間の流れの中でどのように捉えられるのか，（ii）その出来事はどのような局面にあるのか，（iii）話し手がその出来事についてどのような姿勢・気持ちでいるのかという観点から表現され，複雑で多様な様相を呈します。どの言語にも多様な出来事のあり様を表わす仕組みが備わっています。①「井上さんは本を書いた。」②「井上さんは本を書いている。」という文は，共通して「井上さんが本を書く」という内容を表わしていますが，文末形の違いによって，文の表わす伝達内容に異なる色付けをしています。①では動詞の「タ」形によって時間の流れの中で過去に起こった出来事であることが示されています。このように動詞の形態によって「現在」「過去」「未来」の区別を表わす仕組みを「時制（tense）」と言います。英語でも Ms. Inoue *wrote* a book. のように動詞の過去形によって，過去の出来事が表わされます。②では動詞の「テイル」形で発話時における進行中の出来事が表わされています。英語でも，「進行中」という出来事の局面は，Ms. Inoue *is writing* a book. のように動詞の単純形とは異なる -ing 形が用いられます。このように出来事の局面は動詞の形態で表わされ，この仕組みを「相（aspect）」と言います。§§2.1 ~ 2.6 では，「時制」と「相」の仕組みについて考えます。

日本語でも英語でも，動詞はその意味特徴によっていくつかのタイプに分類できます。§2.7 では特に動詞の意味の中に出来事の終わりが含まれているかどうかという意味特徴に注目し，例えば，日本語の「寝る」は単純に英語の sleep に対応しないことなどを明らかにします。

同じ出来事を表わすのにも，それを自動詞構文で表わす方法と他動詞構文で表わす方法があります。§§2.8，2.9 では日本語では自動詞構文が好まれるのに対して，英語では他動詞構文が好まれる傾向にあることを見ます。同様の視点から，二重目的語構文と受動文を §§2.10, 2.11 で考察します。

§§2.12～2.14 では，(iii) の文の表わす伝達内容に対する話し手の姿勢・気持ちを表わす言語形式について考えます。事実ではないことを想像して述べる場合には，英語では専用の動詞の形態（仮定法動詞）を用いるのに対して，日本語には専用の形式はなく文全体で表現します。また，文の表わす命題内容の蓋然性（確からしさ）に対する話し手の姿勢・気持ちは，日本語では「～にちがいない」「～かもしれない」などの様々な表現が用いられますが，英語では専用の動詞の形態や法助動詞を用いて表現します。

2.1 時制と相

考えてみよう！

次の例文の時制を答えなさい。英文法の「時制」という用語は何のことを指しているのでしょうか。

［1］John will be in his office by noon.

［2］John is going to be in his office all day tomorrow.

» 日本語に注目しよう！

（1）は「現在または未来の状態」を，（2）は「過去の状態」を表わしています。（1）と（2）の違いは，「いる」「いた」という動詞の形態で，それぞれ「非過去（すなわち現在と未来）」「過去」を表わしています。

（1） ジョンは（今／明日）オフィスにいる。

（2） ジョンは（昨日）オフィスにいた。

このように日本語では，動詞のル形（終止形）が非過去，タ形が過去を表わします。ただし，日本語では，ル形，タ形だけで終わる状態動詞は，「いる（居る），ある，要る」などに限られているため，これら以外の動詞では，「その本をもっている／もっていた」のように「ている，ていた」の付いた状態動詞の形が非過去，過去を表わします（§2.6 を参照）。

私たちは「発話時」を基準として，「過去」「現在」「未来」という3つの時を区別していますが，この時間の流れはことばの形式とは無関係に存在しています。「時制（tense）」とは，現在，過去，未来という3つの時そのものを表わすのではなく，（1）（2）の例文のル形，タ形のように時を表わす「動詞の形態」を言います。したがって，日本語の時制には非過去時制と過去時制の2つがあるだけで，ル形とタ形という動詞の形態がそれぞれ非過去，過去を表わします。未来を表わす専用の動詞の形態はないので，日本語には未来時制はありません。未来の出来事（event）について述べる場合には，例えば，（3a）ように「でしょう／だろう」のような助動詞を用いたり，あるいは（1）で「明日」を選んだ場合や（3b，c）のようにル形（非過去）を用いて未来を表わします。

（3） a. 明日は雪になるでしょう／だろう。

b. 来月の大阪への出張なら私が行く。

c. 明日は山田さんが受付にいる。

(3a) の動詞の形態はル形 (「なる」) で，その後に続く助動詞の「でしょう／だろう」が話し手の推測を表わしており，この文は未来の出来事について述べています。(3b，c) では動詞の非過去形が未来の出来事を表わしています (日本語文法では，この形態が「現在形」ではなく「非過去形」と呼ばれる所以です)。(3) はいずれも非過去時制の文であり，未来の出来事について述べる文だからといって，未来時制の文だということにはなりません。

英語と比べてみよう！

こうした事情は英語の時制でも同じです。動詞の現在形が「現在 (非過去)」を，過去形が「過去」を表わします。(1) に対応する (4a) では be 動詞の現在形 is が用いられており，これが現在時制を表わしています。一方，過去の状態を表わす (2) に対応する (4b) では，動詞の過去形が用いられており，これが過去時制です。

(4) a. John *is* in his office.

b. John *was* in his office.

英語にも未来の出来事や状態を表わす専用の動詞の形態はないので，詳しくは §2.2 で説明しますが，助動詞の will, be going to や 動詞の現在形などで未来時を表わします。

(5a) では will が話し手の現在の推測を表わしていますが，時制自体は現在です。つまり，(5a) の助動詞の現在形は話し手の現在の推測を表わしているのです。(5b) の be going to は主語が予めもっている意志を表わします。(5c) の現在形は，現時点で確定している未来の予定を表わしています。上で現在のことを「現在 (非過去)」としたのは，現在時制が，(5c)のように未来の出来事を述べるのに用いられることがあるからです。

(5) a. John *will* leave for Boston next week.

b. John *is going to* leave for Boston next week.

c. John *leaves* for Boston next week.

もう1つ，「時制」とは区別されるものに「相 (aspect)」という概念があります。「相」とはある動作や状態がどのような局面にあるのかを表わす動詞の形態を言います。日本語を例にとるなら，(6) のように動作や出来事が完了しているのか，あるいは，（7）のように動作や出来事が進行中なのかという動作・出来事の局面を表わす動詞の形態が相です。

（6） 朝刊ならもう読んでいる。 【完了】

（7） ジョンなら今図書館で新聞を読んでいる。【進行中】

日本語では末尾のル形が時制を表わし，それ以外の部分が「相」を表わしますが，英語では「相」と「時制」は異なる専用の形式で表わされます。

英語には，①「完了相（perfect aspect）」，②「進行相（progressive aspect）」，③「単純相（simple aspect）」の3つの相があり，これらが時制と組み合わさって様々な形式が生じます。

◆**完了相**：動作や出来事の完了，状態の継続を表わす形式

（8） John *has returned* the book. 【現在完了相】

（9） When I got to my office, the meeting *had* already *started*. 【過去完了相】

完了相は，「have＋動詞の過去分詞」という形態で表わされます。時制が現在であれば，助動詞の現在形（have, has）が，過去であれば過去形（had）が用いられます。一方，日本語では完了相は，（10）のように動詞のタ形で表わされたり，（6）や（11）のようにテイル形やテイタ形が用いられたります。

（10）ジョンはその本を返した。

（11）会社に着いた時には，もうすでに会議は始まっていた。

このように，英語で形式上区別されている過去形と完了相（「現在完了（present perfect）」「過去完了（past perfect）」）が日本語では同じタ形で表現されることがあります。そのため，（10）は多義的で，英語に訳す場合には，（8）の現在完了の文の他に，（12）の単純過去の文に訳すこともできます。

（12）John *returned* the book.

◆**進行相**：進行中の動作や出来事，一時的な状態を表わす形式

（13）John *is reading* a newspaper in the library. 【現在進行相】

（14）John *was reading* a newspaper in the library.【過去進行相】

（7）で見たように日本語では動詞のテイル形が進行相を表わします。

過去進行相は，テイタ形を用いた（15）のようになります。

（15）ジョンなら図書館で新聞を<u>読んでいた</u>。

進行相（テイル形，V＋ing）と単純過去（タ形，動詞の過去形）の場合には，日英語でそれぞれ異なる形式が用いられており対応関係が見られますが，テイル，テイタという形式は，進行相専用の形式ではありません(§2.6 を参照)。（16）のように，動作の進行を表わさない場合にも，テイル／テイタが用いられるからです。

（16）a. その本なら<u>持っている</u>。

b. 田中さんはその事件のことを<u>知っていた</u>。

（16a，b）はそれぞれ現在の状態，過去の状態を表わしています。また，（6）で見たように行為の完了を表わす場合にもテイル形が用いられます。

なお，詳しくは §2.6 で触れますが，（17）の動詞 know, live, have は状態動詞で，通常は進行形にすることはできませんが，一時的状態を表わす場合には，（18），（19）のように進行形にすることもできます。ただし，意味が異なりますので，注意が必要です。

（17）a. Mr. Tanaka knows about haiku well.

b. John lives in Boston.

c. Hillary has health problems.

（18）John *is living* in Boston.

（19）Hillary *is having* health problems.

（18）は現在の一時的状態，つまり，なんらかの理由で今一時的にボストンに住んでいることを表わしています。同様に，（19）は Hillary が一時的に健康上の問題を抱えていることを表わし，以前から健康上の問題を抱えており，現在も抱えていることを表わす（17c）とは異なります。

◆単純相：現在，過去の出来事・状態を事実として静的に描写したり，現在および過去の習慣的行為を表わす形式

（20）a. The project *needs* more time.

b. I *walk* to school every day.

（21）a. He *wrote* a letter to his mother yesterday.

b. When I was a kid, I often *went* fishing with my father.

（20）が現在単純相，（21）が過去単純相です。日本語では，現在単純

相はル形，過去単純相はタ形で表わされます。

（22）a. そのプロジェクトにはもっと時間が要る。

b. 学校に毎日歩いて行く。

（23）a. 昨日母に手紙を書いた。

b. 子供の頃，父とよく魚釣りに行った。

また，英語では単純相と進行相という異なる形式で表わされる意味の違いが，日本語では同じ言語形式（テイル形／テイタ形）で表わされることがあります（「太郎はダンス部に所属している。」／「太郎がダンスを踊っていた。」）。テイル形／テイタ形が用いられている日本語を英訳する場合には，それが単純相と進行相（あるいは完了相）のいずれに対応しているのかに注意する必要があります（§2.6を参照）。

課題解決！

［1］は「お昼までにはジョンはオフィスにいるだろう」という話し手の推測を表わしています。一方，［2］は「ジョンが明日は一日オフィスにいるつもりだ」という主語が予めもっている意志を表わしていますが，いずれの場合も未来の状態について述べています。すでに述べたように，英語には未来を表わす専用の形式はありません。［1］の助動詞 will，［2］の is going to の is はそれぞれ現在形なので，［1］［2］は現在時制の文であることが分かります。英語の「時制」とは時を表わす動詞の形態を言うのです。

［1］［2］の文が未来の状態を表わすのは推測の助動詞 will や be going to の意味によります。be going to は［2］や（5b）の他に，（24）のような用法もあります。現時点で未来の出来事が起こりそうな兆候があれば，be going to が用いられます。

（24）Look at those clouds. It*'s going to* rain soon.

このように，will や be going to などをもつ文には，用いられる文脈に違いはあるものの，未来の事柄を表わすことから，これらの形式が未来時制を表わしていると誤解されることがあります。

しかし，will の表わす「推測」とは，未来に限ったことではありません。私たちは未来に限らず，現在のことや過去のことについて，分からなければ推測するほかありません。

（25）a. It *will* rain tomorrow.　　　【未来についての推測】

b. He *will* be in his office now.【現在についての推測】

c. He *will* already have left.　【過去について推測】

（25）では，未来，現在，過去の出来事についての推測を will が表わしています。したがって，will が未来時を表わす専用の言語形式ではないことが分かります。will が表わす意味は「推測」であり，（25）の例文に共通するのは「話し手の現在の推測」です。これは（25）が現在時制の文だからです。

練習問題

A 次の a と b の意味の違いを答えなさい。

1 a. Mary plays the piano very well.

b. Mary plays the piano every day.

2 a. I usually rode my bicycle to school.

b. I rode my bicycle to school yesterday.

3 a. I am suffering from a headache.

b. I suffer from headaches.

4 a. I got up at six this morning.

b. I got up at six in those days.

B 次の文を自然な英語にしなさい。

1 ジョンはよく授業に遅刻する。

2 山田さんは田舎暮らしをしている。

3 鈴木さんはその応募者のことをよく知っている。

4 田中さんはよく夕食に招待してくれた。

5 ジョンは高級なスポーツカーを1台持っている。

6 私には彼女の気持ちが本当によく分かります。

7 1本の管には人間の DNA が，もう1本にはチンパンジーの DNA が入っている。

8 その鳥はこの島だけに生息している。

9 娘は手に何か持っていた。

10 若いころは科学者になりたかった。

2.2 現在形／「ル」形の表わす意味

考えてみよう！

「お仕事は何をしていますか。」という文の英訳として正しいのは，［1］と［2］のどちらでしょうか。また，その理由について考えてみましょう。

［1］What are you doing？

［2］What do you do？

日本語に注目しよう！

日本語では動詞のル形が「現在時」を表わします。(1a，b) はいずれも動詞がル形になっている文ですが，ル形の表わす「現在時」とはどのような「時」を指すのでしょうか。

(1) a. 毎朝6時に起きる。

b. そのレストランは郵便局の隣にある。

(1a) は「現在の習慣的行為」を表わしています。習慣というからには，昨日や今日に始まった行為ではなく，過去のある時点から始まって現在も行っており，未来にもしばらく続く行為でなければ習慣とは言えません。(1b) は「現在の状態」を表わしていますが，その状態というのは，現在を含め，過去から未来にわたって成り立っている状態です。「現在時」というと，「発話時（今現在)」を表わすと考えるかもしれませんが，(1) のル形の表わす「現在時」というのは，発話時を中心とした過去から未来にまたがる幅のある時間を表わしていることが分かります。

英語と比べてみよう！

英語の現在時制の動詞の形，すなわち「現在形」の表わす「現在時」も発話時を中心に過去から未来にわたる幅のある時間を表わします。(2) の現在形は，発話時を中心に過去から未来にまたがって行われる「現在の習慣的行為」を表わしています。(3) は「クラッシック音楽が好きだ」という現在の状態を述べた文ですが，この場合も発話時を中心に過去から未来を含む幅のある時間で成り立つ状態を表わしています。

(2) My son *goes* to school by bus. 【現在の習慣的行為】

(3) I *like* classical music. 【現在の状態】

以下では，まず，現在形が「現在時」を表わす場合のいくつかの用法を見ていくことにします。

◆英語の現在形と日本語のル形が「現在時」を表わす場合

①現在の状態

現在の状態を表わすのに英語では動詞の現在形，日本語ではル形が用いられます。この場合の「現在時」も発話時にだけ成り立っている状態ではなく，過去から未来までの幅のある時間を表わしています。

（4） The church *stands* at the foot of the hill.

（5） その教会は丘のふもとにある。

（5）の「ある」のようにル形だけで終る状態動詞は数が少なく，日本語の状態動詞は，ほとんどの場合，行為を表わす動詞にテイルが付いた形になっています（§2.6 を参照）。したがって，動詞のル形が現在の状態を表わす場合，その多くは（6）のように「V＋テイル」の形をしています。

（6） a. 田中さんは俳句についてよく知っている。
　　 b. ジョンはボストンに住んでいる。
　　 c. ヒラリーは健康上の問題をかかえている。

英語では，動詞の形態を変えることなく現在形で現在の状態を表わすことができます。

（7） a. Mr. Tanaka *knows* about haiku well.
　　 b. John *lives* in Boston.
　　 c. Hillary *has* health problems.

②現在の習慣的行為

過去，現在，未来にわたって習慣的に行なう行為を表わすのに現在時制，すなわち動詞の現在形が用いられます。

（8） a. I *walk* to my office.
　　 b. John *feeds* his goldfish every day.

一方，日本語では（9）のように動詞のル形とテイル形が現在の習慣的行為を表わします。

（9） a. 会社に歩いて行く／行っている。
　　 b. ジョンは毎日金魚に餌をやる／やっている。

ただし，（10）（11）に示したように動詞によっては，テイル形しか許容しないものもあります。

（10）a. *毎朝公園で走る。

b. 毎朝公園で走っている。

（11）a. *父は製薬会社に勤める。

b. 父は製薬会社に勤めている。

（10a）は決意を述べる表現としては容認されますが，これから何かをしようという決意を述べる場合は，「毎朝公園で走るぞ！」のような言い方をするのが普通です。

日本語では現在の習慣的行為を表わす場合，テイル形が用いられるので，少々やっかいな問題が生じます。§2.1 で述べたようにテイル形は，進行相の文でも用いられます。（10b）では「走る」という動作動詞が用いられていますが，「走っている」という形式を（12）のような文脈で用いれば進行相の文となります。

（12）A：お父さんは今何をしているの？

B：お父さんなら，今公園で走っている。

③普遍的な真理・通念

普遍的な真理や通念を表わすのに現在時制が用いられます。この場合も英語では動詞の現在形，日本語ではル形が用いられます。

（13）a. Water *boils* at 100 degrees Celsius.

b. The sun *rises* in the east.

c. Light *travels* faster than sound.

（14）a. 水は摂氏 100 度で沸騰する。

b. 太陽は東から昇る。

c. 光は音より早く伝わる。

このように現在時制が普遍的真理や通念を表わす場合も，過去から未来に広がる幅のある時間を表わしています。普遍的な真理や通念を表わすのに現在時制が用いられるのは，それが発話時において成り立つ事実として捉えられるからです。

以上のように，現在形が現在を表わすという場合は，「今現在」という

限られた時間を表わすのではなく，①「現在の状態」，②「現在の習慣的行為」，③「普遍的な真理・通念」のように発話時を中心とした過去から未来に広がる幅のある時間を表わしているのです。

現在形が発話時というごく限られた時間を表わすこともありますが，そのような用法は，発言と同時にその行為を行なったことになる「遂行動詞(performative verb)」が一人称主語とともに用いられる（15）やスポーツの実況中継・料理番組で実演をしながら解説をする（16）のような場合，また眼前の動作を表わす（17）のような場合に限られています。

（15）a. I *declare* open the Games of Tokyo celebrating the XXXII Olympiad of the modern era.

b. I now *pronounce* you husband and wife.

（16）a. Ichiro *hits* a pitch that bounces in the dirt.

b. First we *wash* and *rinse* the rice with water. We *put* the rice in a large bowl. Then, we *rinse* the rice and *discard* the water immediately.

（17）a. Here *comes* the bus !

b. The vase *falls* !

（15）のような遂行動詞の場合や（16b）のような料理番組で実演しながら解説する場合には，日本語でもル形が用いられますが，（16a）のようにスポーツの実況中継や（17）のように眼前の動作を表わす場合には，ル形とタ形の両方が用いられます。

（18）a. 第32回近代オリンピアードを祝い，ここにオリンピック東京大会の開会を宣言します。

b. 今あなたたちを夫婦と宣言します。

（19）a. ベース手前でバウンドしたボールをイチロー打つ／打った。

b. 最初に米をとぎます。大きめのボールに米を入れます。次に米をすすぎ，すすいだ水はすぐに捨てます。

（20）a.（ほら）バスが来る／来た。

b.（あっ）花瓶が落ちる／落ちた。

このような日英語の現在時制の使い方には，文を言い終わると同時に動作も終わっているという共通点があります。したがって，（21）の2番目の文のように眼前で起こっている動作であっても時間の幅がある場合には現在進行形が用いられます。この文では，あたかもスローモーションを見ているかのような感じが表現されています。

（21）The batter hits the ball. The ball *is hanging* high up in the sky.（バッターは打ちました。ボールは空高く舞い上がっております。）（安井 1996: 405）

また，ボートレースのように，動きが緩やかで発話とともに動作が終わるのではなく時間的経過が感じられる場合も現在進行形が使われます。

（22）Oxford *are rowing* well.（オックスフォード，力漕しています。）（安藤 2005: 81）

（21）（22）に添えた日本語訳でも，進行相を表わすのにテイル形が用いられています。

すでに述べたように，発話時を基準として過去から未来に広がる幅のある時間を表わすのが現在時制の基本的な用法です。（15）～（17）の現在時制の用法は，どちらかと言えば例外的で，発話時に起こっている動作は，（23）のように現在進行形を用いるのが普通です。

（23）a. She *is cooking* dinner in the kitchen.
b. The dog *is barking* in the backyard.

日本語でもこのような場合は，英語の進行形に相当するテイル形が用いられます。

◆英語の現在形と日本語のル形が「過去時」「未来時」を表わす場合

「現在時」の他に，現在形（英語）とル形（日本語）が未来や過去を表わす場合があります。動詞の現在形とル形が「現在時」以外の時を表わす場合，日英語ではどのように用いられるのでしょうか。以下では，①現在形・ル形が過去を表わす場合，②現在形・ル形が未来を表わす場合の用法について，英語と日本語を比較しながら考察します。

①「過去時」を表わす場合

英語では，過去に起こったことを述べる場合に現在時制が用いられることがあります。(24)のように学者や作家の著作について述べる場合です。

（24）Chomsky *argues* that without a strong innate component, language cannot be learned.

（24）は主語のチョムスキーが過去に述べた言説について述べた文ですが現在形が用いられています。現在形を用いることによって，（24）の発話時においてチョムスキーが主張しているかのような描写効果が生まれます。日本語でも同様に，英語の現在形に対応するル形／テイル形が用いられます。

（25）強力な生得的機構なしには言語は習得できない，とチョムスキーは主張する／している。

ただし，（24）の現在形と（25）のル形は，それぞれ過去形とタ形で表わすこともできます。

（26）Chomsky *argued* that without a strong innate component, language cannot be learned.

（27）強力な生得的機構なしには言語は習得できない，とチョムスキーは主張した。

現在時制が過去の出来事を表わす場合をもう1つ見てみましょう。新聞の見出しは，多くの場合，現在時制で過去の出来事を表わします（新聞の見出しでは文末にピリオドを付けません）。

（28）a. Shoichi Ueno, co-owner of Asahi shinbun, *dies* at 79

b. Cabinet *approves* TPP bills, to step up explaining pact's benefits

c. Yokohama mayor *apologizes* to schoolboy bullied for being nuclear evacuee

一方，日本語では新聞の見出しは，多くの場合，名詞で終わる「体言止め」で表現されます。（28）の出来事を報じた日本の新聞の記事の見出しは（29）のようになっています（日本語訳ではありません）。

（29）a. 朝日新聞社主の上野尚一氏死去

b. TPP 法案，閣議決定　特別委で論戦本格化へ

c. 横浜市長，生徒に謝罪　原発避難いじめ

（29）の表現は，いずれも「死去する」「決定する」「謝罪する」の「する」が省略されてできた表現だと考えることができます。表面上は，動詞の現在形が用いられている（28）とは異なりますが，英語と同じような発想の表現だと言えるでしょう。

上で述べた現在形の用法は「歴史的現在（historical present）」と呼ば

れ，あたかも今，目の前で起こっているかのような生き生きとした描写効果をもつことから，特に新聞記事の見出しでは慣習的に現在形が用いられます。「歴史的現在」というのは，発話時に眼前で起こっていることを述べるスポーツの実況中継などの臨場感を表わす現在形の用法のもつ表現力を借りた用法と言えるでしょう。新聞の見出しと同じ理由で，写真のキャプションなどでは，現在形を用いて過去の出来事を描写します。

（30）a. Six ninjas *pose* in this handout photo.

b. Standing room only: Tourists *walk* along Matsubara-dori street approaching the Kiyomizu Temple in Kyoto.

c. Go player Lee Sedol *is* ‘speechless’ after losing the second match against Google's artificial intelligence program, AlphaGo in Seoul on Thursday.

伝達行為が過去の場合にも現在形が用いられます。

（31）a. I *hear* your son was admitted to the medical school at Harvard.

b. The weather forecast *says* it will be fine tomorrow.

（31）の伝達行為自体は過去の行為ですが，現在形になっています。これは伝達内容が現時点でも妥当だと話し手が考えているからです。対応する（32）の日本語ではテイル形が用いられますが，伝達内容をたった今，知ったかのように描写するという点で同じ発想の表現と考えられます。

（32）a. 息子さんがハーバード大学の医学部に合格されたって聞いています。

b. 明日は雨だ，と天気予報は言っている。

② 「未来時」を表わす場合

次の例では，現在形が未来の出来事を表わしています。

（33）a. School *begins* in April in Japan.

b. My son *is* 12 years old next April.

c. The Red Sox *play* the Yankees next Tuesday.

予定・計画やこれから起こることが確実視されている事柄は，（33）のように現在形で表わします。未来に確実に起こるとは言えないような事柄については，推測の助動詞 will を用いなければなりません。

（34）a.　It *will* snow tomorrow.

b.　*It snows tomorrow.

（35）a.　He *will* pass the final exam.

b.　*He passes the final exam.

（36）a.　The Red Sox *will* play well tomorrow.

b.　*The Red Sox play well tomorrow.

このような違いは日本語にも見られます。現時点で確実に起こる未来の出来事や計画は，日本語でもル形で表わします。

（37）a.　今度の4月で長男は12歳になる。

b.　卒業式は10時に始まる。

一方，確実に起こるとは言えないような場合には，（38）のようにル形ではなく，推測を表わす助動詞（だろう，でしょう）を用います。発話時に起こることがほぼ確定している事柄については，（39）のように推測を表わす助動詞を用いるとむしろ不自然な表現となります。

（38）東京は今週末雪になるでしょう。

（39）a.　*今度の4月で長男は12歳になるでしょう／だろう。

b.　*卒業式は10時に始まるでしょう。

日本語では英語とは異なり，確実に起こるとは限らない出来事であっても，話し手が確信をもっている場合には，（40）のようにル形を用いて未来の出来事に関する話し手の確信を表わすことがあります。

（40）a.　東京は今週末雪になります。

b.　あの力士は必ず横綱に昇進する。

英語では，（34）～（36）で見たように，話し手が未来の出来事について確信がもてない場合には，現在形をそのまま使うことはできません。未来の出来事についてそれが起こり得ると話し手が確信している場合には，（41a，b）のように話し手の確信を表わすsure, likelyなどの形容詞に続く従属節として表現したり，surelyなどの副詞を用いることによって表現することになります（この点は「必ず」を用いた（40b）にも見られます）。ちなみに（41a，b）の角括弧で示したように，述語の補部の位置などに節をはめ込むことを「埋め込み（embedding）」といい，埋め込まれた節を「埋め込み節（embedded clause）」と呼ぶことがあります（「従属節」に相当。§7.1を参照）。

(41) a. I'm *sure* [that it will snow tomorrow].

b. It looks *likely* [that it will snow tomorrow].

c. It will *surely* snow tomorrow.

その他にも，(33) で見たように発話時に確定している未来の出来事，とりわけ，計画や予定については現在形が用いられるのですが，さらに，(42) のような時や条件を表わす副詞節の中では，未来のことを表わすのに現在形が用いられるという英文法の決まりがあります。

(42) a. You must finish your homework [before you *play*].

b. [If it *rains* tomorrow], the game will be canceled.

c. We will start [when you *are* ready].

(43) の従属節は，(42) とは異なり名詞節なので，未来の出来事は推測を表わす will で表わされます。

(43) I don't know [what time my husband *will* come home tonight].

(44) のような場合，日本語でも従属節では助動詞を伴わない動詞が用いられます（時や条件の副詞節の日英語比較については §5.8 を参照）。

(44) a. ［遊ぶ前に］宿題を終わらせなければいけません。

b. ［明日雨が降れば］試合は中止になるでしょう。

c. ［君の用意ができたら］始めますよ。

一見すると英語と同じ規則が日本語でも働いているように思われるかもしれませんが，これは「だろう」「でしょう」のような話し手の推測を表わす助動詞は，一般的に従属節には現われにくいという日本語特有の事情によります。(45) は関係節（連体修飾節）の例ですが，従属節で「でしょう」を用いることはできません。また，「だろう」は，「でしょう」ほど容認度は低くないものの，不自然さを感じる話し手も多いと思います。

(45) a. 山田先生が来年出版する {?だろう／*でしょう} 本

b. 来年留学先から帰ってくる {?だろう／*でしょう} 学生

したがって，(46) のように，主節動詞の目的語として生じる従属節（名詞節）中でも，英語とは異なり，「だろう」「でしょう」を伴わない動詞のル形が未来の出来事を表わすのに用いられます。

(46) a. ［田中さんが誰と<u>来る</u>（*<u>だろう</u>／*<u>でしょう</u>）か］知っていますか。

b. ［主人が今夜何時に帰ってくる(*だろう／*でしょう）か］分かりません。

このように日本語では，そもそも話し手の推測を表わす助動詞を従属節中で用いるには制限があるので，英語の（42）（43）に相当する区別はありません。(46)のような文を英語に訳す場合には注意する必要があります。

課題解決！

冒頭の「お仕事は何をしていますか。」という文の「する」という動詞は，行為を表わしますので，「する」のテイル形は，「今ジョンは宿題をしている。」のように進行相の文でも用いられます。しかし，問題の文は，職業が何かを尋ねる疑問文です。仕事というのはほぼ毎日習慣的に行なう行為と考えられるので，［2］のように現在形を用いた文に訳すのが正解です。［2］の wh 疑問文に対する答えも，現在形を用いた（47）のような英文となります。

（47）I *teach* physics at the university.

一方，［1］は現在進行形の文なので，「今何をしているのか」を尋ねる疑問文です。したがって，［1］の疑問文の答えとしては，現在進行形の（48）のような文が適格となります。

（48）I *am teaching* physics at the university now.

このように日本語ではテイル形が，①現在の習慣的行為を表わす場合，②進行相を表わす場合，③現在の状態を表わす場合があります。一方，英語では，現在の習慣的行為は現在形で，進行相は現在進行形で，現在の状態は現在形で表わされ，日英語の対応関係にズレがあります。テイル文を英語に訳すときにはどの用法で用いられているのかに注意しなければなりません。テイル文については§2.6 でさらに詳しく取り上げます。

練習問題

A （　　）の動詞を必要があれば適切な形に変えるか，あるいは助動詞の will を補うかして次の文を完成させなさい。

1. John (play) a piece by Bach on the piano now. He really (like) classical music.
2. Exams (start) next week.

3 It (rain) a lot in June in Japan.

4 We'll give it to you before we (leave).

5 The weather forecast (say) that it (rain) tomorrow.

6 I (swear) that I will tell the truth.

7 There (go) our bus — we'll have to wait for the next one.

8 Mary (turn) twelve tomorrow.

B 次のaとbの意味の違いを答えなさい。

1 a. John is very rude.

b. John is being very rude today.

2 a. I wonder if it will rain tomorrow.

b. I'll stay home if it rains tomorrow.

3 a. I enjoy music.

b. I'm enjoying the music.

4 a. If he will help me, I will be able to finish it.

b. If he helps me, I will also help him.

C 次の文を英語にしなさい。

1 水は水素と酸素からなる。

2 毎朝朝食をとりますか。

3 加藤さんならきっと試験に合格する。

4 明日何時に来るか教えてください。

5 父は開業医です。

6 A：お酒は飲めますか。

B：はい，ワインなら。

7 お母さんが病気だと聞きました。

8 ウィリアム・シェイクスピアは1564年4月23日にストラトフォード・アポン・エイボンにて生まれる。

9 この計画がうまくいくと思っているのですか。

10 減量のために毎日トマトジュースを1杯飲んでいる。

2.3 現在完了と過去完了

考えてみよう！

［1］［2］ではいずれも同じ動詞の形（「～したことがある」）が用いられています。それぞれの意味に注意して英語に訳してみましょう。

［1］ボストンにはこれまでに5回行ったことがある。

［2］ボストンには5年前に行ったことがある。

≫ 日本語に注目しよう！

日本語のタ形は英語の単純過去，現在完了のいずれも表わしうるので，(1) は「宿題が終わった。」と言っているだけなのか，宿題が終わったという事柄を現在に関連づけて，例えば，「今は暇である。」などと言っているのか曖昧です。

(1) 宿題をやり終えた。

日本語で英語の現在完了と単純過去を区別して表現することはできるのでしょうか。

≫ 英語と比べてみよう！

◆現在完了の用法

学習英文法では，英語の現在時制には①「完了・結果」，②「経験」，③「継続」の3つの用法があるとして，次のような例文があげられています。

(2) a. I'*ve* just *finished* my homework. 【完了・結果】

b. I *have seen* Mary twice. 【経験】

c. I *have lived* in Tokyo for 20 years. 【継続】

以下では，これら3つの用法が「現在との関連性」という現在完了の中核的意味から生じていることを見ていくことにします。

① 「完了・結果」用法

(2a) の「完了・結果」の用法は現在から見て「完了」しているということであり，宿題をやり終えたことが現在に結び付けられています。その結果，例えば，「今は遊びに出かけられる状態にある」といった含みが感じられます。(3) の単純過去も宿題をやり終えたことを述べているという点では行為の「完了」ですが，現在とのつながりはありません。

（3） I *finished* my homework.

日本語ではタ形が単純過去，現在完了のいずれをも表わすので，（2a）を（3）と区別して訳す場合には，上で述べたように「今，宿題を終えたところだ。」「宿題を終えている。」のように日本語の表現を工夫する必要があります。「宿題を終える」という行為のように，それが完了したからといって，誰が見てもすぐに分かる結果状態が生じているとは言えない場合もありますが，完了した出来事が明確に結果を残している場合もあります。

（4） John *has come* home.

（4）は「ジョンが家に帰ってきた」という出来事が完了した結果，「今ジョンは家にいる」ということを述べています。したがって，（4）に続けて（5）のように言うことはできません。

（5） *John *has come* home, but now he is gone.

「現在」とは関連性をもたない過去の出来事であれば，（6）のように言うことができます。

（6） John *came* home, but now he is gone.

（7）は「完了・結果」の用法の類例です。

（7） a. Chomsky *has written* over one hundred books.

b. The window *has been* broken.

（7a，b）の本を書く行為や窓が割れるという出来事はそれが終われば，結果が残ります。このような場合は，現在その結果が残っていることを動詞のテイル形を用いて表わすことができます（テイル形については§2.6を参照）。

（8） a. チョムスキーは100冊以上本を<u>書いている</u>。

b. 窓が<u>割られている</u>。

学習英文法書によっては，「完了・結果」を別々の用法としているものもありますが，（2a）と（4）（7）の違いは，出来事の完了によって明確な結果があるかどうかということであり，いずれも出来事の完了の結果を表わしていると考えて差し支えないでしょう。「完了」も「結果」と関連しており，この2つの意味が「現在との関連性」という現在完了の中核的意味から生じていることを理解しておくことが大切です。

② 「経験」用法

現在完了の「経験」の用法は，過去の経験が現在も活きていて，そのお陰で「今…である」という意味を含んでいます。しばしば「～したことがある」という表現を用いますので，(2b) は次のように訳されます。

(9) メアリーには２度会ったことがある。

「～したことがある」という表現は，(10) (11) が示すように現在とは関連しない過去の経験を表わすこともありますので，これが英語の現在完了の「経験」を表わす専用の言語形式というわけではありません。

(10) 去年メアリーには２度会ったことがある。

(11) 10年前にボストンに行ったことがあります。

(10) (11) には，過去の特定の時を表わす「去年」「10年前」という連用修飾語があるので，過去のある時点における経験を述べているだけで，現在との関連性はありません。したがって，これらの文は過去形を用いた英文に訳すことはできますが，現在完了の文に訳すことはできません。

(12) a. I *saw* Mary twice last year.
　　b. I *went* to Boston ten years ago.

(13) a. *I *have seen* Mary twice last year.
　　b. *I *have been* to Boston ten years ago.

(2b) を (9) のように訳した場合，過去の経験を述べているだけなのか，あるいは過去の経験を現在と関連づけて述べているのか曖昧になってしまいます。過去の経験を現在と関連づけて述べる場合，「～したことがある」という表現を用いるなら，(14) のように「これまでに」などの表現を補うとはっきりします。

(14) メアリーにはこれまでに２回会ったことがある。

また，動詞のテイル形を用いることによって現在完了の「経験」の意味をより明確に表わすこともできます。

(15) メアリーには{もう／これまでに}２回会っている。

この場合も現在との関連性を示す「もう」「これまでに」のような表現を補う必要があります。動詞のテイル形は，(16) のように過去の経験を表わす場合にも用いることができるからです。

(16) メアリーには去年２回会っている。

現在完了の「経験」の用法は，過去の経験が現在になんらかの影響をもたらしているという点で「現在との関連性」という意味から生じる用法だということができます。

③ 「継続」用法

3つ目の「継続」の用法について見ることにしましょう。(2c) の「継続」の用法は，過去のある時点から現在まである状態が続いてきていることを表わします。(2c) は現時点で東京に住んで20年になることを述べていますが，この場合も「過去」と「現在」の状態がつながっていることが分かります。(2c) の live のような状態動詞は，同じ状態が続くという意味を含んでいるため現在完了で現在までの状態の継続を表わします。これに対して，過去から現在までの動作の継続はどのように表わせばよいのでしょうか。write を用いた例を見ておくことにしましょう。

(17) I *have written* a report.

(17) は (2c) とは異なり「完了・結果」の意味にしか解釈することはできません。これは (17) の write a report が「完結的」な動作を表わすからです。レポートを書いてしまえば,「書く」という動作は完結するので，write a report という動詞句は「完結的」な動作を表わしています (このような動詞の意味的特徴については，§2.7 を参照)。(17) のような完結的な動詞を用いて，今もその動作が続いていることを表わすには，現在完了進行形を用いなければなりません。

(18) I *have been writing* a report.

(17) と (18) を訳し分けるには工夫が必要となります。すでに述べたように，動詞の「テイル」形は現在完了の「完了・結果」と進行相のいずれも表わしうるからです。(17) は (19a) のように「書き終える」という複合動詞のテイル形を用いて，完了の意味を表わすことができます。一方，(18) は，(19b) のように「書き続ける」という複合動詞のテイル形で，今もレポート書いていることを表わすことができます。

(19) a. レポートを書き終えている。

b. レポートを書き続けている。

現在完了進行形は，(18) のような「今まで〜し続けている」という場合以外に，過去から続く動作が今終わったばかりという場合にも用いられます。

(20) I'm thirsty. I've been running.

(20) は過去から続いていた動作が終了したばかりでその余韻が今も残っていることを表わしています。(20) の現在完了進行形は，テイタ形を用いることで，継続していた動作が終わっていることを表わすことができます。

(21) のどがかわいたよ。さっきまで走っていたんだ。

(18) と (20) は動作の継続について異なる意味を表わしていますが，継続していた動作を現在と関連づけて述べているという点では同じです。

現在完了形の3つの用法①②③は，「現在との関連性」という意味を便宜上分けたもので，それぞれの用法は互いに関連しあっています。例えば，(2c) は「継続」の例としてあげてありますが，これは発話時までに20年間東京に住むという経験が継続したことを述べていると考えることもできます。したがって，「完了・結果」「経験」「継続」の用法の境界線は必ずしも明確なわけではなく，重なり合っていてもかまわないのです。

◆過去完了の用法

(22) と (23) では，同じテイタ形の動詞が用いられていますが意味が異なります。

(22) ジョンなら図書館で新聞を読んでいた。

(23) ガソリンスタンドを見つけた時には，3時間ずっと運転していた。

(22) は過去のある時点で進行中であった行為を表わしています。一方，(23) は「ガソリンスタンドを見つけた時点」まで継続していた動作を表わしており，(22) とは異なり過去進行相の文ではないことが分かります。つまり，(22)(23) では表わす相に違いがあるのですが，この違いは英語ではどのように表せばよいのでしょうか。

① 「完了・結果」用法

(24) では，主節と従属節に同じタ形の動詞が用いられていますが，「帰ってきた」は過去単純相，「終えていた」は過去完了相を表わしています。これを英語に訳せば，(25) のような主節に「過去完了」をもつ文になります。

(24) 父が帰ってきた時，すでに宿題を終えていた。

（25）I *had* already *finished* my homework when my father came home.

「現在」を基準時として過去の出来事と「今」をつなぐのが「現在完了」でした。これに対して，過去のある時点を基準にそれよりも前の出来事を関連づけて述べる場合には，（25）のような had＋過去分詞の形式，すなわち「過去完了（past perfect）」が用いられます。

（26）I had finished my homework

（25）は父が帰ってきた時点で，宿題を終えていた状態にあったことを述べており，過去完了の「完了・結果」の用法の例です。この文では，過去のある時点までに宿題を終えたからといって，その行為の結果状態がはっきりと残っているわけではありませんが，（28）では出来事の完了によってもたらされた結果状態がはっきりしています。

（27）John *had* already *left* when we arrived.

（28）私たちが到着した時には，ジョンはもう帰っていた。

（27）は「私たちが到着した」過去の時点を基準時として，それよりも前にジョンが帰ったという出来事が完了したことを述べています。その結果，到着した場所にはジョンはもういなかったという結果状態が残されたことが分かります。日本語には，過去完了に相当する専用の言語形式はありませんが，（28）のようなテイタ形を用いることで（27）の主節動詞の過去完了がもつ「完了・結果」を表わすことができます。

なお，（24）（28）のテイタ形をタ形に置き換えることはできません。

（29）a. *父が帰ってきた時，すでに宿題を終えた。

b. *私たちが到着した時には，ジョンはもう帰った。

このことから，過去の基準時を中心にそれよりも前の出来事を振り返る場合，日本語では「〜ていた」が用いられ，これが英語の過去完了の「完了・結果」の用法にほぼ対応しているということができます。

なお，hope，expect，want などが過去完了で用いられると，実現されなかった期待を表わします。

（30）a. I *had hoped* that you would come to the party.

b. I *had wanted* to go with you.

c. I *had expected* her to be honest.

（30a）を「パーティーに来て欲しいと思っていた。」のように言い切りの文に訳してしまうと，「期待が実現されなかった」という意味がはっきり表現されません。この場合は，「パーティーに来て欲しいと思っていたのに。」のように文末形を工夫する必要があります。

② 「経験」用法

（31）は，過去の基準時まで経験したことが活きていたことを表わしており，これが過去完了の「経験」の用法です。

（31）a. I knew nothing about John because I *had* never *talked* to him before.

b. I recognized John at once, as I *had met* him before.

（31）では，過去の基準時を中心にそれまでに経験した事柄を関連づけて述べています。この場合，日本語では「～したことがある」の過去形を用いることによって，過去の基準時から振り返ってそれまでに経験したことを表わすことができます。

（32）a. それまでに話したことがなかったのでジョンのことは何も知らなかった。

b. ジョンには以前会ったことがあったので，すぐにわかった。

テイタ形を用いて過去完了の意味を表わすこともできます。

（33）a. それまでに話していなかったのでジョンのことは何も知らなかった。

b. ジョンには以前会っていたので，すぐにわかった。

③ 「継続」用法

過去完了を用いて過去の基準時まである「状態」が継続していたことを表わすことができます。

（34）a. We *had been married* for five years when our first son was born.

b. They *had lived* in Paris for three years before they moved to London.

（34a）では，「長男が生まれた」時を基準時としてそれまでに結婚していた状態が5年継続したことを述べています。同様に，（34b）では，「ロンドンに引っ越した時」を基準時としてそれまでパリに住んでいた状態が3年間続いたことが述べられています。過去完了の「継続」用法の場合も，テイタ形を用いることによって基準時となる過去時とそれよりも前の過去の状態が関連づけられていることを日本語でも表わすことができます。

（35）a. 長男が生まれた時には，結婚して5年になっていた。

b. ロンドンに引っ越す前までにパリに3年間住んでいた。

一方，（34）（35）のように過去の基準時まで継続した状態を述べるだけではなく，基準時あるいはその直前まで動作が継続していた場合には，（36）のように過去完了進行形を用いて「動作」の継続を表わします。

（36）a. I *had been driving* for three hours when I found the gas station.

b. We *had been waiting* an hour before Bill came.

（36b）は We *had waited* an hour before Bill came. という文も可能ですが，この場合にはビルが現われた時点で「待つ」行為が完了したことに力点があります。日本語では（36）のような動作の継続を表わす場合にも，状態の継続の場合と同じテイタ形が用いられ，（36a）は上で見た（23）の日本文に対応しています。つまり，英語では区別される過去完了，過去完了進行形が日本語では同じテイタ形で表わされますので，テイタ形をもつ文を英語に訳す場合，それが状態の継続か動作の継続かに注意する必要があります。

以上，過去の出来事を過去のある時点と関連づけて述べる場合に，過去完了が用いられることを見ました。過去の一連の出来事を述べる場合，どちらか一方が先に起きたからといって，過去完了を用いることはしません。例えば，「朝7時に起きて，歯を磨いて，朝食を食べました。」という文は，出来事が起こった時間的順序で並んでいるだけで，過去の出来事をある時点と関連づけて振り返って述べているのではありません。このような場合は，単純過去を用います。

（37）I *woke* up at 7 this morning, *brushed* my teeth, and *had* breakfast.

after, before などの接続詞，あるいは2つの出来事の因果関係によって，過去の2つの出来事の時間的な前後関係が明らかな場合にも，過去形が用いられます。

（38）a. John went out *after* he had breakfast.

b. John locked the door *before* he left.

c. Bill ran away *as soon as* he saw me.

d. I found the car key *which* I lost a week ago.

これらの例では，２つの過去の出来事が列挙されているだけで，２つの出来事が関連づけられているのではなく，一連の出来事として述べられているのです。

④ 「大過去」

過去完了には，上で述べた①～③の用法以外に，過去に起こった２つの出来事について，実際に起こった順序とは逆の順序で述べる場合，前に起こった出来事を過去完了で表わす「大過去」という用法があります。この用法は２つの出来事の時間的な前後関係を表わします。

（39）a. I realized that I *had left* my key in the taxi.

b. I wondered who *had left* the door open.

「大過去」を表わす過去完了に対応する日本語では，タ形が用いられます。

（40）a. ［タクシーに車の鍵を置き忘れた］ことに気付いた。

b. ［誰がドアを開けっ放しにした］のだろう（と思った）。

（40a）では，主節の「気付いた」も従属節の「忘れた」も，共にタ形が用いられています。しかし，「忘れた」は「気付いた」よりも前の出来事です。英語ではこのような場合，「気付いた」という事態が起こった過去の時点（基準時）までさかのぼり，そこから見た過去の出来事である「忘れた」を表現するという論理で「大過去」となり，過去完了が用いられます。（40b）も同様です。対応する英訳である（39b）と比較してください。

（41）も「大過去」を表わす過去完了の例です。遠藤周作の『沈黙』のWilliam Johnstonによる英訳*Silence*からの例文（(b) は原文）です。

（41）a. Valignano did not so much utter a word about rumors that Ferreira *had succumbed* beneath the torture of his enemies.

b. ヴァリニャーノ師はこの時，あの噂通り，フェレイラ神父が異教徒の拷問に屈服したとは一度も口に出されませんでした。

（41a）の従属節中の過去完了は，日本語ではタ形で表わされています。タ形は単純過去，現在完了を表わす場合にも用いられるので，タ形の文を英語に訳す場合には注意する必要があります（このような従属節における時制の日英語の違いについては §2.4 を参照）。

課題解決！

冒頭の［1］は，「これまでに」という表現があることから，過去の経験を現在に関連づけて述べていることが分かります。つまり，「ボストンにはこれまで5回行った経験があるから，例えば，ボストン市内の主要な交通機関のことや名所などについてよく知っている」といった場合などが考えられます。したがって，［1］は現在完了を用いて（42）のように訳すのが正解です。

（42）I *have been* to Boston five times up to now.

一方，［2］でも同じ「行ったことがある」が用いられていますが，「5年前」の過去の経験を述べているに過ぎません。したがって，［2］は過去形を用いた（43）のように訳すのが正解です。

（43）I *went* to Boston five years ago.

練習問題

A 次の文を英語にしなさい。

1. 君に来て欲しかったのに。
2. 子どもの頃にロンドンに行ったことがある。
3. 彼が来た時，1時間ほど読書をしていたところだった。
4. ダーウィンの理論は計りしれない影響力をもち続けている。

B 次の文が不適格な理由を答え，正しい英語に直しなさい。

1. *When has he left for London ?
2. *The package has arrived, but it was returned to the sender.
3. *The weather has cleared up, but it has started to rain again.
4. *The style of the King James version has influenced the English literature markedly in the 17th century.

2.4 従属節の時制

考えてみよう！

次の文の時制に注意して英語に訳しなさい。

［1］ジョンはメアリーが妊娠していると思った。

［2］昔の人は地球が平らだと信じていた。

日本語に注目しよう！

（1）の従属節ではル形（非過去形）が用いられていますが，今も鈴木先生が怒っていることを述べているのでしょうか。

（1） 山田さんは［鈴木先生が怒っていると］言った。

（1）は，山田さんが従属節の内容を伝達した時点で，鈴木先生が怒っていたことを述べたのであり，今も先生が怒っているのかどうかは分かりません。（1）は，一見すると（2）の英文に対応しているように見えます。

（2） Mr. Yamada said [(that) Prof. Suzuki is angry].

しかし，後で述べるように，（2）は（1）と同じ意味ではありません。日本語では，（1）の従属節の動詞の形式から分かるように，過去のことでも従属節では動詞のル形（非過去形）が用いられます。そのため，（1）を英訳する際に日本語の表現方法をそのまま英語に当てはめて（2）のように訳すのは誤りです。正しくはどう書くべきだったのでしょうか。

英語と比べてみよう！

言語には誰かが言った発話を第三者に伝える仕組みがあります。それが「話法」です。話法には「直接話法（direct speech）」と「間接話法（indirect speech）」という区別があります。どちらも人の言った言葉（「被伝達部」）を伝えるものです。「直接話法」とは被伝達部をそのままの形で（その人が言った通りに）伝えるものですので，被伝達部を引用符（「　」や“　”）で囲みます。「間接話法」とは人の言った言葉の内容を伝達者の言葉に直して伝えるものです。また，日本語ではともに従属節の後に「と」が必要になりますが，（1）の場合で言えば，対応する直接話法の文（1'）にある引用符「　」と句読点（。）の有無以外に両者の違いはありません。

（1'） 山田さんは「鈴木先生が怒っている。」と言った。【直接話法】

（1） 山田さんは鈴木先生が怒っていると言った。（再掲）【間接話法】

しかし，英語では違いが生じます。間接話法では被伝達部の表現の中に発話の場面に依存する表現形式があれば，必要に応じて，伝達者の視点で見た場合の適切な表現に置き換えられます。例えば，被伝達部に含まれる代名詞や時間の表現が伝達者の視点に応じて変更されるのですが（この点については日本語もある程度同じと言えますが，詳細は省きます），それに加えて，日本語にはない特徴として特に重要なのが被伝達部の動詞の時制の変化です。つまり，英語では，（3）の直接話法の文を間接話法の文に書き換えた場合に，従属節の動詞の時制を主節の動詞の時制に一致させます。これを「時制の一致」と言います。（4）がその例です。

（3） Mr. Yamada said, "Prof. Suzuki is angry."

（4） Mr. Yamada said [(that) Prof. Suzuki *was* angry].

（3）の直接話法では，被伝達部は山田さんが実際に使った言葉をそのままの形で引用しています。一方，間接話法の（4）では，山田さんの発言を後で話し手が自分の言葉に置き換えて伝えています。つまり，（4）の話し手が山田さんの発言した内容を述べる場合には，その発言は時間的な経過を経ているので，直接話法で述べられた山田さんの発言の内容は過去の事柄となり，従属節の時制は主節動詞（伝達動詞）の時制と一致させて過去形にします。このように従属節の時制が主節の過去時制に従って，過去系列に変わることから，時制の一致を「後転移（backshift）」と言うこともあります。時制の一致には，次のパターンがあります。

（5） a. 現在 → 過去

He said, "I feel sick." → He said (that) he *felt* sick.

b. 過去 → 過去完了

He said, "I saw Mary in downtown yesterday."

→ He said (that) he *had seen* Mary in downtown the day before.

c. 現在完了 → 過去完了

He said, "I have seen Mary somewhere."

→ He said (that) he *had seen* Mary somewhere.

「時制の一致」は，一般的に直接話法を間接話法に書き換えた場合に見られる現象として解説されることが多いのですが，他の従属節についても見られる現象です。know や think は，直接話法の被伝達部を目的語としてとりませんが，これらの動詞が従える従属節にも時制の一致が見られます。

（6） a. I thought [(that) John *was* a college student].

b. Mary knew [(that) John *wanted* to be a doctor].

(6a，b) の例文に対応する日本語は次のようになります。

（7） a. 私は［ジョンが大学生だと］思っていた。

b. メアリーは［ジョンが医者になりたがっているの］を知っていた。

日本語には時制の一致がないので，（1）や（7）のように従属節の動詞はル形（非過去形）になっています。

しかし，（2）の例から分かるように，英語の時制の一致は必ず適用しなければならない規則ではありません。適用しない場合には（日本語では表現できない）特別な意味が「加味」されます。例えば，（2）の従属節の is は今も鈴木先生が怒っているという話し手の見解が追加されています。つまり，鈴木先生が怒っている時間枠が山田さんの伝達時から伸びて発話時にまで及んでいることが表わされています。この現象を「二重接触(double access)」と言います。一方，（4）の従属節の was は，時制の一致を受けており，山田さんが被伝達部を伝達した時点で，鈴木先生が怒っていたことを述べているだけで，今も鈴木先生が怒っているかどうかは分かりません。表面的には（1）は（2）の英文に対応しているように見えますが，（1）に対応するのは時制の一致を受けた（4）なのです。日本語には時制の一致がないため，日英語で従属節の時制にズレが生じてしまうことになります。

（6）（7）についても同様の時制の違いが見られます。(7a) は，話し手が思った時点で，ジョンが大学生だったことを述べているだけで，今もジョンが大学生かどうかは分かりません。(7b) でも，メアリーが知った時点で，ジョンが医者になりたいと思っていたのであり，今も同じ気持ちでいるかどうかは分かりません。したがって，(6a，b) は表面的には (8a，b) に対応しているように見えますが，実は (6a，b) に対応しているのは (7a，b) だということが分かります ((8) の英訳には過去完了が必要です)。

（8） a. 私は［ジョンが大学生だったと］思っていた。

b. メアリーは［ジョンが医者になりたがっていたの］を知っていた。

b'. Mary knew that John *had wanted* to be a doctor (in his youth).

時制の一致がない日本語では，英語で形式上区別されている（2）と（4）の意味の違いを訳し分けることはできません。日本語では，（2）と（4）のいずれに対応する場合も従属節に非過去形を使わざるを得ません。日本人の英語学習者が時制の一致に関して間違いを犯す原因の一端はここにあると言えます。

このように，被伝達部で表現されている事態が発話時（現在）でも成り立つということを加味して言う場合には，「時制の一致」の規則を適用しないというオプションが英語にはあります。いわゆる「時制の一致」の例外についても，同じように考えることができます。学習英文法書では，従属節の内容が「一般的真理」，「現在の習慣的行為」，「歴史上の事実」の場合は時制の一致が行われない例外として扱われています。

（9） a. We learned [that light *travels* faster than sound].

b. John said [that he *gets* up at six every morning].

c. We learned [that the French Revolution *broke* out in 1789].

（9a）の従属節は「一般的真理」を，（9b）の従属節は「現在の習慣的行為」を表わしており，現在形が用いられていますが，これはこれらの内容が現在においても成り立つからです。また，（9c）の従属節は歴史的な事実を表わしていますが，主節動詞の過去形と一致させて過去完了にはなっていません。発話時を基準に従属節の内容を述べているわけですが，これは発話時から見れば「歴史上の事実」は，3日前の出来事同様，過去の出来事に他ならないからです。時制の一致がない日本語では，従属節の動詞は，（10a，b）ではル形，（10c）ではタ形で表されます。

（10） a. ［光は音より早く伝わること］を学んだ。

b. ジョンは［毎朝6時に起きると］言っていた。

c. 私たちは［フランス革命が1789年に起こったと］習った。

表面上は英語の（9）の場合と同じ結果になりますが，日本語の場合にはそもそも時制の一致がないので，他の例と特に変わったところはないのです。

以上，時制の一致の有無からくる日英語の違いについて説明しました。最後に，時・条件の副詞節内の時制について触れておきましょう（詳細は§5.8を参照）。

（11）I took a Japanese course [before I *came* to Japan].

（11）では従属節の動詞は過去形になっています。（11）の従属節で表わされている出来事は過去の出来事だから当然といえます。では，（12）を見てください。ここでは主節にwillが付いていることから分かるように，未来の出来事について述べています。

（12）I will take a Japanese course [before I *go* to Japan].

しかし，（12）のbefore節では現在形が用いられています。なぜwillを用いてbefore I will go to Japanと言わないのでしょうか。（12）の従属節が現在形になっているのは，§2.2でも述べたように，「時・条件を表わす副詞節では未来のことを表わすのに現在形を用いる」という英語の決まりによるからです。willは本来，推量を表わす表現で，時・条件を設定するはずの副詞節に主節と同じようにwillを用いてしまうと不明瞭な推量になってしまい，時や条件の「設定」にならなくなるからだと考えると納得がいくでしょう。

» 課題解決！

冒頭の日本語の文について考えてみましょう。[1]の「ジョンはメアリーが妊娠していると思った。」ですが，日本語では「妊娠している」とテイル形になっていますが，主節の動詞が「思った」とタ形ですので，時制の一致をさせて（13）のようになります。

（13）John thought that Mary *was* pregnant.

もちろんこの場合には，次のように時制の一致をさせない文も可能です。

（14）John thought that Mary *is* pregnant.

しかし，（14）では妊娠しているとジョンが思っていたメアリーがまだ出産していないという解釈が「加味」されます。つまり，「二重接触」現象が起こっており，妊娠状態が伝達時だけでなく発話時にまで及んでいることが分かります。

［2］の「昔の人は地球が平らだと信じていた。」も同様に時制の一致が起こり，（15）のようになります。

（15）People in ancient times thought the earth *was* flat.

この例に関しては，［1］と異なり，時制の一致は義務的になり，was を is にすることはありません。地球が平らではないことは，話し手のみならず誰にとっても今日では明らかなことだからです。

練習問題

次の文を英語にしなさい。

1 ひろ子は知世が何か隠していると思った。
2 山田さんはパーティには行かないと言っていましたよ。
3 彼は毎朝シャワーを浴びると言った。
4 水素は最も軽い元素であることを学んだ。
5 新聞にはその事故の死者は 20 人を超えると書いてあった。
6 明日雨が降ったら試合は中止となります。
7 宿題が終わったら買い物に行きましょう。
8 あなたは部屋に入る時に何か物音を聞きませんでしたか。（☆）
9 勉強した後でテレビを見ます。（☆）
10 大学に入学する前に 5 キロ太った。（☆）

2.5 「タ」の文法

考えてみよう！

「車の鍵を失くした。」という文は，単純過去を用いた［1］，現在完了を用いた［2］のいずれの英文にも訳すことができます。しかし，［3］を［1］［2］の後につなげて言う場合，違いが出てきます。［3］をつなげられるのは，［1］［2］のどちらの文の後でしょうか。なぜそのような違いが生じるのでしょうか。

［1］I lost my car key.

［2］I've lost my car key.

［3］..., but my wife found it.

日本語に注目しよう！

（1）と（2）では，「折った」というタ形の動詞が用いられていますが，文全体としては意味が異なります。

（1） 腕の骨を<u>折った</u>けれど，もう治りました。

（2） 腕の骨を<u>折った</u>ので，しばらくテニスはできない。

（1）は過去のある時点で腕の骨を折ったが，今は骨の折れた状態にはないことを述べています。（2）も過去のある時点に腕の骨を折ったことを述べている点では同じですが，（2）はその状態が今も続いていることを述べています。（1）の下線部は英語では「単純過去」に相当します。一方，（2）では過去の出来事を現在に関連づけて述べており，英語の「現在完了」に対応しています。

英語と比べてみよう！

§2.3 で見たように，英語では単純過去（過去形）と現在完了（have＋過去分詞）はそれぞれ異なる言語形式で表わされます。

（3） I *broke* my arm.

（4） I *have broken* my arm.

（3）と（4）は過去に起こった出来事について述べているという点では同じです。（4）では現在形の完了の助動詞 have が用いられており，この文の時制は現在です。現在完了は（5）に示したように，「過去」と「現在」

にまたがる時を表わす副詞的表現とともに用いられますが，これは現在完了が「現在」を基準として過去の出来事を捉えているからに他なりません。

（5） a. I have *just* got my teacher's license. （ちょうど）
b. Have you *ever* been to New York？ （今までに）
c. Have you finished your assignment *yet*？ （もう）
d. *So far* we have had 50 acceptances. （これまでに）
e. Things have gone badly with me *lately*. （最近）

（5）の時を表わす表現はいずれも現在を含む一定の長さの時間を表わしています。このことからも現在完了の文は，過去の出来事を現在と関連づけて述べていることが分かります。したがって，（4）は過去の出来事を現在と関連づけて，「今も腕の骨が折れた状態」にあることを述べているのです。一方，（3）のような単純過去の文は，過去の出来事を述べているだけで，現在も折れたままなのか，もう治ったのかは不明です。

§2.3 で述べたように「現在完了」の中核的意味は，「現在との関連性」です。したがって，（4）の文に続けて（6）のように言うことはできますが，（7）のように言うことはできません。

（6） I have broken my arm and it still hurts.

（7） *I have broken my arm, but it healed up.

一方，（3）は過去のある時点で腕の骨を折ったと言っているだけで，現在との関連性はありません。したがって，（3）の後に続けて（8）のようにに言うことも（9）のように言うこともできます。

（8） I broke my arm and it still hurts.

（9） I broke my arm, but it healed up.

日本語では英語の単純過去と現在完了に対する意味は（1）（2）で示したようにタ形で表わされます。日本語では動詞のタ形が英語の「単純過去」「現在完了」のいずれをも表わしうるので，タ形の文を英語に訳す場合には，その文がどのような意味で用いられているのか注意しなければなりません。一方，日本語でも単純過去と現在完了に対応する意味が形式上区別される場合があります。例えば，否定文では，日本語でも過去と現在完了の意味が異なる動詞の形で表わされます。

（10）a. モネ展に<u>行った</u>？

b. 行かなかった（よ）。

c. まだ，行っていないよ。

（10a）は文脈の指定がなければ（11a）（11b）のいずれにも訳すことができます。

（11）a. *Did* you go to the Monet exhibition？

b. *Have* you *been* to the Monet exhibition？

しかし，（10a）の疑問文に対する（10b）（10c）の答えでは，意味が異なります。（10b）の「行かなかった」は単純過去の文です。一方，非過去を表わす動詞のテイル形を用いた（10c）は，「まだ行ってはいないけれど，これから行くつもりだ」というような場合に用いられます。このように否定文では，日本語でも単純過去と現在完了の意味が異なる形式で表わされることが分かります。

課題解決！

冒頭の課題について考えることにしましょう。［1］［2］を日本語に訳すと，同じタ形の文になります。

［1］ I lost my car key.（車の鍵を失くした。）

［2］ I've lost my car key.（車の鍵を失くした。）

日本語では，動詞のタ形が，英語の過去と現在完了のいずれにも対応することはすでに述べた通りです。［1］は単純過去の文なので，過去の出来事を述べたに過ぎません。現在の状態については何も言っていないので，失くした鍵は今見つかっているかもしれないし，まだ見つかっていないかもしれません。したがって，［1］の後に［3］をつなげて，（12）のように言うことができます。

（12）I lost my car key, but my wife found it.

一方，現在完了の［2］の文は，鍵を失くしたという出来事を現在に関連づけて「今もない状態」であることを述べています。したがって，［2］の後に［3］をつなげて（13）のように言うことはできません。これに対して，［2］の後にI still can't find it.をつなげて（14）のように言うのは何ら問題ありません。

（13）*I've lost my car key, but my wife found it.

（14） I've lost my car key and I still can't find it.

英語の「単純過去」と「現在完了」の使い分けが日本人英語学習にとって難しいのは，日本語では多くの場合，英語の過去と現在完了の表わす意味が同じタ形で表わされることによります。否定文では日本語でも英語の単純過去と現在完了に対応する意味が形式上区別されることを見ましたが，否定文以外でも単純過去と現在完了に対応する意味が形式上区別されることがあります。また，§2.3 で見たように，肯定文でも現在完了がタ形ではなく，テイル形で表わされる場合があります。

（15）a. 小包が<u>届いている</u>。

b. お酒を<u>止めている</u>。

c. ロンドンには 10 回を超えるほど<u>行っている</u>。

（15）の文はいずれも過去の出来事を現在と関連づけて述べており，現在完了を用いた（16）のような英文に対応します。

（16）a. Your package *has arrived.*

b. I *have given* up alcohol.

c. I *have been* to London more than ten times.

このように日本語でも動詞のテイル形で現在完了の意味を表わすことができる場合がありますが，テイル形を用いた文のすべてを英語の現在完了の文に訳すことができるわけではありません。詳しくは次の §2.6 で考察します。

練習問題

現在完了の意味が分かるように次の文を自然な日本語にしなさい。

1 Human brains have shrunk over the past 30,000 years.

2 Almost every U.S. state has now dropped cursive handwriting as a compulsory subject in primary school.

3 Obesity rates worldwide have doubled in the last three decades even as blood pressure and cholesterol levels have dropped, according to three new studies.

4 ‘About Ferreira we have had no further news. The reports about him are vague. Anyhow, at present we don’t have any plans for investigating the truth or falsity of what has been said about him.’

(*Silence*, Shūsaku Endō, translated by William Johnston)

2.6 「テイル」の文法

考えてみよう！

次の文はすべて「ている」で終わっています。この中で英訳した際に現在進行形を使えるのはどれでしょうか。また，進行形にできないものはどのような構文や表現を使えばよいか考えてみましょう。

［1］荷物が届いている。

［2］太郎がダンスを踊っている。

［3］太郎はダンス部に所属している。

［4］太郎はダンスのことをよく知っている。

［5］太郎は昨年試合で負けている。

［6］太郎は毎朝5キロ走っている。

» 日本語に注目しよう！

英語の動詞を分類する基準の1つとして，「進行形になるか否か」というものがあります。これと同様に，日本語では「ている」を付けることができるかどうかで動詞を分類することができます。金田一春彦（1950）の日本語の動詞の4分類を参考にしてみましょう。

（A） ①状態動詞：事物の状態を表わす（テイル形をとらない）
［例］ある，いる（居る・要る）
②準状態動詞：事物の状態を表わす（テイル形も可能）
［例］分かる，できる（可能），要する，値する，など

（B） 継続動詞：ある時間内継続して行なわれる動作・作用を表わす（テイル形が「進行」を表わす）
［例］読む，書く，笑う，泣く，散る，降る，など

（C） 瞬間動詞：瞬間に終わってしまう動作・作用を表わす（テイル形が「完了」（＝結果残存）を表わす）
［例］死ぬ，（電灯が）点く，触る，届く，決まる，見つかる，始まる，終わる，到着する，など

（D） 第4種の動詞：時間の概念を含まず，ある状態を帯びることを表わす（常時，テイル形で現われる）
［例］そびえる，優れる，主立つ，ずば抜ける，ありふれる，

馬鹿げる，似る，など

上記の4種類のなかで，テイルを付けられないのが（A）の①，逆にテイルを必ず付けなければならないのが（D）です。（A）の②と（B），（C）はテイルを随意的に付けられますが，（B）と（C）とではその結果生ずる意味が異なります。（B）の継続動詞にテイルが付くと「進行」の意味に，（C）の瞬間動詞にテイルが付くと「完了」（＝結果残存）の意味になります。（A）の②については，後述します。

この分類のうち（A）の状態動詞は日本語では非常に数が限られています。状態動詞を（A）の①のように「テイルを付けられない動詞」と定義すると，絶対に付けられないものは「ある」と「いる」しかありません。

（1） a. 机の上に本がある。／*机の上に本があっている。

b. 公園に大きな犬がいる。／*公園に大きな犬がいている。

したがって，厳密には日本語の状態動詞は「ある」と「いる」だけで，それ以外は「できる」＋「テイル」→「できている」のように，動詞にテイルを付けて何らかの状態を表わすことも可能です。「いる」には「居る」と「要る」の活用の違う2つの動詞がありますが，どちらにもテイルは付けられません（大阪方言の「いてる」は「居る」に共通方言のテイルに相当する語尾「てる」が付いたものです）。

さて，（A）の状態動詞を①と②に分けたのは，テイルを付けても付けなくても状態を表わす動詞が若干あるからです。例えば，（A）②の「分かる」です。「分かる」は単独でも「分かっている」というテイル形でも，英語の understand にほぼ相当する状態を示すことができます。

（2） a. 山田さんは妻の気持ちが分かる。

b. 山田さんは妻の気持ちが分かっている。

（2a）と（2b）の間には微妙な意味の違いがありますが，この違いを英語で訳し分けるのは困難です。単純に英訳するとともに（3）になってしまいます。

（3） Mr. Yamada *understands* his wife's feelings.

「できる」も同様です。「できる」だけで「能力をもっている」という状態を表現できますが，「できている」も可能です。

（4） a. 太郎君は仕事ができる。

b. 太郎君は仕事ができている。

この場合には，単純形とテイル形の意味の違いが，先ほどの「分かる」の場合よりもはっきりと出てきます。（4a）が単純に「能力がある」という状態を表わしているのに対して，（4b）は「その能力を発揮して仕事が終わっている」というような（一時的な）結果状態を表わしているように思われます。このような動詞にはテイル（この場合は結果状態の意味）を付けることも可能ですが，単独で状態を表わすこともできるので，「準状態動詞」と呼んでおくことにします。しかし，この種の動詞は目的語に相当する部分に「仕事が」のようにヲ格ではなくガ格が付く動詞であるという点で，他の動詞と大きく異なります。同じような振る舞いをする語に「ほしい」や「好きだ」がありますが，これらの語は日本語ではそれぞれ形容詞と形容動詞であり，動詞ではないことに注意してください。

また，（A）②の「要する」「値する」もこのままの形で状態動詞として使えますが，テイルを付けることも不可能ではありません。例えば，「これだけのことをするのに3日を要している。」「国宝の名に値している。」などです（なお，「要する」はヲ格をとる数少ない状態動詞の例です）。

» 英語と比べてみよう！

日本語の（A）①，②に対応する英語の状態動詞を見てみましょう。このタイプの英語には believe, know, like などがあり，日本語の状態動詞（(A) ①）がテイルをとれないのと同様，進行形にすることができません。

（5） I *know* how to use this machine. ／*I *am knowing* how to use this machine.（私はこの機械の使い方を知っています。）

では，日本語の「知る」に対応する英語の動詞は何かというと，learn が一番近いでしょう。これは「非状態動詞」ですので，進行形にできます。

（6） I *am learning* how to use this machine.（私はこの機械の使い方を習っているところです。）

しかし，learn の進行形の意味「習っている」と「知る」にテイルを付けた「知っている」の意味とではまったく違うことが分かります。「知っている」では，テイルを付けることで「知る」という状態変化を表わす動詞からその結果状態を表わす動詞になっています。それが英語の know の意味です。この点で日本語のテイルには英語の進行形とは異なる用法があることが分かります。

実は，日本語では状態動詞が圧倒的に少なく，英語の状態動詞に対応する日本語の動詞は，非状態動詞に結果状態を表わすテイルを付けて派生されたものが多いのです。つまり，英語では learn と know のように異なる語彙になるペアが，日本語では「知る」と「知っている」のように同じ語彙の基本形と活用形という関係になります。英語の代表的な状態動詞と対応する日本語訳を見れば，このことがよく分かります。

(7) have — 持っている（<持つ）
love — 愛している（<愛する）
belong — 所属している（<所属する）
resemble — 似ている（<似る）
wear — 着ている（<着る）

次に日本語の（B）継続動詞に対応する英語の動詞を見てみましょう。このタイプの動詞は英語の進行形に（ほぼ）対応しています。

(8) a. メアリーは友達と一緒にホールで<u>踊っている</u>。
Mary *is dancing* with her friends in the hall.
b. ジョンは今部屋で本を<u>読んでいる</u>。
John *is reading* a book in his room now.

しかし，現在進行形が日本語のテイルの意味に対応していると覚えてしまうと，日本語の（C）瞬間動詞に対応する英語の動詞について，問題が生じます。

(9) a. 電車はすでに<u>到着している</u>。
The train *has* already *arrived.*
b. 電車は<u>到着するところ</u>である。
The train *is arriving.*

(9a) と (9b) では意味が異なります。(9a) のテイルは「進行」ではなく，「完了」の意味を表わします。このテイルは「到着する」という瞬間動詞の結果状態を表わすからです。他方，(9b) は「到着」という事態がまだ発生しておらず，現在その状態に向かっているという意味を表わします。日本語では「～するところである」という，テイルとは異なる表現になります。動詞が表わす動作・作用が瞬時に完結しうる場合には，事態が完結に向かいつつあることを表わします。このような動詞は英語では（§2.7 で解説する）「到達述語」に分類されます。(9) の arrive 以外の例として，leave（出発する），stop（止まる），die（死ぬ）などをあげることができます。興味深いことに，これらに対応する日本語の動詞にテイルを付け「出発している」「止まっている」「死んでいる」とすると，どれも結果状態を表わし，英語にすると進行形ではなく完了形に近い意味になります。逆にこれらの動詞を英語の現在進行形で用いると，（9b）で arrive を用いて例示したように，まったく違った意味になってしまいます。

このように，日本語のテイルは継続動詞に付くと「進行」を表わし，瞬間動詞に付くと「完了」を表わします。先に，日本語の状態動詞は，ほとんどのものがテイルを付けて派生されることを述べましたが，実は，日本語では単一の形態素からなる動詞の圧倒的多数は非状態動詞であり，それに結果状態を表わす「完了」のテイルを付けて状態動詞にしているのです。私たちが，英語を習うようになって初めて「状態動詞」という概念を意識するようになるのは，日本語のこういう事情によります。

» 課題解決！

冒頭に掲げた課題に戻りましょう。実は，進行形が使えるのは意外に少なく，［1］～［6］の日本語文の中では［2］だけです。［5］と［6］については後回しにすると，「届く」「踊る」「所属する」「知る」の中で，テイル形が進行を表わす継続動詞は「踊る」だけだからです。

［1］　荷物が届いている。→ The package *has arrived.*

［2］　太郎がダンスを踊っている。→ Taro *is dancing.*

［3］　太郎はダンス部に所属している。

→ Taro *belongs* to the dance club.

［4］　太郎はダンスのことをよく知っている。

→ Taro *knows* about dance very well.

［5］　太郎は昨年試合で負けている。

→ Taro *lost* a game last year.

［6］　太郎は毎朝５キロ走っている。

→ Taro *runs* five kilometers every morning.

上に示したように，［1］は英訳すると現在完了形がふさわしく，［3］と［4］はそれぞれ対応する結果状態を表わす別の動詞を用いて英訳することになります。なお，［3］の「所属する」という動詞自体は状態変化を表わし，英語ではjoinです。joinした結果状態を表わす動詞はbelongとなり，前者から後者が規則的に作られる日本語と異なり，英語ではまったく違う動詞を用いることが分かります。［4］の「知っている」とknowの関係についてはすでに説明した通りです。

［5］と［6］については，［1］～［4］とは別の尺度で考える必要があります。［5］の「負ける」という動詞自体はテイルが着くと結果状態を表わすという点で［1］の「届く」と同類ですが，ここでは過去の「経験」を表わしています。しかし，明らかに過去を表わす副詞表現を伴うことができるという点で英語の現在完了形の「経験」の用法とは大きく異なります（§2.3を参照）。また，［6］の「走る」は［2］の「踊る」と同様に継続動詞なので通常は進行の意味を表わしますが，ここでは「現在の習慣的行為」を表わしており，発話時の出来事を描写しているわけではないので，英語では単純現在形を用います（§2.2を参照）。

様々なテイルの用法を見ましたが，基本的なケースである［1］～［4］に限定してまとめると，日本語のテイルというのは，英語の進行形の意味（の1つ）に相当する概念を表わすだけではなく，英語の完了形の意味（の1つ）に相当する概念を表わすこともあります。日本語にはこのテイルの後者の働きを用いて，非状態動詞から状態動詞を規則的に作るという英語にない仕組みがあることが分かります。

練習問題

次の文を英語にしなさい。

1 飛行機が離陸するところだ。

2 どうしてそんなこと知っているの。

3 その本はもう読んでいます。

4 その川は町の中央を流れている。

5 私の入っているクラブにあなたも入りませんか。

6 昨晩シャワーを浴びているとドアのチャイムが鳴った。（☆）

7 頭に赤いリボンを付けている女の子は誰ですか。（☆）

8 あなたは本当のことを言っていますか。

9 車は交差点に入ろうとしていた。（☆）

10 どうしたらいいかまったく分からなかった。（☆）

2.7　述語の限界性

考えてみよう！

「疲れていたので昨晩は早く寝た。」を英訳するとどうなりますか。*I slept early last night because I was tired. という英語は間違いです。この英文のどこがおかしいのか考えてみましょう。

日本語に注目しよう！

日本語の「寝た」について考えてみましょう。「寝た」というのは「寝る」が過去形になっただけではないかと思われるかもしれませんが，日本語の「寝た」という形式はどういう状況で使えるかを少し考えてみると，複数の可能性があることが分かります。1つは「床についた」ということで，横にはなったが眠ってはいない状況です。もう1つは，「眠りに落ちた」という意味です。しかし，それだけではありません。「昨日8時間寝た」のような言い方もできますが，これは上記のいずれの意味にも該当しません。

§2.6で述べたように，日本語の動詞には，大きく分けて「状態」「継続」「瞬間」「第4種」の4つの種類があります。「寝る」という動詞には，この分類によると，「継続」と「瞬間」の2つの用法があると同時に，瞬間動詞の場合，①身体を横にするだけなのか，あるいは②眠りに落ちるという意味なのか，という点でも多義性があるのです。では，英語の sleep はどうなっているのでしょうか。

英語と比べてみよう！

Vendler（1957）によると，英語の述語には4種類あるとされています。

（A）　状態述語：know, resemble, wear, belong, like など
（B）　動作述語：dance, sing, run, walk, sleep, laugh など
（C）　到達述語：stop, die, reach, arrive, leave など
（D）　達成述語：cross the street, push the cart to the supermarket, eat an apple, build a house など

この分類のもとになっているのが，それぞれの述語が表わす「事象」の違いです。その区別に関わる意味特徴には3つあり，それが日本語の動詞と

の差異を的確に示してくれます。

1つ目は状態的（stative）か動態的（dynamic）かという特徴です。状態性を持つ述語は時間が経過しても変化を示さないので，英語では進行形にできません。日本語のテイル形の英訳の問題を扱った§2.6で説明しましたが，英語の状態動詞の例として，knowとresembleをあげて，どちらも進行形にできないことを以下に示しておきます。

（1） a. John *knows* a lot about philosophy.
　　 b. *John *is knowing* a lot about philosophy.

（2） a. Mary *resembles* her mother.
　　 b. *Mary *is resembling* her mother.

2つ目は継続的か瞬間的かという特徴です。この区別は日本語の動詞分類にもありました。継続的な述語はfor two hoursのような時間幅を示す修飾語句を伴うことができますが，瞬間的な述語はそれができません。

（3） a. John *danced* for three hours.
　　 b. *Mary *fell* to the ground for five minutes.

（3a）のdanceは継続的ですが，（3b）のfall（to the ground）は瞬間的なので，for five minutesのような時間幅を示す修飾語句とは共起できません。

3つ目の意味特徴は限界的（telic）か非限界的（atelic）かという点です。「限界性（telicity）」とは，述語が表わす事象に完結点，すなわち終わりがあるかどうかに関する意味特徴のことです。限界的な述語はin two hoursのような事象の終わり（完結時）を示す修飾語句を伴うことができます。また，It takes two hours for NP to VP（「NPがVPするには2時間かかる」）のような不定詞構文も用いられます。

（4） a. John *reached* the destination in thirty minutes.
　　 b. It took thirty minutes for John to *reach* the destination.

（5） a. *Mary *danced* in two hours.
　　 b. *It took two hours for Mary to *dance*.

（4）と（5）の文法性の違いは，（4）のreachが限界的な動詞であるのに対して，（5）のdanceは非限界的であることによります。

以上の3つの意味特徴を用いると，上で見た（A）～（D）の4種類の述語タイプを区別することができます。この分類はVendler（1957）による述語の4分類として知られているものです。

（6）

	状態／動態	継続／瞬間	限界／非限界
(A)　状態（state）	状態	継続	非限界
(B)　動作（activity）	動態	継続	非限界
(C)　到達（achievement）	動態	瞬間	限界
(D)　達成（accomplishment）	動態	継続	限界

（6A）の状態述語は状態的（stative）である唯一の述語ですので説明は不要でしょう。それ以外の3つの述語はすべて動態的（dynamic）な述語です。金田一の4分類とよく似ていますが，金田一の4分類では，動作動詞と達成動詞の区別がなく，共に「継続動詞」と分類されていました（上の表ではどちらも「継続」という意味特徴を持っていることから確認できます)。この動作動詞と達成動詞の区別に関わる概念が「限界性」で，日本語を英訳する際に注意する必要があります。

動作述語の代表的な例としてはdanceやsingをあげることができます。これらの動詞は（単独で）現在進行形にすると発話時に進行中の動作を表わします（John *is dancing* now.「ジョンは今踊っている。｣)。しかし，「踊る」という行為には終わりという完結点がないため，in two hoursのような修飾語句とは共起できませんし（*John *danced* in two hours.)，*It took two hours for John to *dance*.も許されません。

到達述語の代表例は，stopやdieなどの述語で，瞬間的動作を表わすため，現在進行形で用いると問題の動作がまだ完結しておらず，現在そこに向かっているところであるという意味を表わします。The car *is stopping*.は「その車は止まろうとしているところだ」という意味になります。進行形で継続的な意味を表せない唯一のタイプです（§2.6を参照)。

達成述語は動態的かつ限界的であるという点で到達述語に似ていますが，同時に動態的かつ継続的という点では動作述語にも似ています。達成述語の例としてはcross the streetやpush the cart to the supermarketがあげられますが，現在進行形で用いると発話時にはまだ問題の動作が完結しておらず，限界点に向かって進む継続現象であることを示します。

この4分類の説明に「動詞」ではなく「述語」という用語を用いてきたのには理由があります。この分類は単なる動詞の分類ではなく，動詞とそれに伴う目的語などを含む動詞句全体，すなわち述語の分類であると言えるからです。このことは，今，紹介した達成述語を例にして考えるとはっきりします。例えば，run という動詞を考えてみましょう。この動詞は，単独では限界点がない動作動詞なので（7a）は不適格な文となりますが，run to the station のように PP を追加すると限界点が明示された達成述語になり，（7b）の文が可能になります。

（7） a. *John *ran* in two hours.
b. John *ran* to the station in two hours.
（ジョンは2時間で走って駅まで行った。）

また，達成述語は動作述語とは異なり，現在進行形の文が真であっても単純過去形の文が真になりません。例えば，John *is running* to the station. は，駅へ向かって走っていることを意味し，駅まで走りきったこと（John ran to the station.）を表わすのではありません。他方，動作述語を単独で用いた John *is running.* では，この文が真であれば単純過去の文 John ran. が真になります。同様のことが eat という動詞についても言えます。例えば，an apple を目的語として従え John *is eating* an apple. のように達成述語として用いられれば，この文が真でも John ate an apple. は真になりません（1 個のリンゴを食べかけていることを意味するだけで，食べ終わるかどうかは分からないからです）が，単独で John *is eating.* のように動作述語として用いられれば，この文が真ならば John ate. も真になります。

日本語でも「リンゴを 1 個食べる。」のように数を指定すれば達成述語になります。上記の分類が，動詞の分類ではなく述語の分類であるのは日本語でも同じなのですが，日本語には名詞に単数・複数の区別をする文法形式がないため（§3.1 を参照），ただ「リンゴを食べる。」と言うと必ずしも限界性を持たないということと，限界性が「食べ終える」のように複合動詞を形成して表わすことが多いということが，この概念の存在を気づかせにくくしているのかもしれません。

» 課題解決！

日英語で同じ意味を表わすように見える動詞も，限界性において異なっていることが多いので注意が必要です。例えば，英語の sleep はこの点において日本語の「寝る」と同じではありません。日本語の「寝る」には

「床につく」という意味と「眠りに落ちる」という意味の２つの解釈がありますが，英語の sleep には後者の解釈しかありません。さらに，英語の sleep は，動態的かつ継続的であるという点で日本語の「寝る」と似ていますが，非限界的であるという点が日本語の場合とは異なります。日本語の「寝る」は限界的でありうるので「30 分で寝た」と言えますが，英語で*He slept in half an hour. とは言えません。「寝る」を英語に訳す場合には，「床につく」という意味では go to bed を，「眠りに落ちる」という意味では go to sleep もしくは fall asleep を用いる必要があります。

課題の例の「早く寝た」では，「早く」という修飾語句から分かるように，「寝た」が限界的な動詞として用いられています。したがって，「（私は）昨晩は早く寝た」を英訳するには次のようにしなければなりません。

（8） I *went to sleep* early last night.（あるいは I *went to bed* early last night.）

冒頭の*I slept early last night. が英語としておかしいのはそういう理由なのです。

英語の sleep は動態述語ではありますが，どこまで行けば完結するということはないので非限界的な述語で，（6）の４分類によると動作述語になります。したがって，進行形を用いることも可能ですが，その場合には現在継続中の行為となり，一時的状態といってもよいでしょう（§2.1 を参照）。

（9） The baby *is sleeping* now.（その赤ちゃんは今眠っている。）

では，現在完了で用いた場合にはどうなるでしょうか。完了形の用法については §2.3 で扱いましたが，現在完了の用法のうち「継続」を表わす場合，動詞が非状態動詞（§2.3 では「動作」という語を使いましたが以後はこちらを使います）であれば，さらに進行形にして現在完了進行形になります。

（10）The baby *has been sleeping* for two hours.

（10）では赤ちゃんが寝付いてから２時間が経ち，まだ寝ているという意味になります。一方，（11）のように進行形にせずに，現在完了を使うこともできますが，その場合，「９時間寝てしまった」という意味で，目が覚めた直後の発話としては可能ですが，「継続」の用法ではありません。

（11）I *have slept* for nine hours.

日本語の「寝る」が英語の sleep と限界性に関して一致しないというこ

とを述べましたが，日本語で「寝る」が非限界的に用いられることもあります。例えば，「毎日最低でも 7 時間は寝ることが必要です。」という文を英訳する際には，そのまま sleep を使うことができます。

（12）You need to *sleep* for at least seven hours every day.

この場合の「寝る」は英語の sleep と同様に非限界的に使われています。つまり，日本語の「寝る」は限界的にも非限界的にも用いられるのに対して，英語の sleep はもっぱら非限界的に用いられることが分かります。

同様の注意が必要な例として「着る」があります。§2.6 で解説したように，英語の wear は日本語では「着る」ではなく「着ている」に相当する状態動詞ですが，次のような例では「着る」が wear と等価になります。

（13）そのレストランではジャケット着用が義務づけられている（＝ジャケットを着なければならない）。
You have to *wear* a jacket in that restaurant.

正確には「ジャケットを着ていなければならない」ということですが，通常日本語では「ジャケットを着なければならない。」という言い方をします。日本語の「着る」には非限界的な解釈もありえるのです。

練習問題

A 次の文を英語にしなさい。

1 明日早いんだから，もう寝なさい。

2 田中さんは，普段はコンタクトレンズだが，今日は眼鏡をかけている。（☆）

3 その塔は公園の真ん中に立っている。

4 そのベッドの上に横になってください。

5 明日はどのネクタイをするつもりですか。

B 次の英語の間違いを訂正し，その理由を答えなさい。

1 *Did you sleep when I came home last night?

2 *Get on the train that is stopping over there.（☆）

3 *Can you see the bird that sits on a branch over there?

4 *I knew a lot of things in this course.

5 *He took a shower and wore a red shirt.

2.8 「する」と「なる」の文法

考えてみよう！

「いい経験になりました。結果にとても満足しています。」を英語で言うとどうなるでしょうか。

日本語に注目しよう！

うどん屋で注文したものが配膳され，「こちら，きつねうどんになります。」と言われたとします。「どのくらい待ったら（きつねうどんに）なりますか。」などと聞き返す人はいないでしょう。この「〜になります」というのは，日本語では始終耳にする表現ですが，「なる」に気を取られて，これをそのまま become を使って英語にしようとするとおかしなことになってしまいます。

また，「どういう意味ですか。」という言い方も，日本語では極めて日常的な表現ですが，ここにも英語にはない特徴があります。それは主語が表わされていないということです。この文に無理に主語を補うとしたら何が主語になると思いますか。

英語と比べてみよう！

日本語は「なる」型言語と呼ばれ，いつの間にかある事態に「なる」という表現をするのが大きな特徴の1つであるのに対して，英語は「する」型言語で，動作をする人（「動作主」）が何か動作を受ける人や物（「被動者（patient）」あるいは「主題」）に働きかけた結果（意味役割については §1.1 を参照），ある事態が生ずるという形式で表現する傾向が強いのが特徴です（池上 1981）。日英語間のこの傾向の違いに起因するものの1つとして，日本語には英語に存在しない自動詞が多いことをあげることができます。心理状態を表わす動詞（以下では「心理動詞（psychological verb）」と呼びます）がその代表的なものです。

日本語では「喜ぶ」という自動詞がありますが，英語では The result *pleased* me.（私はその結果に喜んだ）のように please（喜ばせる）という他動詞を用いて，主語に原因を表わす NP を，目的語にそのような心理状態になる人を表わす NP をとって表現します。日本語のように喜んでいる人を主語にするには，次のような受動文から派生した言い方をするしかありません。

（1） I am pleased./*I am pleasing.（私は喜んでいます。）

ここでは過去分詞から派生した形容詞 pleased が用いられています。日本語の「ています」につられて pleasing としてしまうと誤りです。同様に，interesting と interested という形容詞の使い分けも重要です。

（2） That's (very) interesting.（それは（とても）おもしろい。）

（3） I am (very) interested in that.

（2）（3）の interesting, interested も interest という心理動詞から派生したもので，元々は「興味を持たせる」という意味の他動詞です。おもしろいと思う対象が主語になっている時は（2）のように interesting を用いますが，おもしろいと感じる人が主語の時は interested と受動文に用いられる過去分詞から派生した形容詞を使います（共に very で修飾可能です）。なお，worry には「心配させる」という他動詞用法（例：My son worries me. / I am worried about you.）に加えて，「心配する」という自動詞用法（例：Don't worry about it.）もありますが，このような動詞は，英語では少数派です。主語と目的語の関係が上記の please と逆になっている like もその少数派の１つで，「好ましい」という心理状態になる人が主語に現われ，その原因が目的語に現われます。

この日英語の違いは心理動詞に留まりません。日本語の「怪我（を）する」という表現も，英語では他動詞の hurt や injure を用います。その際，２つの表現方法があって，１つは，（4）のように再帰代名詞を目的語にする言い方です（§1.1 の（12a）を参照）。この表現を日本語に直訳すると「自分を傷つけた」となりますが，いわゆるリストカットなどの自傷行為でもない限り，日本語ではこんな言い方はしません。

（4） John *hurt* himself when he fell from the tree.
（ジョンは木から落ちた時に怪我した。）

もう１つの表現方法は，心理動詞の場合と同様に，hurt を受動態で用いるものです。「ジョンは怪我している。」は John *is hurt*. となります。（4）は John *got hurt* when he fell from the tree. と言い換えることもできます。

英語の他動詞構文を好む傾向は次の例文にも見てとれます。

（5） I couldn't *make* myself *understood* in English.

（私の英語は通じなかった。）

ここでも「通じる」という自動詞的表現から「理解させる」という他動詞的表現への移行が見られます。これまでと違うのは，「理解させる」が make ～ understood という複合表現になり，直訳すると「自分を英語で理解される状態にする」という表現になっている点ですが，他動詞的である点では同じです。このように，日本語ではある事柄や事態が（自然に）起こるという言い方をするために，英語の主語に相当するものが不在である場合がよくあります。「どういう意味ですか。」もそのような例です。英語では What do you mean？ですが，日本語には二人称代名詞に相当するものはありません。強いて主語らしいものを補って言うと「それはどういう意味ですか。」となりますが，これも英語では What do you mean by that？となり，「それは」に相当するものは by that であり主語ではありません。主語にはまたもや you という二人称代名詞が出現します（もちろん，What does that mean？という文も可能ですが，どちらかというと，特定の言葉が聞き取れなかった場合などに使われることが多いでしょう）。この日本語における「主語の不在」という現象は，様々な場面において英語に翻訳する際の悩みの種になります。

他動詞文を好む「する」型言語であるという英語の特徴は，次のような日本語文を英語で言おうとした時にも感じられます。

（6） a. その本はよく<u>売れる</u>。
　　 b. この小説はすらすらと<u>読める</u>。
　　 c. このパンは簡単に<u>切れる</u>。

日本語の「売れる」「読める」「切れる」はそれぞれ「売る」「読む」「切る」という他動詞から作られた自動詞ですが，英語ではこのような場合にそのまま他動詞の sell，read，cut を自動詞として用いるのです。上の（6）を英訳するとそれぞれ次のようになります。

（7） a. The book *sells* well.
　　 b. This novel *reads* very smoothly.
　　 c. This bread *cuts* easily.

（6）の英訳であることを知らないと，（7）は大変奇妙な文に見えるかもしれません。例えば，（7a）を考えてみましょう。（7a）では主語が the book になっていますが，使われている動詞は sell で，これは本来「～を売る」という他動詞です。主語位置に現われている the book は意味的には sell の目的語に相当します。本を売るのは書店であって，本自身ではあり得ません。にもかかわらず，the book をあえて主語にしているところにこの構文の本質があります。つまり，その本が売れるのは本自体が良いからであり，書店の努力などによるものではないと主張している文なのです。この構文では動作主である売り手は背後に押しやられ，表現されません。実際，次のように by 句を用いて sell の動作主を表わすと容認不可能な文になります。

（8） *The book *sells* well by major book sellers.

もし sell という他動詞を使って the book を主語にする必要が生じた場合には，通常は次のような受動文にするでしょう。

（9） The book *was sold* by major book sellers.

（7）は，動詞の目的語に相当するものが主語位置に現われているという点で（9）の受動文に似ていますが，動詞の形は他動詞形がそのまま使われているという点で能動文に似ています。このような構文は「中間構文(middle construction)」と呼ばれますが，用法上の制限があります。

まず，動詞は単純相に限られ，時制も通常は単純現在です。また，用いられる動詞の類に意味的な制限があります。基本的に（目的語に相当するものに影響を与える行為を表わす）非状態動詞に限られ，次の例のように状態動詞を用いることはできません。

（10） a. *The answer *knows* easily.
　　　 b. *Children *like* easily.

中間構文は主語の恒常的な性質を表わすという点で総称的な意味を持ちます。その点で動詞は非状態動詞ですが，すでに状態文になっていると言えます。また，（11a）のように過去の出来事を表わすことはできません。（11b）のように進行形にすることもできません。sell は，自動詞用法が確立されてきたためか，（11c）のように例外的に進行形も可能です。

（11） a. *The novel *read* very smoothly yesterday.
　　　 b. *The bread *is cutting* easily now.
　　　 c. The book *is selling* like hot cakes.
　　　　 （その本は飛ぶように売れている。）

さらに，（7）にあげた例がそうであったように，well や easily のような行為の難易度に関連する副詞は必須で，省略することはできません。

（12）*This novel *reads*.

中間構文の用法にこのような制限があるということも，英語が「する」型言語であることを示唆しています。それに対して「なる」型言語の日本語では，（6）のような自動詞表現はずっと自由に使えます。

» 課題解決！

それでは冒頭の課題に戻りましょう。まず，「いい経験になりました。」ですが，この「なる」は特に何かが変化したわけではないので，become ではありません。何がいい経験になったのか明示されていないので主語を it とすると，次のようになります。

（13）It has been a good experience (for me).（あるいは It was ...）

「結果にとても満足しています。」は先の「喜ぶ」と同じ心理動詞の問題です。英語では「満足する」に相当する自動詞はないので，他動詞 satisfy（満足させる）の過去分詞から派生した形容詞 satisfied を使います。形容詞なので very という副詞を付けることができます。

（14）I am very satisfied with the result.

つまり，（14）は「be＋過去分詞」からなる受動文と形式は似ていますが，その性質は異なります。この辺りの事情は §2.11 で取り上げます。

練習問題

次の文を英語にしなさい（1〜7 は（　）内の動詞を用いること）。

1 直美は真っ赤な衣装を着ていた。(dress)

2 太郎は出かける前にひげを剃るのを忘れた。(shave)

3 花子はカーテンの後ろに隠れた。(hide)

4 太郎の仕事ぶりをみているとイライラする。(irritate)

5 お隣のピアノの音には閉口している。(annoy)

6 彼の病状が心配だ。(worry)

7 何が何だか私にはまったくわかりません。(lose)（☆）

8 大変いい勉強になりました。(☆)

9 こちらが応接室になります。(☆)

10 合計で 2 万 6000 円になります。(☆)

2.9 無生物主語構文

考えてみよう！

「このバスに乗れば，美術館に行けます。」という文は，英語ではどのように表現すればよいでしょうか。［1］のような英訳を思いつく人が多いのではないでしょうか。

［1］If you take this bus, you will get to the museum.

［1］は複文の構造をもつ文です。［1］の内容を単文で表現するとしたらどのような英文が考えられるでしょうか。

日本語に注目しよう！

次の日本語文はどこかすっきりしません。伝えようとしている意味は理解できますが，日本語としては不自然な表現に聞こえます。

（1） a. ?そのニュースが私たちを驚かせた。

b. ?僕のテスト結果がお母さんをがっかりさせた。

同じ内容を表わすなら，（2）の方がはるかに自然な表現です。

（2） a. 私たちはそのニュースに驚いた。

b. お母さんは僕のテスト結果にがっかりした。

（1）は「〈無生物〉が誰かに～する」という表現になっています。一方，（2）では〈人間〉が主語になっており，動詞も他動詞句から自動詞句に変わっています。このような自動詞の存在が日本語の特徴であることは§2.8で述べた通りです。逆に，日本語では無生物を主語にしたSVOの構文はあまり一般的ではありません。そのため（1）のように，無生物が主語になることはあまり多くはありません。§2.8では日英語の違いを「する」型言語と「なる」型言語の違いという切り口で解説しましたが，以下では主語に関連する日英語の違いを見ていきます。

英語と比べてみよう！

英語では，（3）のような無生物のNPを主語にもつ無生物主語構文が広く用いられます。

（3） a. *This medicine* will make you feel better.

b. *A few minutes' walk* brought us to the station.

c. *The bad weather* prevented us from leaving.

d. *This picture* reminds me of our holiday.

(3) の例文は，無生物を主語として他動詞が目的語を従える SVO の構文です。(3) をそのまま日本語に訳そうとすると，「??この薬は気分をよくします。」のように不自然な日本語になってしまいます。これは，日本語では無生物主語が許容されにくいからです。(3) を自然な日本語に訳すには，無生物主語を (4) のように副詞節に変える必要があります。

(4) a. この薬を飲めば，気分がよくなるでしょう。

b. 数分歩くと，駅に出ました。

c. 天気が悪かったので，出発できなかった。

d. この写真を見ると，あの休日のことを思い出す。

(4) の日本語文では，(3) の無生物主語が「条件」「理由」「原因」といった意味を表わす副詞節として現われています。また，(4d) 以外では，述部は他動詞句から自動詞句に変化しています。

(3)(4) に見られる日英語の違いは，伝達内容の構造化に関する日英語の違いに関係しています。§2.8 で述べたように，英語では，伝達内容を他動詞構文 (SVO) として表現することが好まれます (「する」型言語)。一方，日本語では他動詞を用いるよりも自動詞を用いた自動詞構文 (SV) が好まれる傾向にあります (「なる」型言語)。

日本語で SVO 構文を用いることのできるのは，(5) のように行為の主体，つまり，動作主を明示する場合や，(6) のように生じた事態が主語の責任と解釈される場合に，ほぼ限られています。

(5) 行為者／動作主を明示する場合

a. 男の子がボールを蹴った。

b. 山田さんが窓を開けた。

c. 私が新聞を読んだ。

(6) 生じた事態が主語の責任と解釈される場合

a. お父さんがタクシーに鍵を忘れた。

b. 僕はころんで膝を擦りむいた。

c. 田中さんが携帯をなくした。

(5)(6) に対応する英文も SVO 構文として表現されます。

(7) 行為者／動作主を明示する場合

a. The boy kicked the ball.

b. Mr. Yamada opened the window.

c. I read the newspaper.

（8） 生じた事態が主語の責任と解釈される場合

a. My father left his key in a taxi.

b. I fell and skinned my knee.

c. Mr. Tanaka lost his cellphone.

このように動作主による意図的な行為や生じた事態が主語の責任と解釈される場合には，日英語で共通してSVO構文が用いられますが，上でも述べたように，日本語では他動詞構文の使用はかなり制限されています。日本語では，行為者／動作主がある場合でさえ，自動詞があれば，他動詞を用いるのを避け，SV構文を用いる傾向があります。英語と比べて日本語にはそのような自動詞が多いことはすでに指摘しました。

（9） a. 魚が釣れた。

b. 予定が決まった。

c. 宿題が終わった。

魚が釣れたからには，魚を釣った人がいるはずですが，「僕が魚を釣った。」ではなく，「魚を釣った」という行為の結果状態を（9a）のような自動詞構文に構造化します。また，（9b）のように「自分たちで予定を決めた」行為の結果，どうなっているのかを自動詞構文で表現します。このように日本語では，SVOを避け，SVに伝達内容を構造化しようとする傾向があります。したがって，たとえ自分の意図的な行為であっても，（10）のように意図性を表に出さない自動詞表現が好まれるのです。この際，§2.8で述べたように，「なる」という動詞が頻繁に使われる傾向があります。

（10） この4月から保険会社で働くことになりました。

自動詞表現が好まれる日本語とは反対に，英語では他動詞表現を用いる傾向が強くなります。（9）には行為者／動作主が隠れていますので，それを主語として（11）のような他動詞構文を用います。

（11） a. I caught fish.

b. We have decided our schedule.

c. I finished my homework.

日本語では他動詞表現が避けられることから，日本人英語学習者は，例えば（9b）を（12）のような受動文で表現することが多いように思われますが，英語としてはあまり一般的ではありません。

（12）*Our schedule* has been decided.

無生物主語構文に話を戻しましょう。英語では主語に立てるべき人がなければ，原因や条件などの無生物を主語に立て，「〈主語〉が対象に対して～する」という表現が用いられます。（3）のような無生物主語構文は，日本語には馴染みのないものですが，英語らしい表現です。その理由は，英語では伝達内容をSVOに構造化することが好まれるからです。

一方，日本語では，SVOはできるだけ避け，伝達内容をSVに構造化することを基本としますので，（3）のような無生物主語構文は，（4）に示したように動詞を補って，「この薬を飲めば」のように副詞節として表現し，主節をSVの自動詞構文に構造化することになります。

英語にみられる他動詞構文が好まれる傾向は，意味的には自動詞でありながら，それをVOとして表現する方法が英語に豊富にあるという言語事実によっても裏打ちされています。英語には，（13）に示したように，have, take, make, giveなどの動詞が動詞由来の派生名詞を目的語として従える表現が豊富にあります（Dixon 1991：344）。

（13）a. *have/take* a look at ...

b. *make* a remark ...

c. *give* a talk ...

（14）a. I would like to *have a look* at the following examples.

b. Could you *take a look* at these materials?

c. He *made some remarks* I could not catch.

d. I *gave a talk* about my proposal.

（14）の例文は，いずれも自動詞的な意味を表わしていますが，それをVOという形式に具現しています。情報を伝えるという観点からすれば，自動詞表現でも事足りるはずですが，（14）のような表現が豊富にあるということからも，他動詞構文が，英語では基本的で自然な構造であるという意味で，英語の「無標」の構造であるということができます。

自動詞的な意味が，他動詞構文に具現するという言語現象は，他にもたくさんあります。ここでは，自動詞のうち意図的な行為や人間の生理的な活動を表わす自動詞（このような自動詞を「非能格動詞（unergative verb）」

と言います）が目的語を従える場合について考えることにしましょう。英語には，「同族目的語（cognate object）」と呼ばれる通常の他動詞が従える目的語とは異なる目的語があります。同族目的語とは，動詞とほぼ同形の名詞を自動詞が目的語として従える次の例文の下線のNPを言います。

（15）a. He slept a sound sleep.（＝He slept soundly.）

b. She smiled a happy smile.（＝He smiled happily.）

c. He died a peaceful death.（＝He died peacefully.）

（15）の同族目的語は「様態」，つまり，どのように眠ったのか，どのように笑ったのか，どのように亡くなったのかについて述べているのであり，通常の目的語ではないことが分かります。（15）の下線部は，（　）に示したように副詞的な意味を表わしていますが，それが目的語のNPとして表わされています。ちなみに日本語には，このような同族目的語はありません。

また，例えば（16）のshoutのような非能格動詞は純粋な自動詞であり，（17）のように単独では再帰代名詞を従えることはできませんが，（18）に示したように結果状態を表わす結果述語（hoarse）と共起すれば再帰代名詞を従えることができるようになります（§4.5.2を参照）。

（16）　Dora *shouted*.

（17）　*Dora *shouted* herself.

（18）　Dora *shouted* herself hoarse.

（ドーラは声が枯れるほど叫んだ。）

（18）は，形式上はSVOという構造をしていますが，herselfが加わったからと言って，新しい意味が付加されているわけではありません。こうした自動詞が再帰代名詞を従える例も，英語のSVOという構造を指向する特徴の現われと言うことができます。

» 課題解決！

冒頭の［1］の英文は，「このバスに乗ると，どうなるか」という日本語の発想に近い構造になっています。

［1］　If you take this bus, you will get to the museum.

すでに述べたように，日本語は伝達内容をSVに構造化する傾向が強い言語です。また，日本語では無生物を表わすNPを主語にして，人に働きかけるという表現の仕方は，あまり一般的ではありません。したがって，「このバスに乗れば，美術館に行けます。」という文を英語に訳す場合，日本語の発想に引っ張られて，［1］のような英文を書く傾向にあり，（19）のような無生物主語構文をすぐに思いつくという人は少ないのではないでしょうか。

（19）*This bus* will take you to the museum.

（2）の例文を英語に訳すとどうなるでしょうか。日本語の発想からすると，（20）のように訳したくなります。

（20）a. We were surprised at the news.
　　　b. My mother was disappointed with my test result.

英語の特徴をよく理解することによって，（20）の他にSVOの構造をもつ（21）のような無生物主語構文が自然に頭に浮かぶようになります。

（21）a. *The news* surprised us.
　　　b. *My test result* disappointed my mother.

練習問題

（　　）内の動詞を使って次の文を無生物主語構文の英語にしなさい。

1 どうして生物学を勉強しようと思ったのですか。(make)

2 調査の結果から景気が回復しつつあることが分かる。(suggest)

3 新薬の開発には多くの研究が必要になる。(require)

4 過去数年で脳の研究は飛躍的な発展を遂げた。(see)

5 遺伝子物質の分析によって，人間のDNAはチンパンジーやボノボのDNAと98.8パーセント一致することが分かった。(show)

6 この仮説によって2つの異なるグループあるいはそれ以上を比較することができる。(allow)

7 そのデータによってきわめて正確に天気を予測できるようになった。(enable)

8 この災害によってすでに絶滅の危機に瀕している種が絶滅してしまう可能性もある。(lead)

9 この写真を見ると学生時代を思い出します。(remind)

10 病気のために彼女は公務を遂行することができなかった。(prevent)

2.10 二重目的語構文

考えてみよう！

次の文のうち，第 4 文型（SVOO），すなわち二重目的語構文に書き換えることができるのはどれですか。また，書き換えることができるものとできないものの間には，どのような違いがあるか考えてみましょう。

［1］John sent a letter to Mary.

［2］Mr. Smith sent his daughter to that school.

［3］Mary fixed a hamburger for Tom.

［4］Tim fixed the broken TV for Nancy.

日本語に注目しよう！

「あげる」「渡す」「送る」といった動詞はニ格を担った NP（「～に」）とヲ格を担った NP（「～を」）を従えます。例えば，「ジョンはメアリーに花束をあげた。」という文では，ニ格の「メアリーに」は受け手を表わし，ヲ格の「花束を」は「あげた」ものを表わします。ジョンは花束の送り手ですが，「あげる」行為に抽象的な移動が関与していると考えると，花束がジョンからメアリーに移動することになります。§1.1 で紹介した「意味役割」の観点から見ると，移動する花束が「主題」，ジョンが「起点（source）」，メアリーが「着点（goal）」という意味役割を担います。

上記の動詞のうち「あげる」は「～てあげる」という形式で他の動詞に付いて複合動詞を形成することができます。その結果，もとの動詞がニ格の NP を従えることができなくても，「あげる」を付けることによって，ニ格の NP を従えることができるようになります。例えば，「ジョンはメアリーにパソコンを買ってあげた。」という文ですが，この文から「あげる」を取ってしまうと「?ジョンはメアリーにパソコンを買った。」となり，完全に不可能ではありませんが，容認可能性が落ちます。次の例では，この対比がもっとはっきりします。

(1)　ジョンはメアリーにクッキーを焼いてあげた。

(2)　*ジョンはメアリーにクッキーを焼いた。

(1) のニ格を担った NP の意味役割は，行為がもたらす利益を受ける者という意味で「受益者（beneficiary）」と呼ばれますが，この受益者をとることのできるのは「あげる」を従えた複合動詞がほとんどの場合です。「あげる」が単独で用いられている場合の「着点」の意味を表わすニ格のNPとは意味的に異なります。日本語でもこのように「あげる」が付く動詞と,「与える」「渡す」のようにそれ自体でニ格のNPを従えるために「あげる」の付加を必要としない動詞の2つのタイプがあるのです。

» 英語と比べてみよう！

日本語ではヲ格を担う目的語に加えてニ格を担うNPをとる動詞に2種類あることを見ましたが，同様のことが英語にもあります。英語の二重目的語構文と言われるものです。次の例を考えてみましょう。

（3） John *gave* some books to Mary.

（4） John *gave* Mary some books.

（3）と（4）は同じ事態を表わしていますが，その表現方法が異なっています。（3）では主題がsome booksというNPで，着点が前置詞toを伴ったPPで表現されています。このような構文を「与格構文」と言います。それに対して，（4）では動詞の直後に間接目的語として着点を表わすNPが置かれ，その後に直接目的語として主題を表わすNPが続きます。どちらもNPのまま,「間接目的語－直接目的語」の順で動詞に続いており「二重目的語構文」と呼ばれます。

同じように二重目的語構文に用いられる動詞の中でも，対応する与格構文で用いられる前置詞がtoではなく，forになるものもあります。

（5） John bought some books *for* Mary.

（6） John bought Mary some books.

ここでも，（5）と（6）は同じ事態を表わしています。しかし，（3）（4）とは異なり，Maryの担う意味役割が違います。動詞がgiveの場合には抽象的な移動の概念によりMaryは「着点」と考えましたが，動詞がbuyの場合にはMaryが「受益者」と考えると前置詞にforが使われるのも納得できます。このように，与格構文には，用いられる前置詞の違いで,「to与格構文」と「for与格構文」がありますが，二重目的語構文にすると同じに見えます。

与格構文で用いられるtoやforという前置詞自体は与格構文でなくても用いられることに注意してください。John walked *to* the station.のように自動詞であっても，意味的に方向を表わす表現と整合性があればto NPを従えることができます。for NPも「～のために」という意味を追加するだけなら，John walked *for* Mary. という文も可能です。同様に，I cleaned the room *for* Maryのように，単なるSVO構文に上記のto NPやfor NPが続くと，形式上は与格構文と変わらなくなります。

与格構文とそれに対応する二重目的語構文の両方が可能な場合，どちらを使ってもよいのでしょうか。この2つの構文には，語順の違いから生ずる意味の違いがあります。英語には「旧情報から新情報へ」向かって語句を並べる傾向があります。「旧情報（old information）」とは話し手と聞き手の間ですでに了解事項になっているという点で古い情報のことを指し，「新情報（new information）」とは話し手が聞き手にこれから伝えるという意味で新しい情報のことを指します（詳細は§7.7を参照）。

与格構文と二重目的語構文は何を新情報として表現するかという点で異なります。

(7) A：What did you buy for Mary?
　　B：I bought her a new watch.

(8) A：Who did you buy the present for?
　　B：I bought it for Mary.

(7A) では「メアリーに何を買ってあげたか」と尋ねているので，メアリーは旧情報であり，買ってあげた物が新情報になります。したがって，(7B) のように二重目的語構文を用いて，質問の答えとなるa new watchを文末に置いた方が情報の配列の傾向と合致しています。一方，(8) では「そのプレゼントは誰に買ってあげたか」と尋ねているので，プレゼントは旧情報であり，プレゼントを送る相手が新情報です。したがって，ここは二重目的語構文ではなく，Maryが文末に来る与格構文を使った (8B) の答えが適しています。また，同じ理由から，二重目的語構文ではなく与格構文を使うことが義務的になる場合があります。

(9) a.　I gave it to Mary
　　b.　*I gave Mary it.

代名詞のitには文強勢を置くことができず，旧情報であることが求められます。(9b) ではそのitが新情報の現われるべき文末に来ているためにこの文は容認不可能となるのです。

課題解決！

冒頭の問題に戻って，二重目的語構文に書き換えることができる与格構文にはどのような特徴があるかを考えてみましょう。

まず，to 与格構文の場合ですが，to NP は単に方向を表わしているだけでなく，その NP は移動の着点でなければなりません。見方を変えると，「移動」しているもの（=「主題」）を受け取る者でなければなりません。［1］と［2］の正解は（10）と（11）になります。

（10）John sent a letter to Mary. → John sent Mary a letter.

（11）Mr. Smith sent his daughter to that school. → 書き換え不可

（10）では Mary は手紙の受取人なので，John sent Mary a letter. と書き換えることができますが，（11）では状況が違います。日本語にも「娘を学校にやる」という言い方がありますが，娘を学校に「あげる」（=譲渡する）わけではありません。別の言い方をすれば，娘の「所有権」が移動するということではないのです。したがって，（11）を二重目的語構文に書き換えることはできません。

他方 for 与格構文の場合には，for NP がどういう役割をしているかを判断するのはやや難しいと言えます。この NP は「受益者」でなければならないのですが，この「受益者」という概念がつかみどころのないものだからです。先に日本語では動詞単独ではニ格の NP がとれない場合でも「あげる」を付けて複合動詞にすると可能になるものがあることを見ました。これらの動詞には，その目的語が動詞の表わす行為の結果生ずるものを表わすという特徴があります。「創造動詞（verbs of creation）」とも呼ばれ，代表的な例が「作る」で，「夕飯を作る」という例から分かるように，目的語の NP（「夕飯」）は「作る」行為の前には存在していなかったものです。そして「作る」という行為の結果できたもの（「夕飯」）を受け取るのが「受益者」で，それが「太郎」であれば，「花子は太郎に夕飯を作ってあげた。」という文になります。

この意味特徴をもつ動詞が英語の二重目的語構文に用いられると間接目的語が「受益者」になり，与格構文で用いられると for NP が「受益者」を表わします。すなわち，「作る」に対応する英語の make は二重目的語構文にも for 与格構文にも使え，John made Mary some coffee. とも John made some coffee for Mary. とも言えます。同様に，この 2 つの文の日本語訳として「ジョンはメアリーにコーヒーを入れてあげた。」という文は自然な文ですが，文末の「あげた」をとって「入れた」としてしまうとややぎこちない文になります。

［3］と［4］は興味深い対比を示します。正解は（12）と（13）です。

（12）Mary fixed a hamburger for Tom. → Mary fixed Tom a hamburger.

（13）Tim fixed the broken TV for Nancy. → 書き換え不可

どちらの文でも fix という動詞が使われていますが，（12）の fix が「作る」という make とほぼ同じ意味を表わすのに対して，（13）の fix は「修理する」という意味で repair の同義語です。したがって，（12）は Mary fixed Tom a hamburger. と言い換えられますが，（13）を二重目的語構文に書き換えることはできません。

なお，（12）の fix は fix up とすることもできます（Mary fixed *up* a hamburger for Tom. → Mary fixed *up* Tom a hamburger.）。この up は「不変化詞（particle）」と呼ばれ，間接目的語の後に移動することもあり（Mary fixed Tom *up* a hamburger.），むしろこちらのほうを好む話者もいます。さらに，その間接目的語が me や him のような文強勢を置くことのできない代名詞であるとその移動は義務的になります。Tom を him に変えると Mary fixed him *up* a hamburger. という語順しか許されません。

練習問題

次の文を英語にしなさい。与格構文と二重目的語構文のどちらも可能な場合は両方とも答えなさい。

1 向こうに着いたら電話を必ずくださいね。（☆）

2 お母さんは私にお弁当を作ってくれた。

3 花子は太郎のためにあらかじめ部屋の電気をつけておいた。

4 （ホテルのフロントで）すみませんが，タクシーを呼んでくれませんか。（☆）

5 山田さんはその学校に多額のお金を寄付した。（☆）

2.11 受動文

考えてみよう！

日本人英語学習者によく見られる誤りに［1］のような受動文があります。［1］はなぜ非文法的な文なのでしょうか。また，［1］に対応する日本語の［2］はどのような英語にすればよいでしょうか。

［1］*I was corrected my report.

［2］僕はレポートを直された。

日本語に注目しよう！

日本語の受動文には２種類あります。１つは，(1b) のように，対応する能動文 (1a) の目的語を主語にして，元の主語を明示する場合にはニ句として表わす受動文です。もう１つは，(2b) のように，対応する能動文 (2a) にはないNPを主語にする受動文です。

(1) a. ビルがメアリーを招待した。
　　b. メアリーが（ビルに）招待された。

(2) a. 隣の子どもが花瓶を割った。
　　b. 私は隣の子どもに花瓶を割られた。

(1b) のように対応する能動文の目的語が主語になっている受動文は，主語が行為の影響を直接受けることを表わすので「直接受動文 (direct passive)」と呼ばれています。一方，(2b) の受動文の主語は，能動文の目的語に対応していません。(2b) の主語は，行為の影響の直接的な受け手ではありませんが，隣の子どもが花瓶を割ることで間接的な影響を受ける存在として現われており，このような受動文を「間接受動文 (indirect passive)」と言います。(1b) のような直接受動文は，英語の受動文と同じタイプです。直接受動文について，日本語と英語にはどのような共通点があるのか考えていきましょう。合わせて，(2b) の間接受動文が英語には見られない日本語に特有の受動文であることも確認していきます。

英語と比べてみよう！

英語の受動文は，対応する能動文の目的語を主語にし，能動文の主語を明示する場合はby句として表わす（この対立を「態」といいます）という点で，日本語の直接受動文と同じ特徴をもっています。

（3） a. Bill invited Mary

b. Mary *was invited* (by Bill).

表面上は（3b）の受動態と同じ形態の（4）のような例もあります。

（4） a. I *was* (very) *surprised* at the news.

b. We *are* (very) *worried* about the accident.

（4）の例は，感情や心理状態を表わしており，（3b）のような受動文とは区別して，「形容詞的受動態（adjectival passive）」と呼ばれています。（4）の過去分詞は very によって修飾されることから，（3b）のそれとは異なり，形容詞の性質を備えていることが分かります（§2.8 を参照）。

まず（3b）のような受動文の特徴について考察します。日英語の受動文に共通して課せられる条件として「被影響性（affectedness）の制約」（Bolinger 1975）と呼ばれる意味的な制約があります。この制約は，受動文の主語になることのできる NP は動詞の表わす行為の影響を受けるものでなければならないというものです。（1a）（3a）の能動文では目的語の NP が「招待する」という行為の影響の対象であり，これが受動文の主語になっています。（5a）（6a）のように目的語の NP が行為の影響の受け手であれば，それを主語にして（5b）（6b）のような受動文を作ることができます。他動詞でもその目的語が行為の影響の受け手でなければ，（7b）（8b）のように目的語を主語にして受動文を作ることはできません。

（5） a. The police caught the thief.

b. The thief *was caught* by the police

（6） a. 警察が泥棒を捕まえた。

b. 泥棒が警察に捕まえられた。

（7） a. Bill caught a cold.

b. *A cold *was caught* by Bill.

（8） a. ビルが風邪をひいた。

b. *風邪がビルにひかれた。

長さや重さなどを表わす度量句（measure phrase）を目的語にとる cost, weigh や fit, resemble, suit なども他動詞ですが，その目的語は変化や影響を受けないので，それを主語にした受動文は作れません。

（9） a. The book cost two thousand yen.（この本は 2000 円した。）

b. *Two thousand yen *was cost* by the book.

(*2000円がこの本にされた。)

（10）a. Mary resembles her mother.（メアリーは母親に似ている。）

b. *Her mother *is resembled* by Mary.

(*彼女の母親はメアリーに似られている。)

能動文の目的語が「被影響性の制約」を満たすかどうかは，能動文の主語（動作主）によって決まることもあります。

（11）a. We visited the town.

b. A number of tourists visit the town every year.

c. The Queen Elizabeth visited the town twice.

（12）a. ??The town *was visited* by us.

b. The town *is visited* by a number of tourists every year.

c. The town *was visited* by the Queen Elizabeth twice.

（11a）のように，一般の人がその町を訪問したからといって，町が影響を受けるわけではないので，この目的語を主語にした（12a）の受動文は容認性の低い文となります。一方，大勢の観光客やエリザベス女王が訪れることによって，例えばその街が有名になったとか，その町に何らかの変化や影響がもたらされると考えられる場合には，（12b）（12c）のように the town を主語にした受動文を作ることができます。

日本語についてもほぼ同じことが成り立ちます。

（13）a. ??その町は私たちに訪れられた。

b. ?その町は毎年大勢の観光客に訪れられている。

c. ?その町はエリザベス女王に2度訪れられた。

（13b，c）は完全に自然な文ではないにせよ，（13a）と比べると容認可能性に差があるという点では，英語の（12a）と（12b，c）の対立とほぼ同じです。したがって，日英語の受動文の可否を決める条件として「被影響性の制約」が働いていることが分かります。ただし，（13b，c）は（12b，c）よりも容認性が落ちることから，「被影響性の制約」は日本語の直接受動文には英語の受動文よりも強く働く傾向にあると考えられます。

次に，この「被影響性の制約」の満たし方について，日英語に違いがあることを見ます。（15）の間接受動文を考えてみましょう。

（14）a. 先生が 私の娘を 褒めた。

b. 誰かが 弟の自転車を 盗んだ。

c. お母さんが 僕の日記を 読んだ。

(15) a. 私は娘を褒められた。

b. 弟は自転車を盗まれた。

c. 僕はお母さんに日記を読まれた。

(15) の受動文の主語は,(14) の目的語に対応していないので,行為の直接の受け手ではなく,間接的に行為の影響を受ける存在として現われています。英語には間接受動文はないので,(15) を (16) のように受動文に訳すことはできません。

(16) a. **I* was praised my daughter.

b. **My brother* was stolen his bike.

c. **I* was read my diary by my mother.

日本語には直接受動文に加えて間接受動文があること,そして英語には直接受動文しかないという事実は,上で述べた日英語に共通して働く「被影響性の制約」とどのような関係になっているのでしょうか。この点に関して,英語では,直接受動文しか許容されないことからすると,「被影響性の制約」は,動詞の表わす行為が目的語の表わす人・ものに直接的に影響を与えるものでなければならないということになります。それに対して,日本語の受動文の主語は,直接的であろうと間接的であろうと受動文の表わす出来事の影響を受けていればよいのです。したがって,(15) のような間接受動文が日本語で許容されるのに対して,(16) のような間接受動文は英語では許容されません。

他にも日本語には,(17) のように自動詞を用いた受動文もあります。

(17) a. 昨日の遠足で子どもたちは雨に降られた。

b. 鈴木さんは幼いころに父親に死なれた。

c. 私は娘に泣かれた。

(17) ではそれぞれ「遠足で雨が降って,大変な思いをした」「幼いころお父さんを亡くして苦労した」「娘が泣くので困った」など,受動文の表わす出来事によって,受動文の主語がなんらかの影響を被ったことが表わされています。これに対して,英語の受動文の主語は直接的な影響の受け手でなければならないので,日本語のような間接受動文は許容されません。したがって,(18) のような自動詞の受動文も許容されません。

（18）a. *_The children_ were rained during a school excursion yesterday.

b. *_Mr. Suzuki_ was died by his father when he was a child.

c. *_I_ was cried by my daughter.

≫課題解決！

冒頭の［2］の「僕はレポートを直された。」は間接受動文です。上で述べたように，日本語では間接的な影響を受けている NP でもそれを主語にして受動文を作ることができるので，［2］のような受動文が許容されます。一方，英語では行為の直接的な影響を被る NP でなければ受動文の主語にすることはできません。したがって，［2］を英語に訳す場合には，（19a）のような能動文の目的語の my report を主語にした（19b）のような受動文を作ることが考えられます。

（19）a. The teacher corrected my report.

b. My report was corrected.

しかし，［2］のような間接受動文と（19b）のような直接受動文とでは解釈が異なります。［2］の間接受動文は，「レポートを直された」ことによって，主語が間接的な影響を受けたことを表わしています。間接受動文はそれが表わす出来事によって主語が迷惑を被ったという意味を表わすことが多いことから，「迷惑の受け身（adversative passive）」と呼ばれることがあります（「迷惑」の意味をもつことが多いというだけで，（15a）のように主語が迷惑を被ったとは言えない場合もあります）。［2］では，例えば，「レポートを直されて恥ずかしい思いをした」といったようなニュアンスが感じられます。このような間接受動文特有の意味は，（19b）の直接受動文では表わすことができません。したがって，［2］を（19b）のように訳すのは適当ではありません。英語で間接受動文に相当する意味を表わすには，（20）のような have 構文（あるいは get 構文）を用います。

（20）I _had/got_ [my report corrected].

have/get は［　］内の節をとって「O を～される／してもらう」という意味を表わします。［　］の中を見ると直接受動文の形式に対応していることが分かります。（20）の［my report corrected］は，（19b）の直接受動文の be 動詞を省略することによって得られます。これが理解できれば，「私は風に帽子を飛ばされた」という日本語の英訳も，have/get を使えばよいことが分かるでしょう。I had my hat blown off by the wind. という文が正解で，I was blown off my hat by the wind. は間違いですが，後者は「私」のほうが風に飛ばされて「帽子から遠ざかる（off my hat)」という解釈であれば不可能ではないだけに注意が必要です。

be 動詞を省略して節の意味を表わすのは（21b）のような構文でも見られます。

（21）a. I found [this book to be interesting].

b. I found [this book interesting].

（21b）では，（21a）の to be が省略されていますが，this book と interesting の間には主語と述語の関係が成り立っています。（21b）のような this book interesting は，意味的には（21a）の this book to be interesting という不定詞節に対応していますが，動詞が欠けている分，（21b）の [ ] は小さい節と言うことができるので，このような節を「小節（small clause)」と呼びます。（20）でも my report と corrected は受動文の主語と述語の関係を成しており，have が受動文の小節を従えた構文であると考えることができます。（15）の間接受動文も（22）のように have 構文を用いて表わすことができます。

（22）a. I *had* [my daughter praised].

b. My brother *had* [his bike stolen].

c. I *had* [my diary read by my mother].

ただし、すべての間接受動文が have 構文で表わされるとは限らないので注意が必要です。特に（17）のような自動詞の間接受動文を have 構文で表わすにはかなり制限があります。（17a）のような「雨に降られた」という場合には，（23a）のような catch という他動詞を用いて直接受動文にするしかないでしょう。（23a）の be 動詞の代わりに get を用いる（23b）のような「get 受動文（*get*-passive)」も可能です。

（23）a. The children *were caught* in the rain during the school excursion yesterday.

b. The children *got caught* in the rain during the school excursion yesterday.

（17b）の間接受動文は，（24a）のような have［O＋動詞の原形］で表わすこともできますが，（24b）のような他動詞構文を使う方が英語としては自然な表現となります。

（24）a. Mr. Suzuki *had* [his father die] when he was a child.

b. Mr. Suzuki *lost* his father when he was a child.

（17c）の「泣かれた」も have 構文を使って表わすことができます。（25b）のような受動文が許容されないのはもちろんのことです。（25a）以外には，（25c）のような能動態の文を使うしか方法はありません。

（25）a. I *had* [my daughter cry].

b. *I *was cried* by my daughter.

c. My daughter *cried*.

§2.9 で説明したように，日本語では無生物が主語になるのを嫌う傾向があります。しかし，受動態で書かれた英文を日本語にしようとするとどうしても無生物が主語になってしまうことがあります。その場合（やや翻訳調ではありますが）動作主を「に」ではなく「によって」にすると収まりがよくなることを指摘しておきます。しかし，（26a）も「この絵は5歳の少年が描きました。」とするのが一番自然な日本語です。

（26）a. This picture was drawn by a 5-year-old boy.

b. この絵は5歳の少年｛*に／によって｝描かれました。

練習問題

次の文を英語にしなさい。

1 ジョンは電車の中で足を踏まれた。

2 山田先生は論文を批判された。

3 知事は妻と2人の子どもを残して亡くなった。(survive を用いて)

4 子どもたちは戦争中，田舎に疎開した。(evacuate を使って)

5 座ってください。(受動文を用いて)

6 東京で生まれ育った。

7 その事故で警察官2人が亡くなった。(受動文を用いて)（☆）

8 式典の後に昼食会が開かれる予定だ。

9 悪天候のため飛行機が遅れている。

10 今日の新聞によると，昨夜の火災で10人が負傷した。

2.12 仮定法：話し手の姿勢・気持ちを表わす動詞の形

［2.12.1］ 仮定法と直説法

考えてみよう！

「仮にその仮説が正しいとしよう。」という文は，［1］［2］のいずれの英文にも訳すことができます。2つの文はよく似ていますが，意味が異なります。［1］［2］にはどのような意味上の違いがあるのでしょう。

［1］Suppose that the hypothesis *is* correct, ...

［2］Suppose that the hypothesis *was/were* correct, ...

日本語に注目しよう！

次の例文は，いずれも「～ば」節で示されている条件が満たされた場合，どのようなことが実現するのかについて述べています。

（1） a. お金があれば新車を買います。

b. お金があれば新車を買うのに。

文末形を除けば形式上は同じですが，この2つの文には意味上の違いがあります。（1a）は多義的で，(i) 話し手が条件節の内容が成り立つ可能性もあると考えている場合，(ii) 条件節の内容は事実に反するが，それが成り立つとしたら，と想像して述べている場合のいずれにも解釈することができます。一方，（1b）には (ii) の解釈しかありません。日本語学では (i) (ii) の意味を表わす条件節はそれぞれ，「仮定条件」「反実仮想」と呼ばれ区別されています（§5.8.2 を参照）。（1b）が（1a）とは異なり「反実仮想」にしか解釈されないのは，文末の「のに」によると考えられます。文末に「のに」を添えることで，その後に「お金がないから買えない」という逆説的な内容が続いていると想定しやすくなるからです。（1a）（1b）の条件節には形式上の違いは見られないことから，日本語では，事実に反する内容を想像して述べる場合には，（1b）のように「のに」で終わる「言いさし文」を用いた方がはっきりとその意図が伝わります。

英語と比べてみよう！

（1）の例文で示した「仮定条件」と「反実仮想」の区別は英語でも観

察されます。(2) を見てみましょう。

(2) a. If I have enough money, I will buy a new car.

b. If I had enough money, I would buy a new car.

(2) は，いずれも if 節の条件が成り立つ場合を仮定して述べている点では同じですが，(2a) は (1a) とは異なり，話し手が条件節の内容が事実となる可能性もあると捉えている「仮定条件」の場合に限られ，「反実仮想」の解釈はできません。英語で「反実仮想」を表わすには，(2b) の「仮定法 (subjunctive mood)」の文が用いられます。

高校までに学習する英文法ではあまり用いられることはありませんが，「直説法 (indicative mood)」という用語があります。(2a) はその「直説法」の文です。ここでいう直説法，仮定法という場合の「法」という概念は，英語では mood と言います。文の表わす内容について話し手がどのような姿勢・気持ちでいるのかを表わす動詞の形態が「法」です。(3) の例文は，いずれも話し手がその内容を事実として述べたもので，そのような場合に用いられる動詞の形態を直説法と言います。

(3) a. John *teaches* physics at high school.

b. She *is* majoring in political science.

c. I *had* enough money to buy a new car.

(2) の例文はいずれもある条件を設定して，その条件が実現したらどうするかということを述べている点では同じですが，設定されている条件に対して話し手がどのような姿勢・気持ちでいるのかという点で異なるのです。(2a) では条件が実現される可能性について，話し手が中立の姿勢でいることが表わされています。つまり，新車を買えるだけのお金ができる可能性が現実のものとなる場合もあると考えているので，(2a) では直説法の動詞 (have) が用いられています。これに対して，その条件が実現することがあり得ないと話し手が思っている場合には，(2b) のように動詞の過去形が用いられます。この形態が仮定法 (仮定法過去) です。(2b) と (3c) では同じ形態の had が用いられていますが，(2b) は (3c) とは異なり過去の事実を述べているのではないので，(2b) の had は (3c) のそれとは異なる働きをしていることが分かります。つまり，(2b) では，現在の事実に反する状況が想定されており，それが仮定法動詞 (had) によって表現されています。一方，(3c) では，話し手は「新車を買うのに十分なお金があった」という内容を過去の事実として述べているので，直説法の動詞の過去形hadが用いられています。「お金がある」という事柄は，事実として捉えることもできれば，実現することのない事柄として捉えることもできます。このような違いを英語では動詞の形態の違いによって表わすのです。仮定法と言えばおなじみの（4）の例文は，「もし鳥だったら」というありえない状況を想像して述べているので，仮定法の動詞の形態が用いられています（直説法と異なりwereも可能ですが，wasとwereの違いについては後述します）。

（4） If I *was/were* a bird, I could fly to you.

（1a）（1b）の条件節は同じ形式をしているので，日本語には英語のように直説法と仮定法を区別する専用の動詞の形態はないことが分かります。日本語では英語の仮定法に対応する意味は，（1b）のように「のに」で終わる「言いさし文」を用いて表わすことができますが，「のに」は（5）のような文で用いられる接続助詞と同じであり，仮定法構文の帰結節を表わす専用の形式ではないことが分かります。

（5） a. お金がないのに，どうやって新車を買うのですか。

b. 昨日遅くまで起きていたのに眠くない。

英語では，話し手がある事柄を事実として捉えているのか（直説法），あるいは，事実に反する想像上の事柄として捉えているのか（仮定法）の違いが動詞の形態によって表わされるのに対して，日本語にはそのような意味上の区別を表わす専用の動詞の形態が存在しないことを意識しておくことが大切です。

課題解決！

英文法でいう仮定法とは，動詞の形態の1つです。したがって，if節がなくても，仮定法の形態の動詞（例えば，仮定法過去）を用いることで，話し手が事実とは異なる事柄を想定していることが表現されます。冒頭の「仮にその仮説が正しいとしよう。」という文では，「その仮説が正しい可能性」について，話し手がどのような姿勢でいるのかはっきりしません。そのため，「仮にその仮説が正しいとしよう。」という文は，[1]［2］のいずれの英文にも訳すことができます。[1]のisは，直説法の動詞ですから，話し手はその仮説が正しい可能性もあるという中立な姿勢で述べています。自分の仮説について述べる場合や，他人の仮説の妥当性について議論しようというような場合には，［1］の直説法の文を用いるのが一般的でしょう。一方，［2］では仮定法過去の動詞（was/were）によって，話し手がその仮説が正しくないと思っていることが表現されています。したがって，［2］は「その仮説が正しくないと思っているけれども，それに反して正しいとしてみよう」という意味になります。

［2.12.2］ 仮定法過去・仮定法過去完了

考えてみよう！

［1］〜［3］にはどのような意味上の違いがあるのでしょうか。それぞれの意味上の違いを日本語で訳し分けることはできるのでしょうか。

［1］If I knew her address, I would write to her.

［2］If I had known her address, I would have written to her.

［3］If I know her address, I will write to her.

日本語に注目しよう！

日本語でも（1）の言いさし文の他に，（2）のような動詞の形態によって英語の仮定法構文の帰結節に相当する意味を表わせる場合があります。

（1） お金があれば，新車を買うのに。

（2） お金があれば，新車を買っている。

（2）のように動詞のテイル形を用いることで，実際はお金がない（そのため買っていない）こと，すなわち，現在の事実に反する内容を表わすことができます。（2）ではテイルという動詞の形態が英語の仮定法構文の帰結節に対応する意味を表わしており，日本語におけるテイルの役割の多彩さがうかがえます。

英語と比べてみよう！

英語の仮定法は動詞の形態によって，「仮定法過去（subjunctive past）」「仮定法過去完了（subjunctive past perfect）」「動詞の原形を用いる仮定法」の3種類に分かれます（動詞の原形を用いる仮定法は§2.12.3で解説します）。（3）は仮定法過去の例文で，この場合のif節内の過去形は，過去時を表わすのではなく，話し手が現在の事実とは異なることについて想像したり，実現不可能な出来事について願望を抱いたりする時の動詞の形態（仮定法過去）です。

（3） a. If I *had* enough money, I *would* buy a new car.
b. If I *was/were* a bird, I *could* fly to you.
c. If she *had* more time, she *might* visit us.

if 節を伴う仮定法過去では，if 節に仮定法動詞の過去形が現われ，主節はこれに呼応して「S＋{would/could/might}＋動詞の原形」という形式になります（助動詞の過去形が用いられていることに注意しましょう）。

日本語でも（4）（5）のように「のに」を用いた言いさし文，あるいは，動詞のテイル形を用いることで「鳥だったら」「時間があれば」の部分に現在の事実に反する反実仮想の意味を与えることができます。

（4） a. もし鳥だったら，君のところに飛んでいけるのに。
b. もし鳥だったら，君のところに飛んでいっている。

（5） a. もし彼女にもっと時間があれば，会いに来てくれるかもしれないのに。
b. もし彼女にもっと時間があれば，会いに来てくれているかもしれない。

一方，過去の事実に反する事柄を想定して述べる場合には，（6）のように仮定法過去完了の形態が用いられ，これに呼応して主節は「S＋{would/could/might}＋have＋過去分詞」という形式になります。

（6） a. If I *had had* enough money, I *would have bought* a new car.
b. If she *had known*, she *could have come* earlier.
c. If you *had asked* him for advice, he *might have helped* you.

（6）に対応する日本語には，言いさし文の（7）とテイタを用いた（8）があります。

（7） a. お金があったら，新車を買ったのに。
b. 分かっていたら，彼女はもっと早く来たのに（ね）。
c. 彼に相談していたら，手伝ってくれたかもしれないのに。

（8） a. お金があったら，新車を買っていた。
b. 分かっていたら，彼女はもっと早く来ていただろう。

c. 彼に相談したら，手伝ってくれていたかもしれない。

(4b)(5b) のテイルに対して，(8) では帰結節に「買っていた」「来ていた」「手伝ってくれていた」のように動詞のテイタ形が用いられています。§2.5 で述べたように，日本語では，「過去」と「過去完了」を形式上区別せず同じタ形で表わすので，(8) のテイタ形の「タ」に引っ張られて仮定法過去の文に英訳してしまうと，過去の反事実という意味にはならないので，注意しなければなりません。

このように日本語では文末に「～ルのに (～タのに)」「テイル形 (テイタ形)」を用いることで，英語の仮定法過去，仮定法過去完了の意味を表わすことができます。しかし，テイル形 (テイタ形) には他の用法もあり，いつも英語の仮定法の条件節に対する帰結節の意味をもつとは限らないことに注意しなければなりません。

現在の事実に反する内容を表わす英語の仮定法過去 (3a) とそれに相当する (2) を比べてみることにしましょう。まず，英語と日本語では反実仮想を表わす動詞の形態が異なっています。英語では現在の事実に反する内容は過去形 had で表わされているのに対して，(2) では「ある」(ル形) です。それが主節の「買っている」というテイル形と呼応して「あれば」に反実仮想の意味をもたせています。したがって，日本語の形式に引っ張られて，(2) を (9) のような英文に訳してしまうと，(3a) とはまったく異なる意味の直説法の文になってしまうので注意が必要です。

(9) If I *have* enough money, I will buy a new car.

もう 1 つ注意すべき点があります。それは仮定法動詞の現われる位置です。上で見た仮定法過去・仮定法過去完了の例文では，仮定法動詞は if 節に現われています。一方，日本語では条件節内で用いられる動詞に特別な形はなく，主節のテイル形／テイタ形や言いさし文の「のに」を条件節と連動させることによって「反実仮想」の意味を表わしています。英語の仮定法はあくまで条件節の動詞の形なのです。

» 課題解決！

冒頭の課題について考えることにしましょう。[1] [2] [3] では if 節の動詞の形態が異なっています。[1] では knew, [2] では had known,

［3］では know が用いられています。［1］［2］では if 節の動詞の形に呼応して主節の形態が，それぞれ would write, would have written となっているので，［1］は仮定法過去，［2］は仮定法過去完了の文であることが分かります。［3］の if 節の know は直説法動詞です。したがって，［3］では話し手が「今後彼女の住所を知り得る」可能性もあるという姿勢・気持ちでいることが分かります。［1］［2］の文は，主節の「言いさし文」やテイル形の文の「タ」の有無だけで訳し分けることができます。

（10）a. 彼女の住所が分かれば，手紙を書くのに。

b. 彼女の住所が分かれば，手紙を書いているよ。

（11）a. 彼女の住所が分かれば，手紙を書いたのに。

b. 彼女の住所が分かれば，手紙を書いていたよ。

［3］の直説法の文を日本語で表わす場合は，主節動詞を言い切りの形にすれば，「仮定条件」の解釈が強くなり，英語の直説法に相当する意味を表わすことができます。

（12）彼女の住所が分かれば，手紙を書くよ。

以上，英語の仮定法は動詞の形態によって表わされることを見ましたが，（13）（14）のように仮定法動詞の現われる条件節はしばしば省略されることがあります。

（13）I would talk to my boss.

（14）He could get a new job.

（13）（14）では，それぞれ If I were you と If he tried のような条件節が省略されていると考えられます。こうした例は特別な例ではありません。仮定法過去の動詞に連動して，主節の助動詞も過去形になることを意識していれば，条件節がなくても，（13）（14）は仮定法過去が隠れた文であることに気付くことができるでしょう。したがって，（13）（14）は次のように訳したいところです。

（15）a. 僕だったら上司に相談するのに。

b. 僕だったら上司に相談しているよ。

（16）a. 頑張れば彼なら新しい仕事に就けるのに。

b. 頑張れば彼なら新しい仕事に就けているよ。

（13）（14）のような条件節の省略された仮定法の文を日本語に訳す場合には（15）（16）のように条件節を補わなければなりません。（15）

（16）の「僕だったら」「頑張れば」といった条件節をともなわないと，日本語として座りの悪い文になってしまうからです。

条件節を伴わない仮定法の例をもう１つ見ておくことにしましょう。

（17）What's in a name? That which we call a rose by any other name *would* smell as sweet.

（17）は Shakespeare の『ロミオとジュリエット』の有名なバルコニーの場面でのジュリエットの台詞です。by any other name が条件節と同じ役割を担っています（if 節を補うとしたら...if it were called by any other name...となります）。would があることから，仮定法が隠れていることが分かります。「名前がなんだと言うの。私たちが薔薇と呼ぶものは，他のどんな名前で呼んだとしても，同じように甘く香るわ。」と現在の事実に反する内容を想定して述べているのです。この場合も，対応する日本語の文では反実仮想を表わす表現が補われています。英語とは異なり，日本語では条件節だけを見ていては，それが仮定条件か反実仮想かが分からないため，「if 節＝仮定法」と誤解している学習者も多く，注意が必要です。

［2.12.3］　動詞の原形を用いる仮定法

考えてみよう！

［1］と［2］は従属節中の動詞の形態を除けば同じ単語列から成っています。表面上はよく似た文ですが，［1］と［2］は異なる意味を表わしています。［1］［2］にはどのような意味上の相違点があるのでしょうか。また，なぜそのような意味上の違いが生じるのでしょうか。

［1］John insisted that they *arrived* on time.

［2］John insisted that they *arrive* on time.

日本語に注目しよう！

次の例文では，「言う」という動詞が［　］の目的語節（動詞の目的語として機能している従属節をこう呼ぶことにします）を従えています。

（1）　a. 山田先生は［その学生が期日までにレポートを提出した<u>と</u>］言った。

b. 山田先生はその学生に［期日までレポートを提出するように］言った。

（1）の［　］で示した目的語節には，少なくとも2つの相違点があります。1つは形式上の違いです。（1）の目的語節はそれぞれ「と」「ように」という異なる形式によって導かれています。もう1つは，目的語節の意味上の相違点です。（1a）の「と」節は，主語の山田先生がその内容を事実と見なしているのに対して，（1b）の「ように」節の内容は，未だ起っていない出来事を表わしています。このように日本語では，目的語節を導く形式の違いによって，主語が目的語節の内容を事実と見なしているのか，あるいは未だ実現していない出来事と捉えているのか，という意味上の違いが表わされているのです。

英語と比べてみよう！

英語の従属節にも（1）と同じ意味上の違いを観察することができます。次の例文では，suggest が目的語節を従えています。

（2） a. She suggested [that the children *left* early].

b. She suggested [that the children *leave* early].

（2）では（1）とは異なり同じ従属接続詞（that）が用いられています。しかし，それぞれの従属節は異なる意味を表わしています。この従属接続詞の that は，動詞の補部として生じる文（補文）を導くことから，「補文標識（complementizer）」と呼ばれます。（2a）の補文内の動詞は直説法の過去形が用いられており，that 節の内容が正しいと主節主語が主張していることが表わされています。したがって，「子どもたちは早く帰ったと彼女はほのめかした」という意味になります。一方，（2b）の leave は主節の動詞との時制の一致（§2.4 を参照）が見られないことから，（2b）の that 節は（2a）のそれとは異なることが分かります。また，（3）の直説法動詞の現在形の leave とも意味が異なります。

（3） The children always *leave* home at 7:00.

（2b）の that 節は発話時には実現していない出来事を表わしており，「子どもたちは早く帰ってはどうかと提案した」という意味になります。

すでに述べたように，発話内容に対する話し手の姿勢・気持ちの違いは，英語では動詞の形態によって表わされます。話し手が発話内容を想像上の事柄として述べる場合に用いられるのが仮定法動詞で，先に仮定法過去と仮定法過去完了という形態を見ました。(2b) で用いられている仮定法動詞の形態を「動詞の原形を用いる仮定法」と言い，「提案」「要求」「命令」「必要性」などを表わす動詞，形容詞，名詞の従える that 節内で用いられます。

(4) a. The committee proposed [that Mr. Smith *be* elected as chairman].
b. They demanded [that the committee *reconsider* its decision].
c. The police require [that the spectators *stand* behind the barricade].

(5) a. It is important [that you *be* more punctual].
b. It is appropriate [that this tax *be* abolished].
c. It is crucial that [that everybody *attend* the meeting].

(6) a. We are faced with the demand [that this tax *be* abolished].
b. The committee made a decision [that the school *remain* closed].
c. I made a suggestion [that the meeting *be* brought to an end].

(4)～(6) の従属節の動詞は主語と数に関して直説法動詞のような一致現象を示していません。これは仮定法動詞の特徴に他なりません。次のような仮定法過去の例文があったことを思い起こしてください。

(7) If I *was/were* a bird, I could fly to you.

(7) の was は一見すると単数の主語と一致していて直説法のようにも見えますが，これは最近の用法で，本来は数にかかわらず were であったことから，仮定法動詞は主語と数に関して直説法のような一致を示さないことが分かります。同様に (4)～(6) の従属節では，動詞はすべて原形になっています。したがって，(2b) では表面上は主語 children と動詞 leave が数に関しては直説法と同じように一致しているように見えても，それはたまたまそうなっているだけで，仮定法の動詞の形態には仮定法独自の規則が働いているということなのです。

that 節内に動詞の原形を用いる仮定法は主にアメリカ英語で用いられ（イギリス英語では原形動詞の前に should が現われます），直説法節とは異なる特徴を示します。まず，否定文の作り方が直説法とは異なります。（8）に示したように直説法の文を否定文にする場合には do が用いられますが，（9）のように仮定法節では do を用いることはできません。

（8） a. John arrived on time.
b. John *did not* arrive on time.

（9） a. They demanded that he *not* disturb others.
（*They demanded that he {*do/does*} *not* disturb others.）
b. The sign requested that one *not* enter the building on weekends.
（*The sign requested that one {*do/does*} *not* enter the building on weekends.）
c. It is imperative that we *not* make too much noise.
（*It is imperative that we *do not* make too much noise.）
d. The committee adopted the chairman's proposal that the president *not* be reelected.
（*The committee adopted the chairman's proposal that the president {*do/does*} *not* be reelected.

直説法と動詞の原形を用いる仮定法の that 節のもう 1 つの違いに，法助動詞の生起可能性があります。イギリス英語では仮定法を表わす that 節内に should が現われると述べましたが，should 以外の法助動詞は生起できません。

（10） a. It is imperative that you *should* leave on time.
b. *It is imperative that you {*will/can/must/would/could/might/...*} leave on time. （Culicover 1971: 42）

一方，直説法の that 節には，様々な助動詞が現われることができます。

（11） John thought that Mary *might/could/might* have left early.

日本語の直説法，仮定法に相当する従属節でも助動詞の生起可能性について，英語と同じ対立が観察されます。（12）のように直説法節に相当する「と」節内には助動詞が現われることができますが，仮定法節に相当する（13）のような従属節では許容されません。

（12）鈴木部長は［山田さんが会社を辞めるかもしれない／べきだと］思っている。

（13）a.　野党は首相に［辞任するよう］要求した。

b. *野党は首相に［辞任するべきであるよう］要求した

また，動詞の原形を用いる仮定法は上で見たように主に that 節内で用いられますが，実は（14）のような祈願文でも用いられます。

（14）a. God *bless* you.

b. God *save* the Queen.

c. Lord, *have* mercy upon us.

これらの表現は常套句として用いられる表現です。「神様のご加護がありますように。」「神よ，女王陛下を守り給え。」「主よ，我らを哀れみ給え。」と未だ実現していない出来事についての願望を表わしているので，bless, save, have という動詞の原形を用いる仮定法が使われています。

» 課題解決！

冒頭の課題について考えてみましょう。［1］の that 節内の arrived は直説法動詞の過去形です。したがって，［1］の that 節は話し手が事実と見なしている内容を表わします。一方，［2］の arrive は動詞の原形を用いる仮定法で，話し手が that 節内の発話内容を未だ実現していない出来事として捉えていることを表わしています。insist は，目的語節として直説法節，仮定法節のいずれも選択することができる動詞です。このような場合，同じ動詞でも直説法節を従える場合と仮定法節を従える場合では意味が異なることに注意しなければなりません。直説法節を従える insist は state positively and assertively という意味で用いられており，［1］は「彼らは時間通りに到着したとジョンは言い張った」という意味になります。一方，仮定法節をとる insist は demand の意味で用いられており，［2］は「彼らが時間通りに到着するよう要求した」という意味になります。

練習問題

A 次の a と b の意味の違いを答えなさい。

1 a. I hope you can come to the party.

b. I hope you could come to the party.

2. a. The boss suggested that Mary was responsible for the failure.
b. The boss suggested that Mary be responsible for the project.

3 a. If you work hard, you will pass the exam.
b. If you worked hard, you would pass the exam.

B 次の文を，意図されている意味を変えずに，仮定法の場合には直説法の文に，直説法の場合は仮定法の文に書き換えなさい。

1 John is not ready, so we won't go.
2 If my brother were at home, he would help me with my report.
3 I didn't have enough time, so I didn't finish my homework.
4 I am sorry I can't attend the meeting.
5 I want to go skiing, but I don't have time to spare.
6 I didn't know that the meeting was canceled, so I bought an airline ticket to New York.
7 If we had left thirty minutes earlier, we would not have missed the train.
8 I was not late for the meeting because he gave me a ride.

C 次の文を仮定法過去，仮定法過去完了，動詞の原形を用いる仮定法のいずれかを用いて英語にしなさい（4～10は（　）の表現を使うこと）。

1 君のアドバイスがなければ，事業で失敗していただろう。
2 僕だったら，彼女をデートに誘うのに。
3 「たばこを吸ってもいいですか。」「吸わないでいただきたいです。」
4 君と一緒に行けたらいいのですが。（wish）
5 君がいなかったなら，彼はひどい目にあっていたに違いない。（without）
6 電話をお借りしてもよろしいでしょうか。（wonder）
7 君が僕の立場だったら，どうしますか。（suppose）
8 彼らは首相にその発言を撤回するよう申し入れた。（request）（☆）
9 会社は従業員の賃上げ要求を拒絶した。（the employees' demands）
10 かかりつけの医者は，毎年人間ドックを受けるように言った。（suggest）

2.13 法助動詞

考えてみよう！

お店で洋服を買う場合を想像してください。気に入ったセーターを見つけました。店員さんに「このセーターいただけますか。」と英語で言う場合，［1］と［2］のどちらを用いるのが適切でしょうか。

［1］Can I have this sweater？

［2］May I have this sweater？

日本語に注目しよう！

話し手が文の表わす内容を確かな事柄として捉えている場合には，（1）のように動詞の言い切りの形の文が用いられます。

（1）　田中さんは3時過ぎに来る。

（1）の文末に「だろう」「かもしれない」「はずだ」などの表現を付けると，（1）の内容に対する話し手の異なる姿勢を表わすことができます。

（2）　［田中さんは3時過ぎに来る］だろう。

（3）　［田中さんは3時過ぎに来る］かもしれない。

（4）　［田中さんは3時過ぎに来る］はずだ。

（2）の「だろう」は，確かではないが［　］の内容が起こる可能性が高いという話し手の姿勢を表わしています。（3）では，［　］の内容が実現する可能性は（2）より低く，五分五分だとする話し手の姿勢を「かもしれない」が表わしています。（4）の「はずだ」は，話し手の確信を表わしています。「はずだ」は（5）のように「きっと」「たぶん」のような副詞と共起できることから，話し手が［　］の内容が起こると確信していることが分かります。

（5）　［田中さんは｛きっと／たぶん｝3時過ぎに来る］はずだ。

このように日本語では文末に現われる表現によって，文の表わす命題内容に対する話し手の様々な姿勢・気持ちを表わすことができます。

英語と比べてみよう！

文の表わす内容に対する話し手の姿勢・気持ちが動詞の形態によって表わされたものを「法」と言い，§2.12.1 では動詞の形態に現われる「直説法」と「仮定法」について考察しました。「法」と同じように，この節で扱う「法助動詞（modal auxiliary verb）」やprobablyなどの副詞も話し手の姿勢・気持ちを表わすのに用いられます（副詞については§§5.5, 5.6を参照）。直説法，仮定法といった動詞の形態としての「法」と区別して，法助動詞などが表わす話し手の心的態度を一般的に「法性（modality）」と呼びます。

英語の法助動詞will, may, can, must, shouldには2つの用法があります。1つは「認識的用法（epistemic modal）」と呼ばれ，文の表わす命題内容の蓋然性（確からしさ）に関する話し手の姿勢を表わします。もう1つは，主語の「意志」「許可」「能力」「義務」といった意味を表わす「根源的用法（root modal）」です。will, may, canにはそれぞれwould, might, couldという過去形がありますが，以下で説明するように，認識的用法の場合には，意味的に過去になるわけではありません。

（6） 法助動詞の用法と意味

	認識的用法	根源的用法
will	推測（〜だろう）	意志（〜する，〜しよう）
may	可能性（〜かもしれない）	許可（〜してもよい）
can	可能性（〜かもしれない，〜でありうる）	能力（〜できる） 許可（〜してもよい）
must	確実性・必然性（〜にちがいない／〜はずだ）	義務（〜しなければならない）
should	推測（〜のはずだ）	義務（〜すべきだ，〜したほうがよい，〜するとよい）

以下，個々の法助動詞の用法と意味について詳しく見ることにします。

◆ will/would

認識的用法のwillは，話し手の現在の「推測」を表わします。

（7） a. That *will* be my father's car, I suppose.
（きっとあれはお父さんの車だろう。）

b. She *won't* be staying home now.
（彼女はたぶん今家にはいないでしょう。）

（7）の例文に対応する日本語訳の「{きっと／たぶん}〜{だろう／でしょう}」という表現からも分かるように，この場合のwillは，文の表わす命題内容が起こる可能性が高いと話し手が思っている場合に用いられます。一方，would を用いると will より話し手の確信度は低く，控えめな表現となります。この場合は，日本語では「だろう」の後に「と思う」を付けることによって，話し手の控えめな姿勢を表わすことができます。

（8） a. The cost *would* be about $100 million a year.
（費用は年に1億ドルくらいになるだろうと思います。）

b. That *would* be the optimal solution.
（それがおそらく最適な対策だろうと思います。）

一方，根源的用法の will/would は主語の意志を表わします。但し，would は，（9b）のように条件を表わす節で用いられます。

（9） a. I *will* let you know.（お知らせします。）

b. I could do so, if I *would*.（しようと思えばできるのだが。）

特に強い意志を表わす場合には，縮約形は用いないで will/would に文強勢を置きます（I WILL go there whatever happens.）。

この will は主語が一人称の場合が多いのですが，主語が二人称，三人称の場合には，否定文，条件文，疑問文で用いられるのが典型的です。いずれの場合も主語の意志に言及しています。

（10） a. She *won't* listen to my advice.
（彼女は僕の忠告を聞こうとしない。）

b. If he *won't* come, we'll ask someone else.
（彼に来る気がなければ，誰か他の人を頼もう。）

c. *Will* you come to the party ?
（パーティーに来ていただけますか。）

（10c）のような依頼・勧誘を表わす場合は，would を用いると控えめな表現になります。三人称主語には，（11）のように無生物が来る場合もありますが，これは主語を擬人化して捉えているからです。

（11） The door *won't* open.（そのドアは頑として開きません。）

根源的用法の will/would には，（12）のように「習慣・習性」を表わす場合もありますが，これは主語の「意志」で行なう行為というのは，繰り返し行われるようになることもあるからです。現在の習慣を表わす will は三人称主語に限定されますが，過去の習慣を表わす would にはそのような制限はありません。

（12）a. He *will* often sit up all night.

b. I *would* often go fishing when I was a child.

（13）の例では無生物が主語になっていますが，これは「習慣・習性」の用法が比喩的に拡張されて，無生物のもつ性質を表わすようになったからです。

（13）a. Glass *will* break.（ガラスは割れるものだ。）

b. This car *will* seat four passengers.
（この車は4人乗りです。）

◆ may/might

認識的用法の may/might は「これから何かが起こるかもしれない」という現実的な可能性を表わします。may も might もほとんど同じ意味で用いられますが，might の方が可能性が低くなる場合もあります。形の上では might は may の過去形ですが，意味は現在の推量です。

（14）a. I *may* be late coming home this evening.
（今日は帰宅するのが遅くなるかもしれない。）

b. I think I *might* be able to help you.
（ひょっとしたら，お役に立てるかもしれません。）

will/would の「推測」は probably（十中八九）などの副詞と共起するため高い蓋然性を表わすのに対して，may の蓋然性は will よりも低く，「五分五分」の可能性を表わします。may は，perhaps（ひょっとすると）などの（probably よりも）可能性の低いことを表わす副詞と共起します。

根源的用法の may は，①話し手が聞き手に与える「許可」，②話し手が聞き手に求める「許可」，③一般的な「許可」を表わします。might には「許可」の用法はありません。

（15）a. You *may* go now.（もう行ってよろしい。）

b. You *may* open the window, if you wish.
（開けたければ，窓を開けてよろしい。）

（16）a. Subscribers to the library *may* take out four books at a time.（図書館登録者は1度に4冊まで貸出しできます。）

b. Periodicals *may* not be removed from the reading room.
（定期雑誌類は閲覧室より帯出禁止）

「許可」を表わすmayは，後で見るcanより硬い表現となります。そのため，（15）は目上の者が目下の者に許可を与える言い方（I give you permission to go/open the windowという意味）となり，高圧的な印象を与えます。また，（16）は権限をもった機関や学校の規則などによる一般的許可を表わします。このように，「許可」を表わすmayは形式ばった表現で，口語ではcanを用いるのが普通です。

例えば，（17）では話し手が聞き手に「許可」を求めていますが，親しい間柄のくだけた言い方では，mayよりもcanの方が一般的です。

（17）a. *May* I borrow your pen?
（ペンをお借りしてよろしいですか。）
b. *May* I smoke?（タバコを吸ってもよろしいですか。）

（17a）に答えて許可を与える場合には，mayを使って“Yes, you may.”と言うと尊大な感じを与えるので，普通はcanを使って，“Yes, of course, you can.”と答えます。

◆ can/could

認識的用法のcanは，平叙文で用いられると論理的な（一般論としての）可能性を表わします。

（18）a. This problem *can* occur in any building.
（この問題はどの建物でも起こりうる。）
b. Anybody *can* make mistakes.
（誰にだって間違いはありうる。）

これに対して，現実的な（実際に起こりうる）可能性を表わす場合にはcouldが用いられます（先述のmayも現実的な可能性を表わします）。

（19）a. You *could* be right.（君の言う通りかもしれない。）
b. You'd better take an umbrella. It *could* rain in the afternoon.（午後雨が降るかもしれないから，傘を持っていった方がいい。）

一方，根源的用法のcanは，主語に現在備わっている能力を表わします。

（20）a. John *can* speak English and Italian.
b. This car *can* run faster than that one.

（20）でcanが表わす能力というのは，恒常的にもっている能力，つまり主語の性質を述べており，一回の出来事である能力が発揮されることを述べているのではありません。（20）のような用法の can は日本語では多くの場合，可能動詞（「話せる」）に対応しています。（20b）では無生物が主語になっていますが，その主語が指すものの性質によって何かが可能になる場合にも can が用いられます。

過去の恒常的な能力を表わす場合は，could を用います。

（21）a. She *could* read when she was four.

b. My son *could* play the violin at five.

can のもう 1 つの根源的用法に「許可」があります。上で見た may も「許可」を表わしますが，can は話し手が与える許可というよりは，一般的な許可を表わし，くだけた間柄で使われます。

（22）You *can* park here. (Parking here is allowed.)

話し手が駐車禁止の標識がないのを確認して言うような場合には，（22）のように can が用いられます。can の代わりに may を用いた（23）では，許可を与えているのは話し手となり，can と may では許可の出所に違いがあることが分かります。

（23）You *may* park here. (I allow you to park here.)

◆ must

認識的用法の must は，「確実性・必然性」という話し手の強い確信を表わします。この用法の must は，状態動詞や非状態動詞の完了形，進行形とともに用いられます。

（24）a. He *must* be tired after his long flight.
（彼は長時間の飛行で疲れているはずだ。）

b. I can't find my keys. I *must* have dropped them somewhere.（どこかで鍵を落としたに違いない。）

c. He *must* be telling the truth.
（本当のことを言っているに違いない。）

対応する日本語の表現の「違いない」「はずだ」は，話し手の確信度という点では違いはありませんが，「違いない」は直感的な表現であるのに対して，「はずだ」は客観的な表現となります。（24b）のように論理的な推論の結果得られたのではない話し手の確信を表わす場合の日本語では，

「はずだ」を用いて訳すと不自然な日本語になります。

（25）カバンの中の鍵がないなあ。??どこかで鍵を落としたはずだ。

根源的用法のmustは，話し手によって主語に課せられる「義務」を表わしています。

（26）a. You *must* be at home by 7 o'clock.
（7時までに帰ってきなさい。）

b. I *must* really stop drinking.
（私は本当に酒をやめなければならないと思う。）

◆ should

認識的用法のshouldは，「きっと～だろう／～のはずだ」という推測を表わしますが，mustのように強い確信を表わすのではなく，推測が正しくない余地が残されている場合に用いられます。

（27）a. It *should* stop raining before noon, according to the weather forecast.
（天気予報によれば，お昼までに雨は上がるはずだ。）

b. They *should* come by three o'clock, I think.
（3時までにはきっと来るだろうと思う。）

根源的用法のshouldは「義務」を表わしますが，mustが表わすような強制の意味はありません。この用法のshouldは，話し手が自分の意見を正しいと思っている場合や相手に助言を与える場合に用いられます。

（28）a. Hunting *should* be prohibited in this area.
（この地区では狩猟を禁止すべきだ。）

b. You really *should* take a few days off.
（ぜひ2，3日休暇をとるといい。）

日本語では「義務」を表わす表現に「～したほうがよい」「～しなければならない」という表現がありますが，（29）の対比から，前者には後者のような強制力がないことが分かります。

（29）a. 補講には出席したほうがいいけれど，無理なら出なくていい。

b. ?補講には出席しなければならないが，無理なら出なくていい。

義務を表わすshouldは「～したほうがよい」という表現に近いということができます。

課題解決！

冒頭の［1］［2］のcan, mayはいずれも「許可」を表わしています。mayは「話し手が与える許可」「話し手が聞き手に求める許可」「(権限をもった) 一般的な許可」を表わします。一方，canも「許可」を表わしますが，mayよりずっとくだけた表現で，「許可」というほど大げさなものではないのが普通です。店員の仕事は商品を売ることですので，客が［2］のようにわざわざ店員の許可を求めるのは不自然です。［1］のようにcanを用いるのが正解です。

練習問題

次の各文の法助動詞（斜字体）の意味を答え，文全体を日本語にしなさい。

1 The expression, "*ishoku dogen*," means that you *can* obviate visits to the doctor by eating healthy, fresh food.

（*The Japan Times*, December 12, 2015）

2 Figuring out what is meaningful for infants entails supposing what *might* be the formative elements of their mental life. It requires considering what *might* be the building blocks of their psychology and what is relevant to their development. （*Campus Wide*, p. 42.）

3 We *must* take immediate action to address global warming or these consequences *will* continue to intensify, grow ever more costly, and increasingly affect the entire planet.

4 Some people experience dizziness or fainting with the flu shot. These effects *should* not last longer than a day or two.

5 The two of them *would* study at home every night until midnight on weekends, sometimes staying up until 2 a.m. if a test was coming up in the cram school where students are ranked based on their scores.

（*The Japan Times*, February 29, 2016）

2.14 準法助動詞

考えてみよう！

could は［1］のように過去にもっていた能力を表わします。

［1］I *could* swim the crawl for 200 meters when I was a college student.

しかし，「昨日クロールで 200 メートル泳げた」という意味で［2］のように言うことはできません。なぜでしょう。［2］で意図されている意味を表わすにはどのような表現を使えばよいのでしょうか。

［2］*I *could* swim the crawl for 200 meters yesterday.

日本語に注目しよう！

日本語では（1）のように動詞のル形で話し手（あるいは主語）の意志を表わすことがあります。

（1） a. 夏休みは実家に｛帰る／帰ります｝。

b. 今日は疲れたからもう｛寝る／寝ます｝。

動詞のル形の他にも，「～するつもりです」という表現で意志を表わすことができます。（1a）の動詞の後に「～するつもりです」という表現を続けて（2）のように言うことができます。

（2） 夏休みは実家に帰るつもりです。

ところが，（3B）のように動詞の後に「～するつもりです」を付けると不自然な文になります。

（3） A： 電話がなっていますよ。

B：??私がでるつもりです。

これは動詞のル形がその場で決めた意志を表わすのに対して，「～するつもりです」は，事前に決めている意志を表わすからです。このような使い分けは英語にもあるのでしょうか。

英語と比べてみよう！

英語には §2.13 で見た法助動詞と類似した意味を表わす「準法助動詞（semi-modal auxiliary verb）」と呼ばれる表現があります。例えば，能力を表わす法助動詞の can には be able to という類似表現がありますが，この be able to が準法助動詞です。法助動詞との使い分けを見ていきます。

◆ will と be going to

be going to は will 同様話し手の「推測」を表わす場合がありますが，両者には違いがあります。be going to は何らかの兆候がすでにあることを前提に用いられます。will にはそのような前提はなく，話し手の単なる推測を表わします。(4) のような今にも雨の降り出しそうな空模様を見て予測する場合には，be going to が用いられます。(5) の will はそのような前提をもたない話し手の客観的な推測を表わします。

(4) Look at those clouds. It*'s going to* rain soon.

(5) It *will* rain tomorrow.

同様に話し手の「意志」を表わす場合にも be going to と will では違いがあります。前者は「予め決めていた意志」を表わすのに対して，後者は「その場での判断による意志」を表わします。

(6) We *are going to* get married next month.
(結婚するつもりです)

(7) Please wait a few minutes. I*'ll* come back soon.
(すぐ戻ります)

(6) と (7) の違いは，上でみた日本語の動詞のル形と「〜するつもりです」という表現との違いに対応していることが分かります。

◆ would と used to

would と used to は，過去の習慣や繰り返し行われた行為を表わします。used to は現在との対比で用いられ，もうしなくなった習慣や行為を表わしますが，would にはそのような現在との対比はありません。

(8) I {*used to*/**would*} smoke, but I gave it up three years ago.

(9) A：Do you drink?
B：No, I {*used to*/**would*}.

また，would と used to では従える動詞に違いがあります。would は非状態動詞（動作動詞）のみを従え，状態動詞とは共起できませんが，used to にはそのような制限はなく，状態動詞と非状態動詞のいずれとも共起できます。

（10）a. In the northern part of the city there {*used to*/**would*} be a painting school.

b. He doesn't hate her as much as he {*used to*/**would*}.

◆ can/could と be able to

can/could 同様に be able to も「能力」を表わします。be able to も現在の能力を表わす場合に用いることができますが，can と比べるとやや硬い表現となり，（11）のような例では can を用いるのが一般的です。

（11）He {*is able to*/*can*} run fast.

また，法助動詞の直後では can を用いることができないので，be able to が普通に用いられます。

（12）a. I will *be able to* attend the meeting next week.

b. You should *be able to* do that.

一方，過去の能力を表わす場合には，could と be able to では違いが見られます。could はすでに述べたように，過去に恒常的にもっていた能力を表わします。過去の特定の出来事で発揮した能力を表わす場合には be able to の過去形が使われ，could を用いることはできません。

（13）a. I {*was able to*/**could*} pass my driving test.

b. I got up very late this morning. I ran very fast, so I {*was able to*/**could*} catch the bus.

しかし，このような could と be able to の違いは肯定文に限られ，否定文では見られません。

（14）I ran fast, but I {*wasn't able to*/*couldn't*} catch the bus.

◆ must と have to

must と have to は「義務」を表わしますが，誰が強制するのかで使い分けられます。must は話し手が文の主語に対して強制するという意味を表わし，have to は規則や習慣など外的な要因によって義務が生じるという意味を表わします。（15a）は話し手が聞き手に強制していることを表わすので，「8 時までに帰ってきなさい。」のような日本語文に訳します。一方，（15b）の have to は門限などの外的要因による強制を表わしますので，「8 時までに帰らなければならない。」という日本語文に訳します。

（15） a. You *must* be at home by eight o'clock.

b. You *have to* be at home by eight o'clock.

次の例では主語が一人称なので，（16a）は主語（話し手）自らの意志で禁煙しようという場合に用いられます。これに対して（16b）は，例えば，医師から止めるよう強制されたという場合に用いられます。

（16） a. I *must* stop smoking.

b. I *have to* stop smoking.

◆ should，ought to と had better

should と ought to はいずれも「義務」を表わし，話し手が正しいと思っていることや聞き手に助言をするような場合に用いられます。「義務」といっても must のような強制的な意味ではなく，日本語では「～すべき」というより，「～したほうがよい」「～するとよい」といった表現に近い意味を表わします。

（17） a. You *should* walk every day.（毎日歩いたほうがいい。）

b. You *should* go home now.（もう帰ったほうがいい。）

c. You *should* visit the Lake District while in England.
（イギリスにいる間に湖水地方を訪れるといいよ。）

（18） a. You *ought to* be more careful about computer viruses.
（コンピューターウイルスにはもっと注意したほうがいい。）

b. You *ought to* tell the police.（警察に知らせたほうがいい。）

had better は「～したほうがよい」という忠告を表わしますが，その忠告に従わないと問題が生じるという含みがあります。

（19） a. You *had better* hurry up, or you'll miss the last train.
（急いだほうがいい。そうしないと終電に間に合わないよ。）

b. You *had better* see a doctor about the cough.
（その咳は医者に診てもらったほうがいい。）

「義務」を表わす should，ought to は，日本語の「～するとよい」「～したほうがよい」のいずれにも対応するのに対して，had better は「～したほうがよい」に近く，（19）のように主語が二人称の場合には，警告・脅し・押しつけがましさの意味が（文脈によっては）生ずることがあるので，相手との関係に注意して使う必要があります。

日本語で義務・忠告を表わすには,「～するとよい」と「～したほうがよい」という表現がありますが,後者にはその行為をしないと悪い結果が生じるといった含みがあるのに対して,「～するとよい」にはそのような含みはありません。

（20）ロンドンに行ったら,アフタヌーン・ティーを｛試してみるといいですよ／??試したほうがいいですよ｝。

（21）終電に間に合わなくなるかもしれないから,｛??もう帰るといいよ／もう帰ったほうがいいよ｝。

課題解決！

could は過去の恒常的な能力を表わしますので,［1］のような場合には使えますが,［2］のような過去の一回の出来事で発揮した能力を表わす場合には使えません。過去の特定の出来事で「～することができた」という場合には,普通は（22）のように動詞の過去形を使います。

（22）I swam the crawl for 200 meters yesterday.（泳いだ／泳げた）

他にも,be able to の過去形や manage to ..., succeed in ...などの表現を用いて表わすこともできます。

（23）I *was able to* swim the crawl for 200 meters yesterday.

（24）I *managed to* swim the crawl for 200 meters yesterday.

（25）I *succeeded in* swimming the crawl for 200 meters yesterday.

日本語では,（22）の過去の特定の出来事を表わす場合も,［1］のような過去の恒常的な能力を表わす場合にも「～できた」という表現を用いることができるため注意が必要です。

過去の特定の出来事を表わす場合でも,could が用いられることがあります。

（26）a. As soon as we opened the front door, we *could* smell the gas.（玄関を開けるとガスの臭いがした。）

b. We *could* see Victoria Harbour and all the passing boats.（ヴィクトリア湾と通っていく船が見えた。）

c. I *could* understand what happened up until now.（今までの経緯が理解できた。）

d. I *could* tell she was drunk.

(彼女が酔っているのが分かった。)

(26) では，could は知覚動詞 (feel, hear, see, smell) や認識動詞 (understand, see/tell (分かる)) と共起していますが，これは知覚したり，認識したりするというのが，具体的な動作というよりもいつでも発揮できる状態を表わしているからだと考えられます。

練習問題

A 次の (準) 法助動詞の用いられている文が不適格な理由を答え，正しい英語に直しなさい。

1 A： Someone is knocking at the door.
B： *I *am going to* answer it.

2 *An eight-year-old boy fell into the frozen pond, but we *could* rescue him.

3 *There *would* be a post office next to this restaurant.

4 *I *must* walk to the station because the buses are on strike.

5 A： Thank you so much for the dinner. We had a great time and it was lovely to see you again after such a long time.
B： ??You *had better* visit us more often.

6 ??You *have to* be on time. I'm telling you.

B 次の文を (準) 法助動詞を用いた英語にしなさい。

1 もう帰ります。

2 お母さんに相談するといいよ。

3 今の彼女は昔の彼女とは違う。

4 来年お子さんを授かりますよ (占い師の発言)。

5 同じ会社で働いていた頃，よく一緒にコーヒーを飲んだものだ。

6 是非 2，3 日休みをとるといいですよ。

7 飛行機では少し眠ることができました。

8 車を運転するには免許をとらなければなりません。

9 私の iPad はどこにも見当たらなかった。

10 子どもの頃は人参が嫌いだった。

第３章

名詞とその仲間たち

第２章の「動詞」が動的（dynamic）な意味を典型的に表わすのに対して，本章で取り上げる「名詞」は静的（static）な意味を表わすものと言えます。動詞と名詞は統語範疇の「静」から「動」へのスペクトラムの両端に属するもので，どの言語にも動詞と名詞があります。名詞の一番端的な用法は，固有名詞（John）のように，出来事に関与する個体を指すことですが，特定のものを指すのではなく，一定の性質をもった任意のものを表わす名詞（John needs some milk. の milk など）もあります。さらに，何か個体を指すのではなく，いくつかの個体が共通にもつ属性（John is a teacher. の teacher）を表わすような名詞もあります。

これらの働きをもった名詞を日英語で比べてみると，英語の名詞のほうが少しばかりやっかいです。日本語ではしない区別を英語では義務的に行なうからです。

まず，英語では名詞が数えることのできるものかどうかで「可算名詞」と「不可算名詞」に分かれます。さらに，前者の場合，それが１つ（単数）か２つ以上か（複数）によって形式上の区別がなされます。それが §3.1 のトピックです。

また，英語には「冠詞」という日本語にはない種類の語があり，それを名詞の頭に付けることによって名詞を中心とした語句全体が「定」か「不定」かの区別をします。§3.2 で説明するこの「定」と「不定」の区別は，実は，日本語にもあるのですが，別の形で表現されます。

§3.3 では「数量詞」を取り上げますが，これは名詞に付加され，その名詞が表わすものの数量を表現するものです。どの言語にもそのような表現形式はありますが，日英語ではその表現の仕方が若干異なります。

§3.4 は名詞や名詞を含む表現の繰り返しを避けるために使われる代用表現について説明します。このような場合，日本語では言わずに省略してしまうのが普通で，そのような省略が極力制限されている英語とは対照的です。

最後に，§3.5 では本来は「静的」な名詞が「動的」な動詞の関わる出来事などを表わす「名詞化」の現象について取り上げます。英語では「名詞化」が日本語以上に多用されます。

3.1 可算名詞と不可算名詞

考えてみよう！

「木星には輪があることが分かった。」を英訳するとどうなるでしょうか。この文を正しい英語にするには，英文法だけでなく，天文学に関する知識も（少し）必要です。どうしてだと思いますか。

日本語に注目しよう！

日本語では英語と異なり，数（number）の概念が「数える」という本来の意味機能から離れてもっぱら文法的機能を担うこと（これを「文法化」と言います）はなく，可算名詞における単数・複数の区別がありません。日本語の「私は本を買いました。」という文では，本の冊数（1冊か2冊以上か）を曖昧なままにしておけます。そもそも可算名詞と不可算名詞という区別すら日本語にはありません。「私は牛乳を買いました。」を先の例文と比べてみると分かるように，「本」も「牛乳」も日本語ではともに同じ名詞であり，何の違いもありません。その点から見ると，日本語の名詞はおしなべて不可算名詞であると言ってよいかもしれません。もし数えたければ，本なら1冊，2冊と数えますし，牛乳もグラスに入れたものなら1杯，2杯と数えます。瓶に入っているのなら1本，2本でしょう。

英語と比べてみよう！

英語ではまず，可算名詞と不可算名詞の区別があります。さらに，可算名詞の場合には，それが単数なのか複数なのかを，（1）や（2）のように接辞か冠詞で必ず明示しなければなりません。

（1） I ate *apples*./*I ate *apple*.

（2） I bought *a book*./*I bought *book*.

食べたリンゴが2つ以上であれば（1），買った本が1冊であれば（2）となります。一方，milk のような不可算名詞は無冠詞でそのまま使えます。

（3） I had *milk*.

何を指すかが話し手と聞き手の間にあらかじめ了解されていない時，（1）の可算名詞の複数形や（3）の不可算名詞は，（4）と（5）のように，some を付けることができる場合があります。

（4） I ate *some apples.*

（5） I had *some milk.*

この場合の some の有無は，意味の違いをほとんどもたらしません。

可算名詞と不可算名詞の区別は一見はっきりしているようで，実はそうでもないことが分かります。milk（牛乳）のような液体や butter（バター）のような固体などの物質名詞や，love（愛）や peace（平和）といった抽象名詞はいずれも不可算名詞です。しかし，抽象名詞といっても一様ではありません。例えば，advice（忠告）は不可算名詞ですが，suggestion / proposal（提案）や order（命令）は可算名詞になります。つまり，suggestion/proposal や order は複数形にできますが，advice はそのままでは複数形にできず，some pieces of advice のように単位（この場合 piece）を示す表現を使わなければなりません。furniture（家具）や cutlery（食卓用器具類）は，それぞれ，「テーブルや椅子など」と「ナイフやフォークなど」を総称した集合的な意味で用いられ，複数形にはできません。

water（水）や coffee（コーヒー）のように基本は不可算名詞であっても，状況によって「単位」がはっきりしている場合には可算名詞のように扱われることもあります。例えば，レストランなどで注文する際であれば，a water（水 1 杯）や three coffees（コーヒー 3 つ）と言うことができます。厳密に言えば，それぞれ，a glass of water と three cups of coffee となるべきところですが，水はグラスで，コーヒーはカップで供されることがこの文脈では明らかで，water や coffee という名詞の中に単位の意味が含まれているからと考えることができます。

また，wine も上の water や coffee と同様に物質名詞なので不可算名詞ですが，a delicious wine のように形容詞が付くと，「おいしいワイン」という意味になり，ワインの「種類」の 1 つを表わすことになるために不定冠詞の a が付く場合があります。上であげた water と coffee がこの理由で不定冠詞を従える場合もあります。

（6） a. a carbonated water（炭酸水）

b. a bitter coffee（苦いコーヒー）

さらに，future や knowledge のようにどう考えても不可算名詞なのに，形容詞が付くことによって不定冠詞の使用が求められる場合もあります。

（7） a. It is a real pity to lose a man with *a bright future* like him.

b. Mary has *a deep knowledge* of linguistics.

これらは不定冠詞が付くことはあっても，複数形になることはありませんので，文脈上単位がはっきりしているために可算名詞扱いになる場合（先ほどの coffee など）とは区別する必要があります。

いずれにしても，不定冠詞は不可算名詞といっしょには使えないと単純に言い切ることはできないのです。

課題解決！

冒頭のクイズめいた質問に戻りましょう。天文学の知識というと大げさに聞こえますが，木星の輪はいくつあるのかということが問題になるのです。その理由はもうお分かりでしょう。英語では ring（輪）は可算名詞なので，単数なのか複数なのかを文法的に明示しなければならないからです。ですから，正確にいくつ輪があるのかを知っている必要はないのですが，それが1つなのか2つ以上なのかという知識は必要になります。木星には4つの輪があることが知られていますので，It was discovered that Jupiter has rings. となります。日本語だとその辺の区別はまったく不問にできるのですが，英語ではそうはいかないところが面倒なところです。

練習問題

A 次の文を英語にしなさい。

1 パーティーに行く途中でワインを2本買った。

2 魚はお好きですか。

3 私はその件について提案がいくつかあります。

4 スライスした卵，レーズン，オリーブをのせます。

5 家具を運ぶのを手伝ってくれませんか。

B 次の英語の間違いを訂正しなさい。

1 Thank you very much for your valuable advices.

2 They welcomed us with the unusual warmth.（☆）

3 Fix me a salad with lettuces and tomatoes.

4 Violin sonata is sometimes difficult to play.（☆）

5 Give me call when you are ready.（☆）

3.2 不定冠詞と定冠詞

考えてみよう！

次の文を英訳してください。

［1］男が突然部屋に入ってきた。

［2］男は突然部屋に入ってきた。

日本語に注目しよう！

英語でa(n) かtheかという冠詞の違いで示される「定・不定」の区別は，NPが何を指すかが話し手と聞き手の間であらかじめ了解されているという前提の有無に関するものです。了解ができている場合には「定名詞句」となり，逆に，話し手と聞き手の間の了解事項ではない場合には「不定名詞句」となります。英語では単数の可算名詞であれば，定名詞句はthe，不定名詞句はa(n) で始まります。複数形の名詞に付く不定冠詞はありませんので，無冠詞になります。冠詞のない日本語では，an appleもthe appleも「リンゴ」になり，定／不定の区別がないように思えますが，日本語では「は」と「が」の区別で表わされていることがあります。

お伽噺『桃太郎』の書き出しの部分はご存じでしょう。

（1） 昔々，あるところにおじいさんとおばあさんがいました。ある日，おじいさんは山へ芝刈りに，おばあさんは川へ洗濯に行きました。

「おじいさん」と「おばあさん」がそれぞれ2回出てきますが，初回に出ている「おじいさん」「おばあさん」と2回目の「おじいさん」「おばあさん」はそれぞれ同じ人を指していることが分かります。

ここで大事なのは，まず，最初の「おじいさん」と「おばあさん」に続く助詞は「が」でなければならないということです。(2) のように「は」にしてしまうととても奇妙な感じがします。

（2） ??昔々，あるところにおじいさんとおばあさんはいました。

それは，「は」がNPを「定」にする働きをしているからです。つまり，「は」を使うと，すでに登場人物が書き手と読み手の間では了解済みであるという前提が生じます。しかし，この文は冒頭部分であり，「おじいさんと「おばあさん」はここで初めて登場していますので「が」が用いられています。反対に，2回目の「おじいさん」と「おばあさん」はすでに談話に導入済みなので定名詞句となり，「は」を使います。

つまり，日本語では，英語の場合とまったく同じではありませんが，定と不定の区別の一部は「が」と「は」の使い分けでなされているのです。

» 英語と比べてみよう！

先ほど見た『桃太郎』の冒頭の部分の英訳を考えてみましょう。

（3） Once upon a time, there was *an* old man and *an* old woman. One day, *the* old man went to the mountain to gather wood, and *the* old woman went to the river to do the washing.

最初の「おじいさんが」は an old man と不定冠詞を伴い，2回目の「おじいさん」は the old man と定冠詞を伴っています。「おばあさん」に関しても同様です（an old woman と the old woman）。

なお，不定冠詞は英語では可算名詞の単数形の場合しか存在しないので，可算名詞複数形と milk などの不可算名詞には付きません。

（4） a. I like *apples.*
　　 b. I like *the apples.*

（4'） a. I like *milk.*
　　 b. I like *the milk.*

（4a）は「私はリンゴが好きだ」とリンゴ一般について発言しているのに対して，（4b）は文脈で決まってくる特定の（2つ以上の）リンゴを指すことになります。いきなり（4b）で会話を切り出したら相手は怪訝な顔をするかもしれません。目的語であるリンゴが特定のものではなく一般的なものを指している場合，複数形が用いられるのが普通です。I like an apple. という文はかなり不自然です。（4'a，b）の milk も同様です。

一方，可算名詞を主語にして一般的な陳述を行なう場合，可算名詞であれば，次の3通りの言い方が可能です（「総称文」—§4.3 を参照）。

（5） a. *Dogs* are faithful animals.
　　 b. *A dog* is a faithful animal.
　　 c. *The dog* is a faithful animal.

この3つの中で，「犬というのは忠実な動物です」という意味の総称文として最も一般的なものは（5a）の無冠詞複数形名詞を用いたものです。（5b）の「不定冠詞＋単数形名詞」も不可能ではありませんが，幾分フォーマルな印象を与えます。定冠詞を用いた（5c）は概念としての「犬という動物種」を表わしています。犬のもつ属性を集めたものと考えてもよいでしょう。そのため，概念ではなく個体としての犬を指す必要がある場合には the dog は使えません。例えば，「犬というものは一緒に遊んでいて楽しいものだ。」を英訳すると，（6）のように主語は dogs になります。犬の概念と一緒に遊ぶことはできないため，主語を the dog とすると特定の犬の話になってしまい，総称文の解釈は不可能なのです。

（6） *Dogs* are fun to play with.

課題解決！

冒頭の囲みの例文［1］［2］は，英訳するとそれぞれ（7）（8）となり，「男が」は a man に，「男は」は the man に対応し，直後の助詞の違いで問題の区別が表現されていることが分かります。

（7） A man suddenly entered the room.

（8） The man suddenly entered the room.

（7）では「男」が突然部屋に入ってくることによって，初めて談話に登場しますが，（8）はすでに話題に上っている「男」が突然入ってきたことを表わしています。この例でも，英語の不定冠詞と定冠詞の違いが日本語では「が」と「は」の違いに反映されています。

練習問題

次の文を英語にしなさい。

1 あれはミチバシリです。（ミチバシリ roadrunner）

2 あれがミチバシリです。（☆）

3 消防士というものは利他的である。（利他的 altruistic）

4 消防士が出動可能です。（出動可能 available）（☆）

5 白ワインは魚料理によく合う。（～によく合う go well with）

6 両方飲み比べたが，赤ワインのほうがおいしかった。（☆）

7 雑誌より本のほうが役に立つ。（役に立つ useful）

8 この部屋にあるものは全部読んだ。雑誌より本の方が面白かった。（☆）

9 異様なにおいに私たちは驚いた。（☆）

10 美しい花々が私たちを迎えてくれた。（☆）

3.3　数量詞

考えてみよう！

「その提案に賛成した人は多かった。」という日本語をそのまま英語にすると，The people who agreed with the proposal were many. となりますが，英語としては不可能ではないものの，やや古風な言い方で，あまり自然な文ではありません。正しくはどう言えばよいでしょうか。

日本語に注目しよう！

日本語では「今回の事件で失ったものは多かった。」や「今回の台風の被害は想定より少なかった。」のように，「多い」「少ない」という数量を表わす表現（「数量詞」）を述語として文を作ることはめずらしくありません。また，「今日は本をたくさん買いました。」や「学生が大勢やって来て驚いた。」のように，「たくさん」や「大勢」が意味的に修飾する名詞（この場合は「本」と「学生」）を直接修飾するのではなく，文中でいわば「副詞的」に使われるのも極めて普通の用法です。

英語と比べてみよう！

英語では日本語と異なり（古風な言い方や慣用表現を除けば）数量詞が述語として使われることはありません。最も典型的な用法は数量詞が名詞の前に置かれる形容詞的用法です（「限定用法」—§5.1 を参照）。

（1）*Many* students gathered in the protest meeting.
（その抗議集会に集まった学生は多かった。）

（2）I don't have *much* information about the matter.（その件について私がもっている情報があまり多くありません。）

上記の例文に添えた和訳では，あえて数量詞を述語として用いた用法（「叙述用法」—§5.1 を参照）の日本語にしましたが，もちろん「多くの学生」や「多くの情報」というふうに名詞を直接修飾する用法も日本語にはあります。数や量の多少に関しての表現は，日本語ではどちらの用法も可能で，状況に応じて使い分けられます。

英語には日本語と異なり，名詞に可算名詞と不可算名詞があることを§3.1 で見ました。数量詞の用法もこの区別と連動します。ここで関連する表現を整理しておきましょう。

（3）

	可算名詞	不可算名詞
多い	many, a lot (of)	much, a lot (of)
少ない	few, a few	little, a little

この表について，若干補足説明をしますと，量の多さを表わす much は今日の英語では否定文や疑問文でしか用いられません。

（4） a. *I have *much* money.

b. I don't have *much* money./Do you have *much* money?

c. I have *a lot of* money.

（2）の例文を否定文にしてあるのも同じ事情に因ります。（4a）の意図していることを言うには，much の代わりに a lot of を用いて（4c）のようにします。後に名詞を従える場合には a lot は of が必要です。

次に「少ない」という意味を表わす few と little ですが，その前に不定冠詞の a が付く場合と付かない場合があります。

（5） a. I have *a few* questions.

b. I have *few* questions.

（6） a. My mother gave me *a little* money.

b. My mother gave me *little* money.

（5a）と（6a）はそれぞれ「質問が少しある」「お金を少しくれた」というように，数量は少ないけれどもその存在を肯定的に捉えているのに対して，（5b）と（6b）は「ほとんど質問がない／非常に質問が少ない」「ほとんどお金をくれなかった／くれたお金が非常に少ない」というように，その数量に関して「非常に少ない」という否定的な見解をもっていることを示しています。同じ量であっても，「少しはあった」と考えるか，「ほとんどなかった」と考えるかの違いです。

なお，（7）（8）のように，これらの数量詞は単独で主語や目的語になれるという意味で代名詞的用法もあります。その場合にはそれが意味的に修飾する名詞（句）は of を伴って数量詞に後続することが可能ですが，その of に続く NP は典型的に定冠詞を伴うことから分かるように定名詞句でなければなりません。この of はいわば「部分」の解釈を示していて，その部分を含む全体の存在が前提となっているため the が付きます。

（7） a. *Many of the students* came to the party.
(学生たちのうち大勢がパーティにやって来た。)

b. *Many* came to the party.

（8） a. I used *little of the sugar Mary gave me.*
(メアリーがくれた砂糖はほとんど使わなかった。)

b. I used *little.*

先ほどの a lot も単独で使えます。その場合 of は必要ありません。

（9） I learned *a lot* in this course.
(この科目はとても勉強になりました。)

以上，数や量の多少を表わす数量詞を取り上げましたが，それとは意味的に異なる別種の数量詞があります。それが次にあげる「普遍数量詞」「存在数量詞」「否定数量詞」です（否定数量詞については §6. 2 で詳述します)。これらの数量詞は可算名詞を修飾する場合には，同じ複数でも 2 つの場合（これを「双数」と言います）かそれ以上の場合かによって用いられる数量詞が異なります。これを次にまとめておきます。

（10）

	複数（3 つ以上）	双数
普遍	all	both
存在	some/any	either
否定	no(ne)	neither

これらの数量詞も形容詞的な用法（限定用法）と代名詞的な用法の両方があります。まず，複数（3 つ以上）の場合の例をあげます。

（11） a. *All* students passed the exam.

b. *Some* students passed the exam.

c. *No* students passed exam.

（12） a. *All* of the students failed in the exam.

b. *Some* of the students failed in the exam.

c. *None* of the students failed in the exam.

否定数量詞の用法については注意しなければならない点があります。否定数量詞が形容詞的に用いられる場合には（11c）のように no が用いられますが，代名詞的に用いる場合には（12c）のように none となります。（12）の of に続く NP が定名詞句になっているのは，many/much/few/

littleのところで説明したのと同じ理由によります。

（13）は，双数（2つ）の場合の代名詞的用法の例です。

（13）a. *Both* of the two people can enter the room.
b. *Either* of the two people can enter the room.
c. *Neither* of the two people can enter the room.

述語が述べていることが2人のうちの両方に当てはまる場合がboth，どちらか一方に当てはまる場合がeither，どちらにも当てはまらない場合がneitherとなります。（14）では，これらの数量詞が形容詞的に用いられています。

（14）a. *Both* answers are wrong.
b. *Either* answer is fine.
c. *Neither* answer is correct.

（14a）のbothは後に複数名詞を要求し，動詞もそれに一致します。（14b，c）では逆に単数名詞が後続し，動詞もそれに一致しています。いずれにしても，both/either/neitherを不可算名詞とともに用いることはできません。

まだ取り上げていない数量詞があります。それはone/two/threeなどの数詞と普遍数量詞のeveryとeachです。ここでは，普遍数量詞のeveryとeachの用法をallの用法と比較しながらまとめておきましょう。まず，everyとeachは，allと異なり，不可算名詞を従えることはなく，可算名詞の単数形のみをとります。

（15）a. all gold, *every gold, *each gold　【不可算名詞】
b. *all book, every book, each book　【可算名詞単数形】
c. all books, *every books, *each books【可算名詞複数形】

また，単独でof+NPを従える代名詞的用法はeachしかなく，everyはevery oneという形式でならof+NPを従えることができますが，どちらもofに続くNPは複数形の可算名詞からなる定名詞句に限られます。

（16）a. *each* of the books
b. *every one* of the books/*every of the books

最後に，日本語では「本を｛2冊／たくさん｝買った。」とか「学生が｛3人／大勢｝来た。」のように，数量詞を修飾する名詞から離して副詞的に用いることができますが，英語ではall, both, eachだけにそのような用法が許されます（ここではallを例にします）。

（17）a. *All* the students came to the party.

b. The students *all* came to the party.

cf. *All* of the students came to the party.

（17a）はcf.の例文のofが省略されたものと考えることができますが，（17b）ではさらにallがthe studentsの後ろに現われています。このように数量詞が修飾するNP本体から離れて後ろに移動する現象を「数量詞遊離」と言いますが，《日本語に注目しよう！》のところで触れたように，日本語ではこの現象が広範に観察されます。

課題解決！

冒頭の問いに戻りましょう。日本語では「多い」「少ない」という数量を表わす表現を述語として用いること（叙述用法）はきわめて普通ですが，英語では古めかしい表現や慣用表現を除いては，述語として用いる（叙述用法）よりも名詞を直接修飾するほう（限定用法）が一般的です。したがって，（18）のような文が正解になります。

（18）Many people agreed with the proposal.

数量詞が名詞を直接修飾するという表現形式は，英語の比較構文やさらには否定文を理解する上でも重要です（§§5.10, 6.2参照）。

練習問題

次の文を英語にしなさい。

1 ダンス部の部員は30名います。

2 この分析には問題が多い。

3 一緒にいる時間が少なかった。

4 解決策は2つある。

5 試験に合格した学生はほとんどいない。

6 苦情が多いお店をリストアップしましょう。（☆）

7 その発言に耳をかたむけた人はほとんどいなかった。（☆）

8 私が聞きたかったことは以上です。（☆）

9 こんな無謀な計画に協力する人なんて誰もいませんよ。（☆）

10 今回の事故では，いろいろと教えられることが多かった。（☆）

3.4 代名詞と名詞類の代用表現

考えてみよう！

友達が素敵なセーターを着ているのを見て，自分もそんなのが欲しいと思いました。そのような内容を英語で言うとしたら，［1］［2］のどちらを使えばよいでしょうか。また，［1］［2］にはどのような違いがあるのでしょうか。

［1］Where did you get that sweater? I want to get one.

［2］Where did you get that sweater? I want to get it.

日本語に注目しよう！

同じ表現の繰り返しを避けるために代用表現が用いられることがあります。（1）では，「の」が前に出てきた名詞の「本」「サンマ」を置き換えています。

（1） a. A：そこにある本をとってくれますか。
　　　　B：表紙が赤い［の］でいいですか。
　　 b. サンマは旬のものに限るね。冷凍した［の］は美味しくない。

このように名詞を置き換える「の」を準体助詞と言います。準体助詞の「の」は，物を表わす名詞を置き換えるのに用いられるので，（2）の「意志」のような抽象名詞は「の」で置き換えることはできません。

（2） 田中君には強い意志があります。*田中君に負けず劣らず山田君にも強い［の］があります。

一見すると（1）に類似した文でも，「の」による名詞の置き換えではなく，名詞を省略することで，同じ表現の繰り返しを避ける場合があります。（3）にはノ格名詞（「山田先生の」）の後に，それが修飾すべき名詞がありませんので，「の」の後の名詞（「本」）が省略されていることが分かります（Øは省略されたことを表わす印）。

（3） 井上先生の本は面白かったが，山田先生のØは少し難しかった。

このようにNP内に「の」が現われる場合には，名詞が置き換えられている場合と「の」の後の名詞が省略されている場合があることが分かります。

英語と比べてみよう！

英語でも同じ表現の繰り返しを避けるのに代名詞のような代用表現や省略が用いられます。まず，I/me, you/you, he/him, she/her, they/them などの「人称代名詞（personal pronoun）」と myself/yourself/himself/herself/themselves などの「再帰代名詞（reflexive pronoun）」について見ることにしましょう。（4）では目的語の位置に代名詞の him と再帰代名詞の himself が現われていますが，それぞれ異なる解釈をもちます。

（4） a. Bill praised *him*.

b. Bill praised *himself*.

（4a）の him には，この文にはない三人称単数男性の NP を指す解釈しかなく，文中の NP の Bill を先行詞にとる解釈は許容されません。これに対して，（4b）の himself は，必ず文中の NP の Bill を先行詞にとらなければなりません。（4a）の him は主語の NP を指すことはできませんが，代名詞が同一文内の NP を先行詞にとれないというわけではありません。

（5） John thinks [that Bill praised *him*].

（5）の代名詞 him には，（4a）の him と同じように，この文中には出てこない男性を指す解釈の他に主節主語の John を先行詞にとる解釈が許容されます。一方，再帰代名詞は（6）のように複文にしても，新たな解釈が生じることはありません。

（6） John thinks [that Bill praised *himself*].

(himself＝Bill, *himself＝John)

（4）～（6）の例から，代名詞と再帰代名詞では文中の NP を先行詞にとる可能性について，（7）（8）のように異なる性質があります。

（7） 代名詞はそれが現われる同一節内に先行詞をもってはならない。

（8） 再帰代名詞はそれが現われる同一節内に先行詞をもたなければならない。

（5）で him が主節主語を先行詞にとれるのは，主節主語が him と同一節内にないので，（7）の規則性に違反しないからです。また，（4a）（5）において him が，それが属する文内にない NP を指示することができるのも（7）の規則性に抵触しないからです。（7）は何が代名詞の先行詞になれないかについての一般性を述べたものであり，（7）の条件を満たし，人称・性・数が一致すれば，代名詞は基本的に何を指してもよいということなのです。逆に，再帰代名詞は常に同一節内に先行詞を必要とするので，同一節外に先行詞をとる可能性はありません。

（9）の each other のような「相互代名詞（reciprocal pronoun）」も可能な先行詞に関して再帰代名詞と同じ規則性に従います。（8）に「相互代名詞」を追加して（8'）に改訂します。

（9） They helped *each other*.

（8'） 再帰代名詞と相互代名詞はそれが現われる同一節内に先行詞をもたなければならない。

each other はそれと同一節内にある複数形の NP を先行詞にとります。したがって，（10）のように先行詞となりうる NP（they）と each other を別々の節に置くと，非文法的な文となります。

（10）*They think [that Bill helped *each other*].

以上，人称代名詞と再帰代名詞・相互代名詞が異なる規則性を示すことを見ました。日本語ではどのような表現が英語の代名詞や再帰代名詞に相当するのでしょうか。まず，he，she，they などの人称代名詞に対応する形式が日本語にあるかどうか考えてみることにしましょう。「彼」「彼女」「彼ら」は日本語には本来代名詞としては存在していませんでした。（4a）は「彼」を用いて訳すと（11）のようになります。

（11）ビルは彼（のこと）を褒めた。

（11）のような「彼」を含んだ文の使用頻度は現在では以前より増していますが，例えば子どもが使うことはあまりなく，むしろ，（12B）から分かるように，日本語では前に出てきた NP を繰り返すか，省略する方が普通です。

（12）A：田中君が弁論大会で優勝したそうですね。

B：ええ，井上先生が随分｛田中君（のこと）を／∅｝褒めていらっしゃいました。

（13B）のようにソ系の指示詞を用いて「その人」「その方」などの表現で NP を言い換えることもできますが，常にこうした表現で代用できるわけではありません。（14）に示したように，例えば，自分の父親を「その人」で置き換えるのは不自然です。

（13）A：山田さんという人がこの辞書を薦めてくれました。

B：その人はその辞書のどんなところを薦めたのですか。

（14）お父さんに相談したいことがあるんだけど，今日｛*その人／お父さん／∅｝何時頃帰ってくるかなあ。

したがって，英語で人称代名詞を使うところを日本語ではNPを繰り返すか省略するのが基本だということができます。日本人学習者によく見られる誤りに（15B）のような代名詞の省略がありますが，これは日本語の特徴が影響しているからです（(15B) はitを省略できないことを示します）。

（15）A：What happened to my sandwich?

B：Fido ate *(it).（Fidoは飼い犬の名前の典型例）

日本語では，（16）のような「自分」という表現が英語の再帰代名詞に対応します。

（16）田中さんは自分（のこと）を褒めた。（自分＝田中さん）

しかし，「自分」は異なる節にあるNPを先行詞にとりうるという点で英語の再帰代名詞とは異なります。（17）の「自分」の先行詞は（文脈さえ許せば）田中さんでも山田さんでもかまいません。

（17）山田さんは［田中さんが自分（のこと）を褒めたと］思った。

また，日本語の「自分」には「主語指向性」という性質があり，先行詞は主語でなければならないという制限があります。（18）の2つの文を比べてください。

（18）a. John showed Bill a picture of *himself*.

b. ジョンはビルに自分の写真を見せた。

（18a）のhimselfの先行詞はJohnにもBillにもなり得ます。しかし，対応する日本語の（18b）の「自分」の先行詞は「ジョン」しかあり得ません。（18b）の「ビル」は主語ではないため「自分」の先行詞になれないのです。

相互代名詞のeach otherには「お互い」という表現が対応します。

（19）a. 田中君と井上君はお互いに助け合った。

(Tanaka and Inoue helped *each other*.)

b. カップルがお互いに見つめ合った。

(The couple looked at *each other*.)

しかし，（19）の日本語と（　）に示した英語訳では違いがあります。まず，「助ける」「見つめる」という動詞に「合う」が付いた相互動詞が用いられています。また，（19）では「お互いを」ではなく「お互いに」になっており，目的語として現われるeach otherとはズレが生じています。相互動詞を使わないで，元の他動詞のまま「お互い」を目的語にして，英語の文構造に近い日本語にするとかなりぎこちない文になります。

（20）a. 田中君と井上君はお互いを助けた。

b. カップルがお互いを見つめた。

（20）と比べると（19）の方がはるかに自然な日本語です。「～し合う」という相互動詞を使えば，（21）のように「お互い」を省略しても対応する英語と同じ意味を表わすことができます。

（21）a. 田中君と井上君は助け合った。

b. カップルが見つめ合った。

（21）を英語に訳す場合には，each otherを補わなければならないので，注意が必要です。

日本語の「お互い」という表現の特殊性は，「お互いに頑張ろう。」という言い方にも見てとれます。ここでは「お互い」が相互代名詞の働きをしていないことは明らかです。

上で見た代名詞類は特定の名詞（句）を指すのに用いられます。一方，不特定の名詞を指す場合には，不定代名詞のoneが用いられます。oneはNPがa(n) +Nからなる場合，（22a）のようにNPを置き換え，名詞が形容詞などの修飾語句を伴う（22b）のような場合には，名詞を置き換えます。

（22）a. Use *a stopwatch* if you have *one.*（one＝a stopwatch）

b. This *sweater* is too expensive. I will look for a cheaper *one.*（one＝sweater）

oneを使うことのできない環境がいくつかあります。（23）を見てみましょう。

（23）a. *John met the *teacher* of physics from Boston, and Mary met the *one* of mathematics from New York.（one＝teacher）

b. John met the *teacher of physics* from Boston, and Mary met the *one* from New York.（one＝teacher of physics）

（23a）では，oneの後ろにteacherの補部であるof mathematicsが現われているので，oneはteacherだけを置き換えています。これに対して

（23b）の one は teacher of physics を置き換えています。（23）の対比から，名詞が補部を従える時は，名詞＋補部をまとまりとして one に置き換えなければならないことが分かります。「補部」と「付加部」については動詞が従える要素の違いとして取り上げましたが（§1.1），名詞に関しても同様の区別ができます。

また，（24）のように，不加算名詞を one で置き換えることはできません。（24）で milk を代用する場合には，some を用います。

（24）A：We are running out of *milk*.　*We need to buy *one*.

　　　B：We are running out of *milk*.　We need to buy *some*.

所有格の直後では one を用いることはできません。

（25）a.　This is my *bike*.　*That's John's *one*.

　　　b.　*My *car* is more expensive than Bill's *one*.

ただし，所有格と one の間に形容詞を置けば one による名詞の代用が許容されます。

（26）My old *car* is more expensive than Bill's new *one*.

したがって，所有格の直後の名詞の繰り返しを避けるには，名詞を省略するしか方法はありません。

（27）a.　This is my *bike*.　That's John's Ø.

　　　b.　My *car* is more expensive than Bill's Ø.

言い換えれば，one によって代用できない場合には省略することによってその役割を補完しているということができます。日本語でも NP 内に「の」が現われる場合に代用形の「の」と名詞の省略の棲み分けが見られます。（2）で見たように代用形の「の」は，抽象名詞を置き換えることはできません。ところが，（28b）のように抽象名詞を主要部にもつ NP 内に「の」が現われる次のような例があります（Saito and Murasugi 1990）。

（28）a.　田中さんの意志は太郎のよりも固い。

　　　b.　田中さんの意志は太郎の<u>意志</u>よりも固い。

（28a）の「太郎の」は問題なく「太郎の意志」と解釈できます。代用形の「の」は抽象名詞を置き換えることはできないので，（28a）の「太郎の」の「の」は代用形の「の」ではないことが分かります。したがって，（28a）は（28b）の「意志」を省略することによって派生されると考えられます。（28a）では「の」による代用ができない環境で名詞が省略されており，英語の（27）に類似しています。

課題解決！

冒頭の課題について考えてみましょう。one は不特定な人やものを指示するのに対して，代名詞は特定な人やものを指示するのに用いられます。［1］では one が that sweater の sweater だけを代用しており，聞き手が着ているようなセーターが欲しいと言っているのです。したがって，［1］を用いるのが正解です。一方，［2］の代名詞 it は that sweater を先行詞にとりますので，聞き手の着ているセーターそのものを指します。聞き手が着ているセーターが欲しいと言っていることになります。

練習問題

A 次の a と b の意味の違いを答えなさい。

1 a. My sister found a nice Italian restaurant and I found one, too.
b. My sister found a nice Italian restaurant and I found it, too.

2 a. John likes to drink beer but I don't drink.
b. John likes to drink beer but I don't drink it.

3 a. A：Would you like some cookies?
B：No, thank you. I don't feel like eating now.
b. A：Would you like some cookies?
B：No, thank you. I don't feel like eating any now.

4 a. John waved his handkerchief at you. Now you must wave back. (Lehrer 1970: 120)
b. John waved his handkerchief at you. Now you must wave back yours.

B 次の文を英語にしなさい。

1 A：山田さんがどこにいるか知らない？
B：図書館で見ましたよ。

2 ジョンとメアリーは尊敬し合っている。

3 白ワインより赤ワインが好きだ。（☆）

4 腕時計をなくしてしまいました。昨日買ったばかりなんです。

3.5 名詞化

考えてみよう！

次の例文の下線部の名詞句には，意味的に文が隠れています。この点に注意して自然な日本語に訳しなさい。

［1］John's entire ignorance about his opponents irritated Mary.

［2］Tell me the house you wish that package delivered to.

日本語に注目しよう！

（1a，b）の文が表わす命題内容を，それぞれ（2a，b）の文の主語，目的語として用いるにはどのようにすればよいでしょうか。

（1） a. 田中さんは素早くその問題に対応した。

b. 井上君は洞察が鋭い。

（2） a. ［　　］が一番効果的だった。

b. 柴田先生は［　　］を賞賛した。

（1）の文をそのまま（2）の［　　］に入れることはできません。（1a）（1b）をそれぞれ主語，目的語として用いるには，（3）に示したように（1）の文に「の」，「こと」をつけて文全体を名詞化する必要があります。

（3） a. ［田中さんが素早くその問題に対応したの／こと］が一番効果的だった。

b. 柴田先生は［井上君が洞察が鋭いの／こと］を賞賛した。

このように文の中の1つの要素（(3a) では主語，(3b) では目的語）として，文を組み込むことを「埋め込み」と言うことは§2.2でも触れました（§7も参照）。なお埋め込まれた文内では，主題の「は」を用いると不自然な文になるため，ここでは「が」に変えてあります（§4.1を参照）。

（1）を（2）の［　　］に入れるためには，文末に「の」や「こと」を付けて文全体を名詞化する方法の他に，「対応した」「鋭い」といった文中の動詞や形容詞そのものを名詞に変える方法もあります。（3）は（4）のように言い換えることもできます。

（4） a.［田中さんの素早いその問題（へ）の対応］が一番効果的だった。

b. 柴田先生は［井上君の洞察の鋭さ］を賞賛した。

（4）では述語を「対応」「鋭さ」という名詞に変えるだけではなく，その他の要素の形も変わっています。例えば，（4a）では「田中さんが」を「田中さんの」に変えることによって「対応」という名詞に接続できるようにしています。また，「素早く」は形容詞の連用形なので，名詞を修飾できるように「素早い」という連体形に変えられています。（4b）も同様です。（4b）は（3b）と比べるとむしろ文章に切れがあるように感じますが，（4a）は日本語としては不自然で，（3a）の方が自然な日本語であるという印象は否めません。

≫ 英語と比べてみよう！

英語で命題内容を別の文に埋め込む方法を考えていきます。日本語と同様，（5）をそのまま（6）で主語，目的語として使うことはできません。

（5） a. John adopted the term carelessly.
　　 b. John is important in this project.

（6） a. [　] surprised us.
　　 b. You cannot deny [　].

英語でも主語位置や目的語位置に文を埋め込むには，日本語の「こと」「の」に対応する「補文標識」の that を文の先頭につけて埋め込みます。

（7） a. [*That* John adopted the term carelessly] surprised us.
　　 b. You cannot deny [*that* John is important in this project].

英語でも述語の動詞や形容詞から名詞を派生し，それを主要部とする NP を作ることによって，文と同じ意味を表わすことができます。例えば，（7a）の動詞 adopt を派生名詞 adoption に，（7b）の形容詞 important を派生名詞 importance に変え，さらに述語が従える要素の形も変えることで，（5）の命題内容を NP として具現することができます。

（8） a. [John*'s careless adoption of* the term] surprised us.
　　 b. You cannot deny [John*'s importance* in this project].

（8）では，まず主語（John）は所有格（John's）で表わし名詞化された adoption/importance の前に置きます（文字通り「所有」を表わす John's car と同様です）。動詞の目的語はどうしたらよいでしょうか。一般に，英語で目的語を従えることができるのは動詞と前置詞だけなので，動詞から派生した名詞はその直後に NP をとることができません。したがって，

(8a) のように前置詞の中でも最も意味が軽い of を用いて目的語を従えます。別の前置詞句を従えている動詞や形容詞は，(8b) のように同じ PP を用います。また，元の文の副詞 carelessly は名詞を修飾する形容詞 careless に変えて，名詞の前に置く必要があります。

NP が命題を表わす英文を日本語に訳す場合には，文が隠れていることを意識して，(8a) ならば「ジョンの不注意なその用語の採用が我々を驚かせた。」とするのではなく「ジョンが不注意にその用語を採用したこと／のが我々を驚かせた。」のようにするとぎこちなさが緩和されます。さらに命題を表わす NP は無生物なので，「ジョンが不注意にその用語を採用したので我々は驚いた。」のように，「驚く」という心理状態の変化を原因と結果の関係に分けて表現すると，よりこなれた日本語にすることができます（§§2.8, 2.9 を参照）。(8b) も「ジョンがこのプロジェクトにおいて重要であることは否定できない。」と訳すと自然な日本語になります。

これまでの例文では，命題が NP として具現する場合を見ました。英語では疑問節や感嘆節が NP として具現する場合もあります(Baker 1968)。

(9) a. I want to know *the kind of person he is.*

b. Fred tried to guess *the amount of stolen money.*

(9) の斜字体は NP の構造をもちながら，(10) に示した間接疑問節に対応する解釈をもちます。

(10) a. I want to know [*what kind of person he is*].

b. Fred tried to guess [*how much money was stolen*].

(9) のように NP が間接疑問節の解釈をもつ構文を「潜伏疑問 (concealed question)」と言います。NP の構造をもつ潜伏疑問は，当然のことながら疑問文を補部にとる述語と共起しなければなりません。assert, believe のような動詞はその補部に疑問文をとることはできないので，NP の構造をもつ潜伏疑問も従えることはできません。

(11) *Harold {asserted/believed} [*what kind of candy Jill likes*].

(12) *Harold {asserted/believed} [*the kind of candy Jill likes*].

間接感嘆節も NP として具現することができます (Elliot 1974)。

(13) a. You would be surprised at *the big cars he buys.*

b. You'd never believe *the fool he turned out to be.*

(13) の斜字体の NP は (14) の間接感嘆節の解釈をもち，このような構文を「潜伏感嘆表現（concealed exclamation）」と言います。

（14）a. You would be surprised at [*what big cars he buys*].

b. You'd never believe [*what a fool he turned out to be*].

潜伏疑問と同様に，潜伏感嘆表現も感嘆節を補部にとる述語と共起しなければなりません。次の対比が示すように，admit は感嘆節を従えることができるので，それを NP として具現化することもできますが，concede は感嘆節を補部にとれないので，NP の構造をもつ潜伏感嘆表現も従えることはできません（Grimshaw 1979: 302）。

（15）a. John refused to admit [*what an outrageous size his salary was*].

b. John refused to admit *the outrageous size of his salary.*

（16）a. *John refused to concede [*what an outrageous size of his salary was*].

b. *John refused to concede *the outrageous size of his salary.*

このように英語では「命題」「疑問」「感嘆」という意味内容を「節」として表現することも，また NP として表現することもできます。また，英語は日本語よりも名詞化を指向する傾向があることも指摘しておきます。

» 課題解決！

［1］の下線部の NP は「命題」を表わしており，（17）のような文に書き換えることができます。

（17）John was entirely ignorant about his opponents.

つまり，［1］の下線部には平叙節（命題）が隠れていることが分かります。この NP を（18）のように訳すと不自然な日本語となります。

（18）<u>ジョンの自分の競争相手に対する完全な無知</u>がメアリーをイライラさせた。

（18）の日本語が不自然なのにはいくつか理由があります。すでに述べたように日本語でも一定程度「名詞化」という仕組みはあるものの，英語ほど多用する言語ではないからです。また，（18）は「〈無生物主語〉が～を…する」という英語式の表現になっています。したがって，［1］は（19）のように下線部の命題内容を文の形で解きほぐし，さらに因果関係を２つの文に分けて表現すると，自然な日本語文を得ることができます。

（19）ジョンが自分の競争相手のことをまったく何も知らないので，メアリーはイライラした。

一方,［2］の下線部は（20）の間接疑問節に相当する解釈をもちます。

（20）Tell me *which house you wish that package delivered to.*

この場合も the house you wish that package delivered to という関係節を間接疑問節にした（21）のように訳すと自然な日本語になります。

（21）どの家にその荷物を配達して欲しいのか言ってください。

練習問題

下線部の名詞句の意味に注意して次の文を自然な日本語にしなさい。

1 Columbus's discovery of America in 1492 established new routes from western Europe to the new continent.

2 They assessed the extent of bird deaths due to spraying with DDT.（DDT（dichlorodiphenyltrichloroethane）はかつて使われていた有機塩素系の殺虫剤）

3 An accumulation of small misfortunes eventually led to the government's collapse.（『東大英単』p.1）

4 John refused to tell the police the fellows who had been involved.（Grimshaw 1979: 297）

5 The sudden improvement in the weather enabled us to make very rapid progress towards the summit.（『東大英単』p.34）

6 The success of a marriage depends on the extent to which you are prepared to work at it.（☆）

7 An analysis of the wine revealed the presence of additives harmful to the human body.

8 It's amazing the kind of beer he drinks.（Grimshaw 1979: 300）

9 Infants are now systematically scrutinized for the way they develop, perceive, act, think, feel, and know.（*Campus Wide* p. 42）

10 Philippe Rochat is well known for his research that attempts to understand the ways in which notions such as "self" and "socialization" work in the mind from the perspective of behavioral development.（*Campus Wide* p. 42）

第４章

叙述の世界

第４章では，文が表現する様々な意味関係のうち，「叙述（predication）」を取り上げます。

本章で扱う「叙述」関係とは，文を構成する基本単位である主語と述語の間に成り立つ関係のことで，意味的に１つの命題内容を形成します。しかし，日本語を考えると，叙述がどんな文にも見られる基本的な意味関係とは必ずしも言えないことが分かります。有名な「僕はウナギだ。」という文は，発話者が自分の正体を（人間ではなく）ウナギであると告白しているわけではありません。この場合，「僕」というのは「主語」ではなく，この文の「主題」に過ぎないのです。もちろん日本語にも英語と同様の主語－述語の関係を表わしていると見なしてよい文も多数あります。そこで，§4.1 では「主題」と「主語」という一見似通ったもののようで，大きく違う２つの概念を説明し，日本語の母語話者が英語を学ぶ際に注意すべきことを取り上げます。

§4.2 では，叙述の１つとして英語の A is B. のような be 動詞を用いた文には意味的に掘り下げて考察すると何種類かあることを確認し，対応する日本語の「A は B だ」と比較します。

また，同じように「述語」として機能していても，それが「主語」のどのような側面について叙述しているのかによって，「個体レベル述語」と「場面レベル述語」の区別があり，その用法が異なります。それを扱うのが §4.3 です。

§4.4 では，there 構文に関する叙述関係について解説します。この構文の there は，実質的な意味を伴わない，「形」だけの主語であり，日本語には対応するものがありません。この構文は be 動詞の後に現われる名詞句が不定のものでなければならないなど，いくつかの興味深い特徴を示します。

最後の §4.5 では，意味的には述語のような働きをしていながらも，文の主たる述語（一次述語）は別にあり，あくまで補足的な働きをしていると思われる述語（二次述語）を取り上げます。それが表わす意味に応じて「描写述語」と「結果述語」の２種類の二次述語があります。

4.1 主題と主語

考えてみよう！

「筆記用具が必要な人はこちらにあります。」を英語で言うとどうなりますか。

日本語に注目しよう！

日本語の「～は…だ」という文は英語の A is B という文と同じではありません（§4.2 も参照）。日本語という言語に「主語」という概念は不要であるという説もありますが，少なくとも「僕はウナギだ。」における「～は」が主語でないことは明らかでしょう。この「僕は」の「は」は文の「主題（topic）」（意味役割の「主題（theme）」（§1.1 を参照）とは異なる概念なので注意）を表わすマーカーで，「僕に関して言えば」という意味です。「ウナギだ」という述語の主語は省略されており，強いて表現するなら「僕が注文するもの」になるでしょう。英語にも文の主題を明示する表現や特殊構文はありますが（§8.2 を参照），日本語ではそれが基本的な構文になっているという点で英語とは違います。そのため，日本語を「主題卓越型言語（topic-prominent language）」，英語を「主語卓越型言語（subject-prominent language）」と言うことがあります。

英語と比べてみよう！

次の対話を考えてみましょう。

（1） A：May I take your order ?
　　 B：I will have eel.

食事処で注文を聞かれて「僕はウナギ（です）。」と答えた場合に意味しているのはI am an eel. ではありません。この場合，英語ではI will have ...（…をいただきます）になります。日本語の「A はB だ」という文形式のA は主題を示していて，英語にするとA is B にはならないことが多いのです。『枕草子』の「春は曙（あけぼの）」もそうでしょう。

日本語では「～は」となっているけれども，英訳すると主語にはならないケースを順に見ていきましょう。まず，時を表わす場合です。

（2） この夏は結構忙しいのです。

（3） 昨日はありがとうございました。

（2）を This summer is で始めてしまうと，うまく英語の文に訳せません。「この夏」は主題であって主語ではないので，副詞的な表現にします。

（4） I will be rather busy *this summer.*

（3）の英訳に thank you を用いるのであれば，「昨日」を主語にすることはできません。（3）では単に「昨日」と言っていますが，英語では昨日起こったことの何に感謝しているのかをはっきりさせる必要があります。助けてもらったことに感謝するのであれば your help，時間を割いてもらったことに感謝するのであれば your time と明示する必要があります。いろいろ世話になったのであれば，（5b）のように言うこともできます。

（5） a. Thank you very much for your { help/time } *yesterday.*

b. Thank you very much for making *yesterday* special.

なお，日本人の初級学習者にありがちな間違いに for を付けない *Thank you yesterday. がありますが，非文法的なのは言うまでもありません。

場所も日本語ではしばしば「は」で導かれます。

（6） この川は遊泳禁止です。

（7） この公園は入場料が必要だ。

（6）の「この川は」は in this river と PP にします。主語を何にするかはいくつかの可能性があります。2つ候補をあげておきます。

（8） a. You are not allowed to swim *in this river.*

b. No swimming is allowed *in this river.*

（7）も「この公園は」を in this park と表現することもできますが，ここでは入場料との関係を考えて，次のようにするのが簡単です。

（9） Admission fee is required to enter *this park.*

日本語では，「この公園に入るのに入場料が必要だ。」という文の「入る」の目的語に相当する「この公園」が主題になっており，さらに「入るのに」が省略されていると考えられます。

さらに，日本語では目的語が主題になる場合も多く，その場合には英語の受動文と似た働きをすることがあります。

（10） この絵は5歳の子どもが描きました。

（11） この件は山田さんが担当しました。

これらの文は「話題化」（§8.2 を参照）を用いて英訳することも可能です

が，受動文を用いることで目的語を主題として提示することができます。

（12）*This picture* was drawn by a five-year-old boy.

（13）*This matter* was handled by Mr. Yamada.

§2.11で日本語の受動文は英語と比べて「被影響性の制約」が強く働くことを見ました。そのため，（12）や（13）を受動文で日本語に訳したい場合にはby句に相当する部分を「によって」にする必要があります。

（14）この絵は5歳の子ども｛によって／*に｝描かれました。

（15）この件は山田さん｛によって／*に｝担当されました。

しかし，（10）（11）の方がはるかに自然な日本語です。つまり，英語では受動文で表現されていても，日本語では能動文のままで目的語の部分を主題にして前置する方がよい場合が多いのです。

4 叙述の世界

課題解決！

冒頭の「筆記用具が必要な人は」も主語ではなく，主題です。意味関係を考え，英訳は条件節を用います。

（16）If you need anything to write with, we have some available here.（筆記用具が必要な人はこちらにあります。）

条件節を使う代わりにFor those of you who need anything to write with, we have some available here.と言うこともできます。

練習問題

次の文を英語にしなさい。

1 さんまは目黒に限る。（落語「目黒のさんま」より）

2 春は曙（あけぼの）。（『枕草子』より）

3 この部屋は落ち着くね。

4 この科目は事前登録が必要だ。

5 終わった人は手を挙げてください。

6 そのけがはどうしたのですか。（☆）

7 答案用紙がない人はいますか。（☆）

8 先日は大変ご迷惑をおかけしました。（☆）

9 この時計はうちのお店で修理したものではありません。（☆）

10 この企画は私のゼミの学生たちによるものです。（☆）

4.2 be 動詞

考えてみよう！

［1］と［2］は，いずれも X be Y の形式をしています。一見すると両者の違いは冠詞の部分だけのように見えますが，実は be 動詞の働きにも違いがあります。［1］と［2］の意味の違いを be 動詞にも注目して考えてみましょう。それぞれの be 動詞はどのような働きをしているのでしょうか。

［1］John is an instructor.

［2］John is the instructor.

日本語に注目しよう！

§4.1 では，日本語の「X は Y だ」という表現が必ずしも英語の X is Y には対応しないことを見ました。そのことを踏まえた上で，英語の X is Y に対応する日本語の文について考えてみましょう。

（1） a. 太郎はピアニストだ。

b. 太郎は二十歳（はたち）だ。

ここで「だ」（丁寧形は「です」）は，英語における be 動詞と同じように主語 X と述語 Y を「連結（link）」する働きをしています。このような働きをする動詞を「連結動詞」あるいは「コピュラ（copula）」と呼ぶことがあります。ここでは後者の用語を採用して，（1）のような文のことを「コピュラ文」と呼ぶことにします。

（1）は「X は Y だ」の Y の部分が NP になっている典型的なコピュラ文ですが，（2）のように「Y だ」の位置に形容動詞や形容詞の現われるコピュラ文もあります。（2a，b）には形容動詞，（2c，d）には形容詞が現われ，（1）と同じ主語と述語の関係を表現していることが分かります。

（2） a. この卵は新鮮だ。

b. この問題は難解だ。

c. この卵は新しい。

d. この問題は難しい。

§3.2 で「定」と「不定」の区別が日本語では「は」と「が」の区別として表わされる場合があることを見ました。コピュラ文では「は」と「が」でどのような違いが出てくるのでしょうか。（3a）（3b）では「は」と「が」

以外は同じように見えますが，実はコピュラの働きに違いがあります。

（3） a. 太郎はピアニストだ。【叙述文】

b. 太郎がピアニストだ。【指定文】

（3a）では，主語「太郎」に「は」がついていることから，「太郎」はすでに話題となっていて，その「太郎」について新たな情報として「ピアニスト」という「属性」が与えられています。ちょうど，「太郎は元気だ。」というのと同様です。このような文を「叙述文（predicational sentence）」と呼びます（「は」と「が」については §§3.2，4.1，4.3 を参照）。一方（3b）では，例えばピアノ協奏曲を共演するピアニストが誰かというとそれは太郎だと言っている場合などが考えられます。この場合，「ピアニスト」という名詞句は「そのコンサートでソリストとして共演するピアニスト」のような条件を内包しており，その条件に合う人として太郎を「指定」しているわけです。この種の文を「指定文（specificational sentence）」と呼びます。（3a）と（3b）の違いはXとYの語順を入れ換えた（4）を見ると分かります（上林 1984；西山 2003）。

（4） ピアニストは太郎だ。

（4）には（3b）の指定文の解釈しかありません。つまり「ピアニスト」は「（問題になっているコンサートで）ピアニストとして出演する人である」という意味を内包しており，単なる「ピアニストである」という属性を表わしているのではありません。（4）のような語順をとる指定文を特に「倒置指定文」と呼びます。この倒置指定文と同じ意味関係を表わすものに，（5）のような「～のはXだ」という形式をもつ文（英語に倣って「分裂文」と呼ばれます（§8.1 を参照））があります。

（5） a. その絵を描いたのは太郎だ。

b. 新鮮なのはこの卵だ。

（5a）は，「xがその絵を描いた」という命題を設定し（まだ値が与えられていないxのことを「変項」と呼びます），xの値として「太郎」を指定しています。（5b）も同様ですが，（5b）と（2a）は同じことを言っているようで，実は違うことを述べています。（2a）は叙述文で，「この卵」に関して「新鮮だ」という属性が当てはまると述べているのに対し，（5b）は「xが新鮮である」という命題のxの値として「この卵」を指定しているのであり，「この卵」の属性を新たに述べている文ではないのです。

以上の日本語の分裂文を用いた説明をもとに（3b）や（4）の指定文を見直してみると，これらの例の「ピアニスト」も内部に変項 x をもっていると考えることができます。例えば「x が（オーケストラと共演する）ピアニストだ」という（文脈によって決まってくる）命題をこの文の「ピアニスト」が内包していると見なすわけです。このような名詞句のことを「変項名詞句」と呼ぶことにします（西山 2003）。「変項名詞句」の変項の値を指定するのが「指定文」であるとまとめることができます。

コピュラ文には，もう１つ異なるタイプのものがあります。X という表現と Y という表現が，それだけでそれぞれの指示対象が決まるくらい十分な情報をもっているとき，さらにその２つの指示対象が同一であると主張する文です。X と Y の２つの指示対象が同一のものであると断定するので「同一性文（identity sentence）」と呼ばれます。

（6） a. あの女性（X）はエマ・ワトソン（Y）だ。【同一性文】
　　 b. エマ・ワトソン（Y）はあの女性（X）だ。【同一性文】

（6）は，「あの女性（X）」と「エマ・ワトソン（Y）」の指示対象が同一であると断定しています。（6a）は（3a）の叙述文と似ていますが，（3a）の「ピアニスト」は属性を表わし，指示対象をもちません。また，同一性文は，（6b）のように X と Y を交換できます。（6b）は指定文の（4）と似ていますが，（4）の「ピアニスト」は指示対象を決めるための条件を指定しているだけで，非指示的名詞句です。

英語と比べてみよう！

英語のコピュラ文で用いられる be 動詞にも，日本語と同じように，（3）のような叙述文と指定文の用法があります（Higgins 1973）。

（7） a. John *is* a pianist.　　【叙述文】
　　 b. John *is* the pianist.　【指定文】

（7a）は John is happy と同様に，John の属性について「ピアニストだ」と述べている叙述文です。一方，（7b）は「（例えばピアノ協奏曲でソリストを演じる）ピアニスト」が John であると指定している指定文です。

（8） a. *A pianist *is* John. *Happy is John.【叙述文】
　　 b. The pianist *is* John.　　　　　　【指定文】

（8a）では属性を表わす名詞句（a pianist）が主語位置に置かれているた

め，同じく属性を表わす形容詞句 happy を主語にした*Happy is John. という文が許されないのと同様に許されません。他方，the pianist を主語位置に置いた（8b）は「(例えばオーケストラがピアノ協奏曲で共演する) ピアニスト」が John だと指定する指定文になっています。

次に英語の同一性文の例として，（9）をあげることができますが，ここでは（日本語の例としてあげた（6）と同様）that woman と Emma Watson がもつ指示対象が同一であると述べられています。したがって，X と Y を入れ換えることも可能です。

（9） a. That woman is Emma Watson.【同一性文】

b. Emma Watson is that woman. 【同一性文】

X be Y における be 動詞は，X＝Y の「＝」に当たると言われることがありますが，この捉え方が厳密に当てはまるのは，X と Y がともに指示的名詞句である同一性文の場合だけということになります。

ここで述部に形容詞がくるコピュラ文の時制の現われ方に関して，日本語と英語で違いがあることを指摘しておきます。日本語の形容詞は「非過去形／過去形」と活用し，（10a）のようにそれ自身が時制をもつのに対し，英語の形容詞には時制がありません。現在と過去の時制の対立は（10b）のようにコピュラの be 動詞が担います。「嬉しい」の過去形は「嬉しかった」ですが，happy の過去形は was/were happy であり，happied のように形容詞に時制接辞を付加することはできません。

（10）a. 私は嬉しい／嬉しかった。

b. I *am/was* happy.

be 動詞には，日本語と同じようにコピュラとして用いられる以外に，（11a）のように本動詞として「存在」を表わす場合や，（11b，c）のように助動詞的に働き，一定の形態の本動詞（現在分詞や過去分詞）を従え，進行形や受動態を表わす場合があることを最後に付記しておきます。

（11）a. John *is* on this train. 【存在】

b. John *is* working on the problem. 【進行形】

c. John's idea *was* denied by Hanako.【受動態】

課題解決！

冒頭の［1］と［2］は単なる冠詞の違いではないことが分かったと思

います。［1］は主語のJohnがすでに話題となっている定名詞句で（話し手と聞き手で何（誰）を指すか分かり），an instructorが名詞述語として，新たに（新情報として）Johnの属性を述べる「叙述文」です。したがって，日本語では「ジョンは」となります。一方［2］では，主語のJohnが新情報として提示されており，述語のthe instructorは「xが講師である」という変項xを内包した「変項名詞句」と考えられます。したがって，［2］は，その変項の値がJohnであると指定する「指定文」になります。このような変項名詞句が文脈上適切となるためには，「講師」が誰であるかが問題になるような状況が必要です。例えば，写真教室が話題になっている状況下で［2］を発すると，その講座の講師が誰であるかを述べようとしていることになります。したがって，このJohnは日本語では「ジョンが」となります。（8a，b）の対比と同様に，［1］の主語のNPと補語の位置にあるNPを入れ換えることはできません（*An instructor is John.）が，［2］では主語のNPと補語のNPを入れ替えた倒置指定文（The instructor is John.）が可能です。

練習問題

A 次の文を英語にしなさい。

1 それは大問題だ。

2 それが問題なのです。

3 問題はそれをどう実行するかだ。

4 それより大きな問題はあなたが私にウソをついていることです。

5 大切なのはあなたの気持ちです。

B 次の文を日本語にしなさい。また，「叙述文」と「指定文」のいずれに該当するか答えなさい。

1 The question is difficult to grasp.

2 The question is how you prove it.

3 Our concern is that we are getting nowhere on this issue.

4 Our concern is over the stability of oil and gas supplies.

5 Charlie is my best friend.（☆）

4.3 個体レベル述語と場面レベル述語

考えてみよう！

次の文を自然な日本語にするとどうなるでしょうか。

［1］Firemen are available.

［2］Firemen are altruistic.（altruistic 利他（主義）的な）

日本語に注目しよう！

まず，次の2つの文の意味を考えてみてください。

（1） a. 海は青い。　　b. 海が青い。

（1a，b）ではどちらも同じ形容詞「青い」が使われていますが，（1a）は「海というものは青いものだ」と海に関する一般論を述べているのに対して，（1b）は「今の海の色は青い」という現在における海の状態を述べています。（1a）の「青い」は「海」の恒常的状態を表わしているのに対して，（1b）の「青い」は「海」の一時的状態を表わしていると言えます。（1）では「海」に付いている「は」と「が」の違いが「青い」の2つの解釈を引き出す鍵になっていますが，形容詞によってはどちらか一方の使い方しかできないものもあります。

一般的に，ある個体の恒常的な属性を表わす述語のことを「個体レベル述語（individual-level predicate）」と言い，個体が特定の場面において示す一時的な状態を表わす述語を「場面レベル述語（stage-level predicate）」と言います。「青い」という形容詞が，（1a）では「個体レベル述語」として，（1b）では「場面レベル述語」として機能しているわけです。

英語と比べてみよう！

「個体レベル述語」と「場面レベル述語」の区別はもちろん英語にもあります。英語では，まず there 構文（§4.4 を参照）の可否と関わります。（2a）と（2b）の文法性の差に注意してください。

（2） a. There is a pig *loose*.　　b. *There is a pig *big*.

「豚」にとって，big は恒常的状態であり「個体レベル述語」ですが，loose（解き放たれている）というのは一時的状態であり「場面レベル述語」です。（2）のように，there 構文の be 動詞に続く不定名詞句の後に現われる形容詞は場面レベル述語に限られます。

同様の対比は不定名詞句が主語位置に出てくる例でも見られます。

（3） a. Pigs are *big*.　　b. Pigs are *loose*.

（3a）は「豚というものは大きいものだ。」という一般論を述べている「総称文」であるのに対して，（3b）は「解き放たれている豚が何頭かいる。」という「存在文」で，There are pigs loose. と書き換えられます。

次に，場面レベル述語は様態副詞（manner adverb）（§5.5 を参照）によって修飾されますが，個体レベル述語はそれが許されません。

（4） a. John spoke Spanish *loudly* in the hall.

b. *John knew Spanish *silently* in the hall.

（4a）において speak Spanish は場面レベル述語と解釈できますが，（4b）の know Spanish にはそのような解釈は許されません。その違いが loudly や silently 等の様態副詞による修飾の可否と連動します。

さらに，個体レベル述語はその個体が存在する限り当てはまる属性を表わしますので，述語が（過去時を指す）過去形になると，その個体は死んでいるなどの理由でもはや存在しないか，性格が変わってしまうなどして別人のようになってしまったという意味が生じます。これを「生涯効果（lifetime effect）」と呼びますが，そのような効果は場面レベル述語にはありません。（5a）と（5b）を比べてください。

（5） a. John *was* from America.

b. John *was* happy.

個体レベル述語をもつ（5a）には，述語の表わす属性をもった個体（John）がもはや存在しないことが含意されます。一方，（5b）は過去の時点で「幸せだった」ことを表わすだけで，現在の状態については何も言っていません。両方の解釈が可能な述語もありますが，次の（6）と（7）も，(a) 文が個体レベル述語としての解釈が強いのに対して，(b) 文は場面レベル述語の解釈しかありません。

（6） a. Mary *had* blue eyes.

b. Mary *had* a cold.

（7） a. Tim *resembled* Colonel Sanders.

b. Tim *ate* cookies.

（6a）や（7a）は個体レベル述語が過去形で用いられているために，

Mary や Tim がもはや存在しないことを強く含意します。

課題解決！

冒頭の例について考えましょう。(3) がヒントになります。altruistic は「利他主義的な」という形容詞で，その人の比較的安定した特徴を表わす個体レベル述語です。一方，available は「(今) 出動可能である」という意味の場面レベル述語です。[1] と [2] を日本語にしてみましょう。

(8) 出動可能な消防士がいる。(存在文)

(9) 消防士 (というもの) は利他的なものだ。(総称文)

したがって，available は there 構文の不定名詞句の後に生起できますが，altruistic はできません。

(10) There are firemen available.

(11) *There are firemen altruistic.

実は，[1] は総称文に解釈することもできます (「消防士は一般に出動可能であるものだ。」)。しかし，[2] を存在文として解釈することはできません。

練習問題

A 次の文を英語にしなさい。

1 犬が 2 匹吠えている。

2 ジョンはフランスに行くと (in France) いつも病気になる。

3 かつて日本人は勤勉だと言われたことがある。

4 私は山田さんが酔っ払っているのを見たことがない。

5 わがままで甘やかされた子どもが増えている。(☆)

B 次の英文が非文法的である理由を説明しなさい。

1 *There are two people young.

2 *John was tall a year ago.

3 *Nancy played the piano talented.

4 *I want Mary intelligent.

5 *When Mary knows French, she knows it well. (☆)

4.4 there 構文

考えてみよう！

次の文では存在を表わす「いる」「ある」という動詞が用いられています。「存在」を表わす場合，英語では there 構文が用いられますが，［1］［2］のすべてを there 構文を用いて訳せるわけではありません。there 構文を用いた英文に訳せるのはどの例でしょうか。また，どのような場合に there 構文を使うことができるのか考えてみましょう。

［1］a. ある村に正直なおじいさんがいました。
　　b. 私の母はその村にいます。

［2］a. あなたの議論には深刻な欠陥があります。
　　b. 問題は彼女の悲観的なものの考え方の中にある。

日本語に注目しよう！

日本語では人や物の存在は「Y に X がいる／ある」という形式で表わすことができます。「いる」「ある」のいずれを用いるかは，X の意味的特徴や X と Y の間の関係によって決まります。例えば，「あそこに駅員さんがいる。」という文では「いる」が使われています。すでに話題になっている（旧情報である）人であっても，名詞に付く助詞が「が」から「は」に変わるものの，同じ形式で表現できます。

（1） 私の父はイタリアにいます。

この文を次の文と比べてみましょう。

（2） イタリアには私の父がいます。

（1）と（2）は表面上類似していますが，話題となっているのが「私の父」なのか，それとも「イタリア」なのかという点で異なります。（1）では「私の父は」が旧情報であり，「イタリアに（いる）」が新情報を表わしています。一方（2）では「イタリアには」が旧情報を表わし，「私の父が（いる）」は新しく談話に導入された新情報を担っています。（1）も（2）も「旧情報から新情報へ」という順序で情報を配列するという情報構造上の原則を満たす語順になっています（久野 1978；§§2.10，7.7 を参照）。

» 英語と比べてみよう！

日本語の「YにXがいる／ある」に対応する英語の文について考えてみましょう。存在するもの（X）が不定名詞句の場合，次の2つの形式で表現することができます。(3b) は there 構文と呼ばれますが，通常 there 構文の方が (3a) よりも好まれます。

(3) a. *An old man* is in this room.

b. There is *an old man* in this room.

次の例では（3）とは異なり there 構文しか許されません。

(4) a. **A hole* is in your pants.

b. There is *a hole* in your pants.

（3）と（4）の違いは，存在するもの（X）がその存在する場所から切り離して考えられるかどうかという点にあります。（4）の「穴」を「ズボン」から取り外して提示することはできません。他方，（3）の「老人」の存在は「部屋」の存在と独立に考えられます。

ところが定冠詞がついた定名詞句の場合，状況が逆転して，there 構文を用いることはできません。

(5) a. *The old man* is in this room.

b. *There is *the old man* in this room.

(6) a. *John* is in the room.

b. *There is *John* in the room.

There is/are X in Y. という形式をとる there 構文には，X に相当する人や物を新情報として提示する働きがあります。there には実質的な意味はなく，「虚辞（expletive）」と呼ばれ，弱く発音され強勢は置かれません。(5b) (6b) が容認されないのは，これらの例に現われる定名詞句の the old man, John が新情報を担うことができないからです。

しかし，（7）が示すように定名詞句であっても，それが新情報を担う文脈であれば，there 構文に生起することができます。

(7) A：Who was at the party last night ?

B：There was *Mary, Sue, Fred, Matt, and Sam.*

(Huddleston and Pullum 2002: 1400)

（7）では固有名詞が列挙されています。「誰が昨晩のパーティーにいたか。」という問いに対して固有名詞のリストを提示することは，聞き手に新情報を提供していることになります。しかし，（8）で列挙されている固有名詞は新情報ではないので，there 構文を用いるのは不自然です。

（8） I had a really great time last night. ??There was *Mary, Sue, Fred, Matt, and Sam* at this party I went to.

（Huddleston and Pullum 2002: 1400）

また，（9）では me という代名詞が X の位置に現われていますが，この文脈では「（困った時は）私がいるのよ。（忘れないで。）」と自分の存在を相手に思い起こさせているという意味で me は新情報を表わします。

（9） If you need help, there's always *me*.

さらに，X に後続する語句には，場所を表わす PP の他に「一時的な状態」を表わす形容詞句（「場面レベルの述語」— §4.3 を参照），動詞の分詞形（現在分詞，過去分詞），（予定・義務・可能を表わす）to 不定詞があります。

（10） a. There is a man *angry/happy with the result.*

b. There are many students *sick.*

（11） a. There is a man *sleeping on the sofa.*

b. There are five men *injured in this accident.*

（12） a. There is an interesting problem *to be solved.*

b. There is an important issue *to be discussed.*

これらの there 構文は必ずしも存在を表わしているというわけではありません。例えば，（11a）は「ソファで寝ている男がいる。」というよりも「男の人がソファで寝ている（A man is sleeping on the sofa.）。」という現在進行形の文に相当します。

there 構文で X に後続する形容詞は，（10）の angry, happy, sick のような一時的状態を表わすものに限られ，（13）の old や big のような恒常的な（＝変化しない本質的な）属性を表わす形容詞は許容されません（§4.3 を参照）。

（13） *There is a man very *old/big/kind/tall.*

もちろん，（14）のように，このような形容詞を名詞の前に置き，限定的に用いれば問題ありません（§5.1 を参照）。

（14） There is a very *old/big/kind/tall* man standing there.

最後に，be 動詞以外で there 構文に用いられる動詞をあげておきましょう。arrive, appear, emerge, follow, remain などの「存在」「出現」「到着」を表わす自動詞が there 構文に生起できます。これらの動詞は助動詞を伴って用いられることもあります。

(15) a. There *arrived* some men at the airport.
  b. There *appeared* a man out of dark.
  c. Within a few years there *emerged* a new leader.
  d. There *followed* a series of presentations on the issue.
  e. There may *remain* many problems in this new theory.

また，there 構文には (16) (17) のように（準）法助動詞や (18) のように（§7.2 で取り上げる）不定詞節をとる動詞とともに用いられる例もあります。

(16) a. There *is going to* be more money in it.
  b. There *has (got) to* be more money in it.
(17) a. There *may* be something funny going on.
  b. There *could* have been a man here.
(18) a. There *seemed to* have been about fifty people there.
  b. There *is likely to* be a riot on Elm Street tomorrow.
  c. There *may turn out to* be a better explanation of what is happening.

(18c) は法助動詞と（§7.2 で取り上げる特別な種類の）不定詞節をとる動詞が絡んでいる複雑な例ですが，この例で there 構文を用いることができるのは，不定詞として現われている be 動詞があるからです。

» 課題解決！

冒頭の文に戻りましょう。人や物の存在を表わす場合，それが初めて談話に導入されるのであれば，there 構文を用いて表現します。[1a] の「正直なおじいさん」と [2a] の「深刻な欠陥」は，初めて談話に登場する新情報を表わすので不定名詞句となり，したがって there 構文を用いて表わします。一方，[1b] の「私の母」，[2b] の「問題」というのは，「は」が付いていることから分かるように，すでに話題となっている情報を表わしており，定名詞句となるので，there 構文を用いることはできず，the/my を付けた定名詞句を主語として表現します。

［1］ a. ある村に正直なおじいさんがいました。

There was/lived an honest old man in a village.

b. 私の母はその村にいます。

My mother is in the village.

*There is my mother in the village.

［2］ a. あなたの議論には深刻な欠陥があります。

There is a serious flaw in your argument.

b. 問題は彼女の悲観的なものの考え方の中にある。

The problem is in her pessimistic way of thinking.

［2a］は*A serious flaw is in your argument. とは言えず，there 構文を用いなければなりません。なぜなら（4）の「ズボンの穴」と同様に「議論の欠陥」というものはいわば「議論の穴」であり，それは議論自体から切り離して存在することはできないからです。［2b］は，どこかに問題が存在することを前提にして，それがどこにあるのかということを述べている文なので，「問題」は the problem という定名詞句になり，その問題の存在を述べるのに there 構文を使うことはできません。

練習問題

次の文を英語にしなさい（4，6，9，10 は（　　）内の表現を用いること)。

1 たくさんの人が図書館で本を読んでいます。

2 あなたが探している人は図書館にいます。

3 それについてあなたと話したいことがあります。

4 彼の話には何かが足りなかった。(miss)

5 この問題には解決策がある筈だ。

6 完全な理論というようなものはあるのでしょうか。(such ... as)

7 ここに誰かがいたに違いない。

8 今朝，国道 357 号線で車の事故があり，渋滞が発生しています。

9 A：これで全員に電話したんじゃないかな。(I guess)

B：いいえ，まだメアリーとジョンがいるわ。

10 トレーラーハウスは，輸送の必要が生じても，数時間で分解できます。(the movable house, a need for transportation)（☆）

4.5 二次述語

[4.5.1] 描写述語

考えてみよう！

次の［1a］と［1b］の斜字体の修飾語句の意味に注意して，日本語に訳しなさい。

［1］a. John ate *fresh/raw/unboiled* broccoli.

b. John ate broccoli *fresh/raw/unboiled*.

» 日本語に注目しよう！

修飾語句には大きく分けて名詞を修飾するもの（形容詞的な働きをするもの／連体修飾）と動詞を中心とした述語を修飾するもの（副詞的な働きをするもの／連用修飾）があります（§§5.1，5.2 を参照）。例えば，（1a）（2a）では，「元気な」「生の」は後続する名詞を修飾していますが，（1b）（2b）の「元気に」「生で」は動詞を修飾しています。

（1） a. その元気な子どもは歌を歌っている。

b. その子どもは元気に歌を歌っている。

（2） a. 太郎は生のタマネギを食べた。

b. 太郎はタマネギを生で食べた。

（1）（2）の（a）と（b）では同じ出来事を表わしているように見えますが，意味の違いがあります。（1）に「おとなしく」を追加した（3）を見てみましょう。

（3） a. その元気な子どもはおとなしく歌を歌っている。

b. *その子どもは元気におとなしく歌を歌っている。

（3a）は意味が通りますが，（3b）は，その子どもは元気であると同時におとなしくなければならず，意味的に逸脱しています。（3）の対比から（1）（2）の（a）と（b）では意味が異なることが分かります。

さて，（1b）のタイプの文において，副詞のような働きをしている「元気に」は，主語（「その子ども」）の「歌を歌っている時の状態」を表わす述語で「描写述語（depictive predicate）」と呼ばれます。

「述語」とは，「主語」が指すものの動作や状態を述べる部分を指します。(1）と（2）の「(歌を）歌う」「(タマネギを）食べる」のような述語は，文を構成する上で欠かすことのできないものなので「一次述語(primary predicate)」と呼ぶことにします。この節で取り上げる描写述語は，述語ではあるものの，一次述語と違って，必須要素ではないため「二次述語（secondary predicate)」と呼ばれます。主たる述語である一次述語は省略できませんが，二次述語はなくても文の構成上問題はありません。これは日英語に共通する特徴です。

描写述語は主動詞が表わす事象が成立する際の主語や目的語の状態を表わす述語です（影山 2009；Rothstein 1983)。(1b）の「元気に」は主語(「子ども」）の状態を表わす描写述語であり，(2b）の「生で」は目的語(「タマネギ」）の状態を表わす描写述語です。この描写述語には「〜く」「〜に」「〜で」という形容詞・形容動詞や「生だ」のような「名詞＋コピュラ」（の一形式）が用いられます。また，描写述語は §4.3 で見たように一時的な状態を表わす述語（「場面レベルの述語」）であり，恒常的な状態を表わす述語（「個体レベルの述語」）ではありません。(3a）では「おとなしく」というのは一時的な状態を表わしており，個体レベルの述語でないことが分かります。この文では「(普段）元気なその子ども」がその時は「(一時的に）おとなしく歌を歌っていた」という解釈になります。

» 英語と比べてみよう！

英語の二次述語には，(4）のようなものを主要部とする句があり，日本語と同様に一時的な状態を表わすものに限られます。

（4） a. 形容詞：angry, hot, raw など
  b. 動詞の過去分詞から派生した形容詞：boiled, drunk, exhausted など

なお，二次述語には副詞は含まれません。(4）にある形容詞が（時制のある be 動詞とともに）一次述語として用いることができるのに対して，副詞はそれもできません。

まず，(5a）と（5b）を比べてください。

（5） a. John ate *raw* onion.
  b. John ate onion *raw*.

(5a）の raw は onion を前から修飾しており，限定用法の形容詞です

(§5.1 を参照)。一方,(5b) の目的語の後ろにある raw は描写述語で,目的語である onion の「食べた時の状態」を「生だ」と描写しています。

さらに,(4) にあげた一時的な状態を表わす形容詞が,(6) のように,主語の状態を二次的に描写することも可能です。

(6) a. John came home *angry/exhausted.*

b. John sat there *sad/discouraged.*

(6a) の angry と exhausted は,帰宅した際の John の状態がそれぞれ「怒っていた」「疲れ果てていた」状態であったことを述べています。(6b) の sad と discouraged も同様です。

上で副詞は二次述語として用いることができないと述べましたが,表面上類似する (7a) と (7b) には意味上の違いがあるのでしょうか。

(7) a. John drove the car *drunk.* [描写述語]

b. John drove the car *drunkenly.* [副詞]

(Rothstein 2004: 64)

(7a) は「ジョンが酔った状態で車を運転した」という意味を表わしています。一方,(7b) はジョンの車の走らせ方について述べています。(7b) は「ジョンは酔ったようにフラフラと車を運転した」という意味を表わしており,ジョンが酔った状態であったと述べているわけではありません。そのため,(7a) の後に although he was sober (しらふだったけれど) を続けて (8a) のように言うことはできませんが,同じ表現を (7b) の後に続けて,(8b) のように言うことはできます。(7b) の drunkenly はジョンの運転の仕方について述べていて,ジョンの状態を描写する二次述語ではないからです。

(8) a. *John drove the car *drunk,* although he was sober.

b. John drove the car *drunkenly,* although he was sober.

(Rothstein 2004: 64)

課題解決！

冒頭 [1a] の fresh/raw/unboiled は broccoli を前から修飾する限定用法の形容詞で,broccoli のもっている本来的な属性を述べています。一方,[1b] の fresh/raw/unboiled は食べた時の broccoli の一時的状態を表わす二次的な描写述語で,broccoli の後ろに置かれています。したがって，名詞の前に置かれた形容詞は，「新鮮な」「生の」「茹でていない」となります。一方，二次述語として用いられている形容詞は，日本語では「新鮮な状態で」「生で」「茹でずに」のように異なる形式で表わされます。

［1］ a. ジョンは｛新鮮な／生の／茹でていない｝ブロッコリーを食べた。

b. ジョンはブロッコリーを｛新鮮な状態で／生で／茹でずに｝食べた。

なお，描写述語には，上で見た形容詞の他に，次のような名詞句が用いられることもあります。

（9） a. John died *a millionaire.*

b. We were thrilled to send him back *a healthy bird.*

（9a）は John was a millionaire when he died. とパラフレーズすることができ，a millionaire という名詞句は John｛was/became｝a millionaire. のような SVC 構文の C（補語）の位置に生起する名詞句と同じものです。このような名詞句は，形容詞句と同様，主語の属性を表わします（「述語名詞（predicate nominal）」と呼ばれることがあります）。（9b）の a healthy bird も同様で，目的語の him（鳥）が（保護をされて）空に返された時の状態が a healthy bird だったことを表わしています。（9a，b）の例文を，それぞれ SVC，SVOC の例として扱わないのは，これらの名詞句が必須要素ではないため C（補語）とは言えないからです。

［4.5.2］ 結果述語

考えてみよう！

［1］と［2］のペアは動詞を除けば同じ語句からなる文ですが，動詞の意味以外にも意味上の相違点があります。それぞれのペアの意味に注意して，日本語に訳しなさい。

［1］a. John *made* the door open.

b. John *pushed* the door open.

［2］a. John *made* the baby awake.

b. John *cried* the baby awake.

日本語に注目しよう！

（1）の下線部はいずれも目的語の状態を表わす二次述語として用いられていますが，前節で見た「描写述語」とは異なる状態を表わしています。（1）の二次述語は，一次述語が表わす動作や行為の結果，目的語に生じた結果状態を表わしています。

（1） a. 太郎はその椅子を白く塗った。
　　b. 太郎は窓をピカピカに磨いた。
　　c. 太郎は天麩羅をサクサクに揚げた。
　　d. 太郎はサツマイモをホクホクに焼いた。

このような結果状態を表わす二次述語は「結果述語（resultative predicate）」と言い，それを用いた（1）のような構文を「結果構文」と呼びます。日本語の結果構文は，「塗る」「磨く」など，目的語の「状態変化」を含意する他動詞からなる一次述語と変化後の目的語の結果状態を表わす二次述語から構成されています（影山 1996；Washio 1997）。

（1）に示したように日本語では「～く」「～に」という形容詞・形容動詞の一形式が結果述語として使われます。（1）では結果述語が他動詞の目的語の状態を表わしていますが，（2b，c，d）のように他動詞構文の目的語を主語にした自動詞構文で結果述語を用いることもできます。例えば，（2b）の主語は（2a）の目的語に対応しており，「ペシャンコに」が主語の結果状態を表わしています。

（2） a. 太郎はペットボトルをペシャンコにつぶした。
　　b. ［ペットボトルが］ペシャンコにつぶれた。
　　c. ［天麩羅が］サクサクに揚がった。
　　d. ［サツマイモが］ホクホクに焼けた。

結果述語は描写述語と同様に二次的な述語ですので必須要素ではありません。（2）の例文はいずれも結果述語がなくても文として成り立ちます。

英語と比べてみよう！

英語でも，目的語の後の形容詞や前置詞句（to .../into ...）でその結果状態を表わすことができます。

（3） a. John **dyed** his hair *black*.
　　b. John **boiled** the egg *hard*.

（4） a. John **broke** the china *into pieces.*

b. John **cut** the tomato *into halves.*

日本語の（2b，c，d）と同様，自動詞と他動詞の交替が可能な場合，自動詞文の主語の結果状態を表現することもできます。例えば，（4a）の break は（5）のように自動詞としても使え，その後ろに結果述語を従えることができます。

（5）［The china］**broke** *into pieces.*

英語には，日本語にはないもう1つ別のタイプの結果述語があります。一次述語が目的語の状態変化を含意しない他動詞やそもそも目的語をとらない自動詞でも結果述語が現われることがあるのです（Dowty 1979, Simpson 1983）。特に興味深いのは，本来は目的語をとらない自動詞が，一次述語としてあたかも目的語をとるかのように振る舞い，その目的語に対して行為の結果として生ずる状態を表わす二次述語を従える場合です。

（6） a. John **ran** the shoes *threadbare.*

b. The dog **barked** Mary *awake.*

（6）の動詞 ran や barked は行為を表わす自動詞で状態変化を含意しません。また，自動詞ですので本来は目的語をとりませんが，（6）ではそれぞれ the shoes と Mary が目的語の位置に現われています。しかし，run the shoes や bark Mary のような動詞句はそのままでは許容されません。結果状態を表わす形容詞が結果述語として目的語の後に現われて初めてこの文は許容されるのです。（6）の目的語の位置に現われた NP と結果状態を表わす形容詞は，「主語と述語」の関係になっています。このように動詞はないものの主語と述語の関係をもつまとまりを「小節」と呼ぶことは §2.11 で述べました。したがって，（6）のタイプの結果構文（以下の（7）（8）も同様）では，目的語の位置に現われる NP と結果述語のどちらか一方を省略することはできません（*John ran the shoes./*John ran threadbare.）。

同様に，自動詞でありながら再帰代名詞を目的語にとるものもあります（Halliday 1967）。このように自動詞が再帰代名詞を従える場合には，その後に結果述語が必ず続きます（このような例はすでに §2.9 の（18）で触れました）。

（7） a. John **talked** himself *hoarse.*

b. John **cried** himself *to sleep.*

(7a) は「話す」という行為の結果，自分自身（himself＝John）の「声がかれた」ことを表わし，(7b) は「泣く」という行為の結果，自分自身が「眠りについた」ということを表わしています。2つの独立した出来事が原因（行為）と結果（状態）のように表現されているのがこのタイプの結果構文の特徴です（Dowty 1979）。

また，(8) のように，sing や wipe のような他動詞が，通常は目的語になり得ないような NP（the baby, the dust）を目的語にとり，結果述語と共起する例もあります。

(8) a. John **sang** the baby *to sleep.*

b. John **wiped** the dust *off.*

(8a) では，意味的に sing の目的語にはなり得ない the baby が（*John sang the baby.）sing の目的語の位置に現われています。この場合も，2つの独立した出来事があり，「ジョンが歌う」行為が原因で「赤ちゃんが眠る」という結果状態が生じたことが表現されています。同様に (8b) も「ジョンが掃除をした」結果，「ホコリがなくなった」という状態になったことを表わしています。

(6)～(8) の例をそのまま日本語に訳すことはできません。例えば，(6a) に対応する「*ジョンが靴をぼろぼろに走った。」は容認不可能な文です。(6)～(8) の例を日本語で表現するには，(9) のように「A が B して／することで，(その結果) X が Y になった」のように，「原因になった行為」とその「結果の状態」の2つの事態に分けて表現すると自然な日本語に訳すことができます。

(9) a. ジョンが走って，靴がぼろぼろになった。

b. ジョンが歌って，赤ちゃんが眠りについた。

c. ジョンが掃除をして，ホコリがなくなった。

(10) のように複合動詞（「蹴り開ける」など）がある場合は，それで表現することもできます（影山 1996）。

(10) a. John kicked the door open.

b. ジョンはドアを蹴り開けた。

このように，日本語にはない英語の結果構文を和訳する際には一工夫が必要となります。

課題解決！

［1a］と［2a］は使役文です。「ジョンがドアを開けた。」「ジョンが赤ちゃんを起こした。」となります（§1.1 の 5 文型で述べると SVOC 型）。この使役文と比較しながら，対応する（b）の例を見てみましょう。まずは，［1b］ですが，一次述語の中心が他動詞の push であり，付加された形容詞の open が二次述語として push の目的語である the door の結果状態を表わしています。本来 push は，何かを押す行為を表わし，その結果どうなったかは表現しなくてもよい動詞です。［1b］は「ドアを押した」結果として「ドアが開いた（状態になった）」ことを表現しています。この例は，複合動詞を用いて「ドアを押し開けた。」と訳すことができます。

［2b］は日本語に対応するものがない結果構文です。まず，cry は行為を表わす自動詞ですので，目的語をとりません。ここでは，小節である the baby awake が cry の後に現われ，「ジョンが泣いた」結果「赤ちゃんが目を覚ました」ことを表わしています。「原因となる行為」と「結果の状態」という 2 つの独立した事態が表現されているので，「ジョンが泣いて赤ちゃんを起こした。」とテ形で繋ぐとよいでしょう。この場合，複合語を使って「ジョンは赤ちゃんを泣き起こした。」とは言えません。

練習問題

A 描写述語，結果述語のいずれかを使って次の文を英語にしなさい。

1 太郎はテーブルを拭いてきれいにした。

2 花子はそのゴキブリを叩き潰した。

3 太郎はジャガイモを茹でて食べた。

4 花子はお茶を冷たくして飲んだ。

5 ボブは鯛を調理して食べた。

6 太郎は卵を固ゆでにした。

B 結果述語を用いて次の 2 つの文を 1 つの文にしなさい。

1 John water the flower.　The flower became flat.

2 Mary's dog barked.　John became awake.

3 John danced.　John became exhausted.

4 Mary laughed.　Mary became sick.

第5章

修飾の世界

この章では，第４章で扱った「叙述」という意味関係に続いて「修飾（modification）」というもう１つの重要な意味関係を取り上げます。

日本語文法では，主語になりえて，概ね名詞に対応する表現のことを「体言」と呼び，それを修飾することを「体言に連なる」から「連体修飾」と言います。他方，述語となる動詞や形容詞などは「用言」と呼ばれ，それを修飾することを「用言に連なる」から「連用修飾」と呼びます。これらは，それぞれ，英語の「形容詞」と「副詞」の働きに概ね対応しますが，日英語の間の品詞の対応関係はもう少し複雑です。日本語では文中で果たすべき機能を担うために語形変化（活用）を伴うことが多く，たとえば「早い」という形容詞は，連体形（「早い」）で用いると名詞を修飾できますが，「早く」と連用形にすれば（「早く帰る」のように）動詞を修飾できます。「副詞」という別の品詞の語が必要になる英語とはこの点が違います。

本章では，まず §§5.1～5.4 でいわゆる「形容詞」的な修飾関係を扱います。日本語文法でいう連体修飾に当たります。§5.1 ではいわゆる「形容詞」という品詞の語がもつ特徴を考察します。§§5.2～5.4 は，節が形容詞的働き（連体修飾）をする場合の代表例として，「関係節」（§§5.2～5.3）と「同格節」（§5.4）を解説します。

§§5.5～5.9 は，日本語の連用修飾に相当する例を扱います。§5.5 では，「副詞」が動詞句を修飾する場合と文を修飾する場合に限定して，その働きの違いを見ます。§5.6 では，§5.5 で取り上げた文副詞の再考察を通して，文を修飾するとはどういうことかという問題をさらに掘り下げます。§5.7 は修飾と「焦点」の問題を取り上げます。§5.8 は「時」と「条件」を表わす副詞節に限定して注意すべき特徴を論じます。§5.9 では前置詞を主要部にした前置詞句を扱います。前置詞句も修飾に関わりますが，「形容詞」的な場合と「副詞」的な場合があります。§5.9 では主として副詞的に用いられる場合を取り上げます。

§5.10 では，形容詞にも副詞にも見られる「比較」の概念とそれを表現する英語の構文を，対応する日本語文と比べながら検討します。

5.1 形容詞：前位用法と後位用法

考えてみよう！

次の日本語の文を下線部に注意して関係節を使わずに英語に訳しなさい。

［1］花子は大きな赤いリンゴを3つ食べた。

［2］花子は太郎と同様の考えをもっている。

［3］花子には犬が怖い友達がいる。

日本語に注目しよう！

日本語では，どの句をとっても句の中心となる語が最後に現われます。したがって，修飾関係を表わす際には，修飾語句は被修飾語句の前に置かれます。例えば，NP内の修飾を考えると，(1) のように中心となる名詞が最後で，それを修飾する語句が前に置かれます。

(1)　深い考え

名詞を修飾する語句には，述語（動詞・形容詞・形容動詞）の連体形，「あの」「この」のような指示表現や数量を表わす表現（数量詞）などがありますが，日本語の場合，修飾語句の語順は (2) のように（多少の座りの悪さを除けば）比較的自由です。

(2)　彼の 3台の 赤い車／彼の 赤い 3台の車／赤い 3台の 彼の車

名詞の修飾に関するもう1つの日本語の特徴として，(3) のように修飾する語句と修飾される語句との関係が曖昧になる場合が多いということをあげることができます。「賢い」が「イルカ」を修飾しているのは間違いないのですが，いろいろなイルカの中でも「賢いイルカ」のことを表わしているのか，それともイルカとはもともと賢いものであるということを表現したものなのか，区別がつきません。「かわいい子どもたち」も同様です。

(3)　賢いイルカ／かわいい子どもたち

英語には (3) に関して今述べたような曖昧さを避けるための形式的な仕掛けがありますが，日本語にはありません（その仕掛けについては，§5.3の「制限的用法」「非制限的用法」のところで解説をします）。

英語と比べてみよう！

日本語とは異なり英語では，形容詞を名詞の前に置くことも後ろに置くこともできます。名詞の前位に置く形容詞の用法を「前位用法」，後ろに置く形容詞の用法を「後位用法」と呼ぶことにします。この2つには，意味的・形式的な相違点があります。

先ず，前位用法の場合，形容詞は日本語とは異なり「限定詞（determiner)」との語順が制限され，「限定詞＋数＋形容詞＋名詞」の順序で配列されます。この形容詞は，修飾する名詞について，それが指し示す範囲を狭めていく働きをするため「限定用法（attributive)」と呼ばれ，形容詞が5文型の「補語」として用いられる「叙述用法（predicative)」と区別されます。「彼の赤い3台の車」は，英語では（4a）のみが許容されます。

（4） a. his three red car

b. *his red three car

c. *red three his car

限定詞は，冠詞や所有格(代)名詞や指示詞（the/my/John's/this など）の総称ですが，これらを「限定詞」という1つの範疇と考えるのは，これらが互いに排他的な関係にあるからです。例えば，日本語では「この私の車」や「私のこの車」と言えますが，英語では*this my car や*my this car とは言えません（this car of mine と言うしかありません）。

前位用法の形容詞が複数並ぶ場合は，（5）のように，相対的に「大小＋性状＋形状＋新旧＋色＋所属」の語順になります（(5a)（5b))。動詞の現在分詞や過去分詞を形容詞的に用いる場合は純粋な形容詞の後に置きます（(5c))。また，材料を表わす名詞を形容詞的に用いる場合はさらにその後ろに置きます（(5d)，(5e))。

（5） a. three big old red cars

b. seven great young American players

c. some fresh homegrown tomatoes

d. sleeveless white cotton shirts

e. large refurbished metal shopping cart

なお，（5e）の shopping cart は（cart for shopping という意味の）複合語で，shopping は形容詞的に用いられているわけではありません。

次に，形容詞が補部や付加部をとる場合には，日本語のように名詞の前には置けず，後ろに置く必要があります。これを「後位用法」と呼びます。例えば（6a）では happy だけですが，（6b）のように形容詞が with 句を従える場合は，形容詞句は義務的に名詞の後ろに置かれます。

（6） a. a *happy* player
 b. a player [*happy* with the result]
 c. *a [*happy* with the result] player

次に前位用法と後位用法の両方が可能な場合の意味的な違いについて見ることにしましょう。一般的に前位用法の形容詞は，修飾される名詞のもつ「本質的な特徴」を表わし，後位用法の形容詞はある時点で成立する「一時的な性質」を表わします（§4.3 の「個体レベル述語」と「場面レベル述語」に関する説明も参照）。

（7） a. three *busy* men/twelve *angry* men（映画のタイトル）
 b. three men *busy* then/twelve men *angry* at the party

（7a）では busy が men の前に置かれており，基本的には three men の「いつも」の特徴を表わしているのに対して，（7b）は「その時」に一時的に忙しかった three men を表わしています。angry も同様です。これらの例では，前位用法と後位用法で形容詞自体の基本的な意味は維持されていますが，違いはその形容詞が，前位用法では修飾される名詞がもつ恒常的な属性を表わすのに対して，後位用法では修飾される名詞が置かれている一時的な状態を表わすという点にあります。類例をあげておきます。

（8） a. those *visible* stars
 b. those stars *visible*

（9） a. the *responsible* person
 b. the person *responsible*

（8a）は例えば，一等星や二等星といった場合のように「肉眼で見ることのできる」という属性をもつ星のことを言っています。（8b）は，今夜一時的に見える星を指します。また，（9a）はその人の性格として「責任感のある」人を指しますが，（9b）は何か問題になっていることの「責任者」を指します。責任者が必ずしも責任感のある人とは限らないことを考えれば，両者の違いは明らかでしょう。

形容詞には前位用法と後位用法の両方の用法がありながら，それぞれの用法で意味がまったく異なるものもあります。

（10）a. the *present* situation = the status quo

b. ideas *present* in my mind

（10a）のように前位用法の present は「現在の」を表わし，（10b）の後位用法になると「存在している，残っている」等の意味を表わします。前位用法と後位用法で意味が異なる形容詞には他に，late（最近の（*late* news），故…(the *late* Mr. Jones）↔遅い（the boy *late* for school）や certain（一定の（under *certain* conditions））↔確信している（a man *certain* of success））などがあります。叙述用法も後位用法と同じ意味になります。

形容詞の中には，（11a）のように後位用法か，（11b）のように叙述用法のみ許されるものがあります（alive, asleep, afraid, available のように a- で始まるものや content, unable など)。

（11）a. John was the only player *alive* in the team.

b. John was *alive*.

一方で，前位用法しか許されない形容詞もあります。例えば，main は be 動詞の後に置き述語として用いることができず，後位用法や叙述用法はありません。日本語では「…がメインです」と言えるので要注意です。

（12）a. The *main* topic of the discussion is about alternative energy.

b. *The topic *main* in the discussion is about alternative energy.

c. *Alternative energy is *main*.

同様の例に former（the former President），mere（the mere fact），only（the only son），utter（an utter fool.）などがあります。

また，修飾される名詞が -thing/-body/-one の場合は，形容詞は（13）のように後置されます。

（13）a. something *good/hot/interesting/unknown*

b. { somebody/someone } *available/reliable/intelligent/brave*

something/someone は some と thing/one から成っており，（13a）の good を例にとると，本来なら some good thing と言うべきところですが，something と 1 語に融合されているため，やむを得ず後ろから thing を修飾するというわけです。

課題解決！

冒頭の課題について考えましょう。

［1］の「大きな赤いりんごを3つ」の部分ですが，英語においては「限定詞（冠詞や所有格(代)名詞や指示詞）＋数＋形容詞＋形容詞的分詞＋形容詞的用法の名詞＋名詞」となり，また形容詞間の相対的順序は「大小＋性状＋形状＋新旧＋色＋所属」となるので，（14）のように訳します。

（14）Hanako ate three big red apples.

［2］の「同様の」という形容詞 similar は，to Taro's（太郎の考えと）を補部にとっているので，（15a）のように名詞の後に置きます。ただし，（15b）のように，similar と to を分離することも可能です。different from ... も同様で，形容詞と補部となる前置詞句が意味的に強く結びついているため，分離しても解釈に支障がないからです。（16）に示すように，than を従える比較級の形容詞についても同様のことが言えます。

（15）a. Hanako has an idea *similar to* Taro's.

　　　b. Hanako has a *similar* idea *to* Taro's.

（16）a. I have a room *bigger than* yours.

　　　b. I have a *bigger* room *than* yours.

［3］の英訳は（17）になります。afraid は a- で始まり，叙述用法しかない形容詞なので，名詞の後ろに置きます。また，of dogs を補部にとるのでやはり後位用法しかないことが分かります。of dogs という補部がなくても，an afraid friend とは言えません。

（17）Hanako has a friend *afraid* of dogs.

練習問題

次の文を英語にしなさい（1～4は（　）内の表現を用いること）。

1 彼らはそのような状況で生きている人を見つけた。(someone)

2 話すこと以外に考えを表現する他の方法はあるだろうか。

(an alternative way to ...)

3 最悪の状況を覚悟できた人はこの問題を簡単に扱える。(ready for)

4 サイバー攻撃を受けやすいコンピューターを処分した。(subject to ...)

5 我々は希望と夢に満ちた世界を若い世代に渡す義務がある。(☆)

6 これより重要な問題は，世界規模の食糧問題です。

5.2 関係節（1）

考えてみよう！

「山田さんが昨日泊まったホテル」「私が参加したマラソン大会」を英語にするとどうなるでしょうか。

日本語に注目しよう！

本節と次節のトピックは「関係節」です。伝統的な日本語文法では「関係節」という用語ではなく，「連体修飾節」という用語が使われます。これは名詞（体言）を修飾している節という意味ですが，この用語の違いは同じものの単なる言い換えではなく，日本語と英語で名詞を修飾する節（連体修飾節）の仕組みが本質的に異なることを示しています。

関係節や連体修飾節の話に入る前に，§4.1 で取り上げた主題という概念について復習しておきます。主題という概念は，連体修飾節には関係なさそうに思われるかもしれませんが，実はそうでもないのです。§4.1 で，日本語のような言語を「主題卓越型言語」と言い，「主語卓越型言語」である英語とは異なる特徴をもつことを見ました。日本語の「〜は」という部分は英語の主語と重なる場合も多いものの，必ずしもそうではないことを「僕はウナギだ。」という文を例に説明しました。この文の意味することは「僕に関して言えば，（注文するものは）ウナギである」ということで，「僕」は「ウナギだ」という述語の主語ではなく，文の「主題（topic）」を表わしており，何について述べたものであるかを示しているのです。

この特徴は連体修飾節にも当てはまります。例えば「頭が良くなる薬」という表現を考えてみましょう。「頭が良くなる」という連体修飾節は後で見る英語の関係節とは異なり，節内に主要部の「薬」が収まる場所がないという点で，主要部との間に主語や目的語のような文法的に厳密な「関係」はありません（この「関係」の意味は以下で説明します）。「この薬は，頭が良くなる。」のような，主題を提示し，それについて述べる文と同じように，問題の連体修飾節の「頭が良くなる」は「薬」について述べているという点で修飾関係が成立しています。薬について説明を加えているというだけで認可されてしまうのが日本語の連体修飾節と言えます。これは「について性（aboutness）」条件と呼ばれますが，とてもアバウトな関係と言えます。

英語と比べてみよう！

英語の関係節も名詞を修飾する機能をもつ節の1つですから，日本語文法的にいえば「連体修飾節」と言うことができます。しかし英語の関係節はそれが修飾する名詞を中心とする主要部（head）とかなり厳密な「関係」をもつことが求められます。英文法では，この主要部のことを関係節の「先行詞」と言うことがあります。以下ではこの用語を使います。

例えば，（1）では角括弧で囲んだ部分が関係節ですが，対応する日本語は「ジョンが買った本」となります。

（1） the book [which John bought]

日本語では「ジョンが買った」という節が先行詞である「本」にそのまま接続しているのに対して，英語では修飾節と先行詞の間に（1）のwhichのような表現が現われます。これは関係代名詞と呼ばれますが，意味的には（2）のitのように動詞buyの目的語の位置に置かれて解釈されるべきものです。

（2） John bought it.

したがってwhichは，（2）のitのように，元々はbuyの目的語の位置にあり，それが節の先頭に移動することによって（1）の関係節が形成されると考えられます。先行詞であるbookとそれを修飾している節との「関係」は，関係代名詞whichを通して厳密に決まります。

（3） the book [John bought which]

（3）は先行詞が「もの」で，また元位置での役割が目的語のため目的格を担うwhichが関係代名詞として使われています。関係代名詞は，3人称の代名詞同様，指しているものが①「人（人称）」か「もの（非人称）」かと②それが担う文法的関係に応じていくつかの形式があります。それを以下の表にまとめておきます。

（4）

	人（人称）	もの（非人称）
主格	who	which
所有格	whose	whose
目的格	who(m)	which

5 修飾の世界

関係代名詞が「もの」を指し，かつ目的格である（3）の例を含めて，（4）の関係代名詞を用いた例を1つずつ，（5）と（6）にあげます。関係代名詞が元々あった位置を下線（____）（以下では「空所（gap）」と呼びます）で示します。（5a）と（6a）では語順からは判断できませんが，他の例と同様に関係節の頭部に関係代名詞が移動しているものとします。

（5） a. The man [who ____ is standing over there] is my father.

b. He is the boy [whose father I know ____].

c. This is the man [with whom I travelled ____].

（6） a. The meeting will be held in the building [which ____ has just been renovated].

b. John lost the book [whose cover he loved ____ so much].

c. This is the book [which John bought ____].

関係代名詞の whom は現代英語ではほとんどが主格の who に取って代わられ，唯一 whom が好まれるのが，（5c）のように前置詞と一緒に節頭に移動した場合です。前置詞が元位置に残り，関係代名詞だけが移動した場合には，（7）のように who の方が好まれます。この点は疑問詞の whom も同じです。本書では，これを who(m) と表記することがあります。

（7） This is the man [*who* I travelled with ____].

所有格の関係代名詞 whose は（5b）のように先行詞が「人」の場合のみならず，（6b）のように先行詞が「もの」であっても用いられます。この点が疑問詞の whose とは違う点です。また，（8a，b）が非文法的な文であることから，（5b）（6b）のように所有格の関係代名詞の場合にはそれが限定している名詞も一緒に移動しなければなりません。

（8） a. *He is the boy [whose I know ____ father].

b. *John lost the book [whose he loved ____ cover so much].

一方，関係節が that で始まるものもあります。この that は補文を導く that（「補文標識（complementizer）」—§2.12.3 を参照）で，関係代名詞ではありません。この場合，関係代名詞そのものは音形がないものが別に存在すると考えたほうが理にかなっています。ここで音形のない関係代名詞（ゼロ形の関係代名詞）を仮定し「Ø」で表わします。つまり，that は節の始まりを示すものとして最初から関係節の左端に存在しており，主語や目的語の位置から移動した関係代名詞ではないと考えると，次の（9a）と（9b）に見られる文法性の対比が説明できます。

（9） a. This is the man [with whom I travelled ____].

b. *This is the man [with Ø that I travelled ____].

まず，（9a）の関係代名詞が移動する前の構造は次のようになっていると仮定します。

（10） This is the man [that I travel with whom].

（10）における関係代名詞が関係節の頭部に動くと（11a, b）のいずれかになります。

（11） a. *This is the man [*who(m)* that I travelled with ____].

b. *This is the man [*with whom* that I travelled ____].

（11a）をそのまま発音すると非文法的な文になることから分かるように，音形のある関係代名詞と補文標識 that は共起できません。そのため that が削除されます。その結果，（11a）は This is the man who(m) I travelled with. となり，（11b）は（9a）となります。

他方，（9b）が（9a）と異なり非文法的なのは，whom ではなく音形のない関係代名詞 Ø が用いられているからです。したがって，（9b）の関係代名詞が移動する前の構造は（12）のようになります。

（12） This is the man [that I travelled with Ø].

ここで音形のない関係代名詞が節頭に動くと（12'）が得られます。

（12'） This is the man [Ø that I travelled with ____].

音形のない関係代名詞 Ø は補文標識 that と共起できるので，（12'）はこのまま発音されて（13）になります。

（13） The is the man [that I travelled with].

しかし一方，音形のない関係代名詞 Ø は（whom のような音形のある関係代名詞と異なり）単独でしか移動できず，前置詞を伴って移動することは許されないと考えると，（12）から with Ø を節頭に移動した（9b）は非文法的な文と説明することができます。

このように，関係節の節頭に現われる that は関係代名詞ではなく，（14a）に現われる that と本質的に同じ補文標識なのです。

（14） a. I believe *that* John is innocent.

b. I believe John is innocent.

そして，この that は（14b）のように省略可能であるのと同じように，関係節内の that も省略可能であると考えれば，いわゆる関係代名詞が省略されているように見える例は，ゼロ形の関係代名詞が関与しており，かつ補文標識の that が省略されている場合ということになるのです。したがって，（15a）は（12'）の that が省略されて得られた文ということになります。上で述べたように，ゼロ形の関係代名詞 Ø は前置詞を連れて節頭に移動することができないため（9b）は許されず，その that を省略した（15b）も同様に許されません。

（15）a. This is the man [Ø I travelled with ____].

b. *This is the man [with Ø I travelled ____].

また，（5b）や（6b）に対応する that を用いた関係節がないのはゼロ形の関係代名詞（Ø）には所有格形が存在しない（つまり，whose のゼロ形も存在しないし，Ø に 's を付けることもできない）からです。したがって，（16）は that の有無にかかわらず非文法的な文となります。

（16）a. *He is the boy [Ø ('s) father (that) I know ____].

b. *John lost the book [Ø ('s) cover (that) he loved ____ so much].

それでは，that の残っている関係節の that はいつでも省略できるかというとそうでもありません。（5a）や（6a）の関係節は関係代名詞 who, which の代わりに Ø も使えますが，その場合の that は省略できません。

（17）a. The man [Ø that ____ is standing over there] is my father.

b. *The man [Ø ____ is standing over there] is my father.

（18）a. The meeting will be held in the building [Ø that ____ has just been renovated].

b. *The meeting will be held in the building [Ø ____ has just been renovated].

関係代名詞の省略に関してはしばしば「目的格の関係代名詞は省略できる」とされることがありますが，これは正しい一般化ではありません。本書では「関係代名詞は決して省略されない」という立場をとり，省略されているのは補文標識の that であると考えます。その上で，that の省略に関して（19）の条件を提案します。

（19）補文標識のthatが省略できるのはそのすぐ右側に音形のあるNPが来ている場合のみである。

上の（17a）と（18a）ではthatのすぐ右側にあるのはそれぞれisとhasという助動詞ですので，（17b）（18b）のようにthatは省略できません。他方，次の例ではthatのすぐ右側には主語のNPが現われています。

（20）a. This is the man [Ø that I travelled with ____].

b. This is the book [Ø that John bought ____].

したがって，これらの例ではいずれも（21）のようにthatを省略できます。

（21）a. This is the man [Ø I travelled with ____].

b. This is the book [Ø John bought ____].

thatの省略可能性が関係代名詞の格とは無関係なことは次の例からも分かります。

（22）a. That is the man [Ø that probably I met ____ in the party].

b. That is the man [Ø that I believe ____ was in the party].

（22a）では目的語が関係詞化されØになっていますが，thatを省略することはできません。なぜならthatのすぐ右側にあるのはprobablyという文副詞であり，NPではないからです。また（22b）では主語が関係詞化されていますが，それはI believeの補文の主語で，thatの右側にはbelieveの主語であるIというNPが現われています。したがって，このthatは省略することができます。次の対比を確認してください。

（23）a. *This is the man [Ø probably I met ____ in the party].

b. This is the man [Ø I believe ____ was in the party].

関係節における「関係付け」の働きをするのは関係代名詞だけではありません。関係付けに関わる要素が代名詞ではなく副詞の場合には「関係副詞」が用いられます。関係代名詞と関係副詞を合わせて「関係詞」と呼びます。時・場所・理由を表わす関係副詞は，それぞれ，when, where, whyです。

（24）a. I look forward to the time *when* we can be together again.

b. Let's go to the restaurant *where* we had dinner a week ago.

c. Tell me the reason *why* you don't like it.

関係副詞は「前置詞＋関係代名詞」の形で置き換え可能な場合があります。例えば，（24b）は次のようにいうこともできます。

（25）Let's go to the restaurant *in which* we had dinner a week ago.

（24b）も（25）も日本語では「ディナーを食べたレストラン」となり，連体修飾節がそのまま「レストラン」に接続されているために，（26）のような文を書かないように注意が必要です。

（26）*Let's go to the restaurant *which* we had dinner a week ago.

様態を表わす関係副詞はなく，（27）のように省略する（ゼロ形の関係副詞を使う）か，（28）のように「前置詞＋関係代名詞」の形で表わします。関係副詞の候補としてhowが思い浮かぶかもしれませんが，the way how ... という言い方はありません。もしhowを使いたければ，（29）のように先行詞なしで（つまりthe wayを省略して）表現します。

（27）I don't like the way [Ø you treated my wife].

（28）I don't like the way [*in which* you treated my wife].

（29）I don't like [*how* you treated my wife].

以上をまとめると，関係詞（関係代名詞と関係副詞）と呼ばれるものは（少なくとも音形のある表現としては）日本語にはなく，日本語の連体修飾節は主要部（英文法では「先行詞」とも言う）について述べていれば何でも許容されるのに対して，英語の関係節は，関係詞を通して先行詞と関係節が厳密に（文法的に）結び付けられる必要があります。

課題解決！

冒頭の問題に戻りましょう。「昨日泊まったホテル」は「そのホテルは昨日泊まった」と言えるように，連体修飾節は「ホテル」について述べています。日本語の連体修飾節が成り立つためにはそれだけで十分なのですが，英語の関係節ではそうはいきません。「ホテル」が「泊まる」という述語とどのような関係にあるのかを，関係詞を用いて厳密に示さなければなりません。「ホテルに泊まる」はstay at a hotelですので，関係節化するには2つの方法があります。1つは先行詞のhotelをatの目的語と考え関係代名詞whichを用いる方法で，もう1つはstayという行為が起こった場所を示すために関係副詞whereを使う方法です。それぞれ次のようになります。

（30）a. the hotel [at which Mr. Yamada stayed yesterday]

b. the hotel [where Mr. Yamada stayed yesterday]

日本語にはそもそも関係詞がありませんので，（30a）と（30b）の違いはまったく問題になりませんが，英語では先行詞が関係詞を通して関係節とどのように結び付くかを厳密に表現しなければならないのです。

もう1つの問題の解答もあげておきましょう。「私が参加したマラソン大会」の場合も，「マラソン大会」と「参加する」の関係を考えてみる必要があります。「マラソン大会に参加する」を英語にすると participate in a marathon ですので，関係節化すると次のようになります。

（31）a. the marathon [in which I participated]

b. the marathon [Ø (that) I participated in]

（31b）は音形のない関係代名詞を用いた場合で，前置詞は動きません。その結果 that のすぐ右側に NP が来るので that を省略することができます。また，「参加する」の意味で他動詞の join を使って，（32）のように言うこともできます。

（32）a. the marathon [which I joined]

b. the marathon [Ø (that) I joined]

練習問題

関係節を用いて次の文を英語にしなさい。

1 その被害者が降りた駅の名前は何ですか。

2 山田さんが勤めている会社が入っているビルの名前を教えてください。

3 花子がキャベツを刻んだ包丁はどこにありますか。

4 太郎が高校時代によくいっしょにテニスをした人を知っていますか。

5 親が学校の先生をしている生徒はこのクラスにいますか。

6 子どもが喜ぶプレゼントを探しているのですが。（☆）

7 ドアには中の様子を覗くことができる小窓が付いていた。（☆）

8 それはちょうど私がこの本を執筆していた時期と一致します。（☆）

9 メアリーが夢中になっていた映画は何というタイトルでしたか。（☆）

10 あのタイトルがやたらと長い本はどこに置きましたか。（☆）

5.3 関係節（2）

考えてみよう！

次の文を英語にしてください。その際，［1］と［2］に共通する「ドイツ語が得意な」の部分を英語ではそれぞれどのように表現すればよいか考えてみましょう。

［1］ドイツ語が得意な人にはそれは楽な仕事でしょう。

［2］ドイツ語が得意な太郎にはそれは楽な仕事だった。

日本語に注目しよう！

前節では日本語の「連体修飾節」と英語の「関係節」の仕組みを比較しました。語順の違いはともかく，名詞を修飾するという一見同じ機能をもつようでも，両者の仕組みはかなり違うことを見ました。

一口に「修飾」と言っても「制限的」なものと「非制限的」なものがあります。例えば，「赤いリンゴ」の「赤い」という形容詞は，リンゴのうち赤いものをそうでないものと区別する働きをもつのに対して，「白い雪」というのは「雪があってそれは白い」と言っているだけです。白くない雪の存在を前提としませんし，白くない雪と区別する働きも普通ありません。このような修飾の仕方の違いを，それぞれ「制限的修飾」と「非制限的修飾」と呼び区別します。同じことは連体修飾節についても言えます。「ピアノが弾ける人」と「ピアノが弾ける山田さん」の違いは，上記の「赤いリンゴ」と「白い雪」の違いに対応しています。「ピアノが弾ける人」は問題になっている人の中でピアノが弾ける人をそうでない人と区別してします。一方，「ピアノが弾ける山田さん」は「山田さんという人がいて，その人はピアノが弾ける」と言っているにすぎません。連体修飾節の場合にも「制限的修飾」と「非制限的修飾」の区別は同じです。

英語と比べてみよう！

「赤いリンゴ」と「白い雪」をそのまま英語にした red apples と white snow の間にも日本語と同じ区別が成り立ち，連体修飾節に対応する関係節でも同様です。関係節の場合，このような区別は上記の用語を用いて，「制限的関係節」と「非制限的関係節」と呼ばれます。

前節で取り上げた関係代名詞（which, who(m), whose）を用いた関係節にはすべて非制限的用法がありますが，補文標識 that で始まる関係節には非制限的用法はありません。このことも that が関係代名詞ではないことの傍証です。関係副詞を用いた関係節にも非制限的用法がありますが，それは when と where だけで，how, why にはありません。また，先行詞がない「自由関係節」（後述）の場合を除くと，how は制限的用法でも関係副詞としては使えません。非制限的用法の例を以下にあげます。

（1） a. Mr. Smith, *who* is standing over there, is one of my colleagues.
b. John, *whose father* I know very well, works very hard.
c My wife, *who* you met at the party yesterday, will be here soon.

（2） a. I came to this university in 1996, *when* it marked its 20th anniversary.
b. They reached the top of the mountain, *where* they had lunch.

上記の例から分かるように，非制限的関係節の場合には表記上はその前後にコンマが置かれ，発音上も主文とは独立した音調単位になります。意味的にはどの例も先行詞が指しうる範囲を制限する（＝先行詞の意味内容を限定する）働きはなく，付加的な説明を与えているだけです。

制限的関係節は，次の（1'a，b）のように先行詞が固有名詞の場合には普通付けられません。固有名詞はそれだけで何を指しているか決まるので関係節による限定が必要ないからです。同じことは（1'c）についても言えます。通常 my wife と言えば，それだけで１人に決まってくるからです。

（1'） a. *Mr. Smith *who* is standing over there is one of my colleagues.
b. *John *whose father* I know very well works very hard.
c *My wife *who* you met at the party yesterday will be here soon.

しかし，例えば同じ名前の人が複数いて，関係節によってどの人を指すのかを限定する必要がある場合には固有名詞を先行詞にできますが，その場合には次のように the が固有名詞の前に付きます。

（3） *The* Mr./Ms. Tanaka *who* teaches linguistics at this college lives in Tokyo.

先行詞に any や every などの限定詞がある場合には，非制限用法の関係節は付けられません。

（4） a. *Every* boy *who* likes music will be welcomed.

b. **Every* boy, *who* likes music, will be welcomed.

これらの限定詞は意味的に「普遍数量詞」の働きをしていますが，「この世の中のすべての少年」を指すことはなく，文脈で決まる「一定のグループ内のすべての少年」を指すのが普通です。関係節が後続すればそれは普遍数量詞の領域を制限する節と解釈されます。

また，次の例のように，非制限的関係節に限り，先行詞が動詞句や先行する節全体になることもあります（下線部が先行詞です）。

（5） a. It's not that I wanted to <u>skip classes</u>, *which* was becoming a regular occurrence.

b. <u>Nancy was killed in a traffic accident</u>, *which* shocked all of us.

代名詞の it や that にも同様の用法があります。（5a）は It's not that I wanted to skip classes, though it was becoming a regular occurrence. と書き換え可能ですが，この it も先行する VP（skip classes）の内容（「授業をさぼる行為」）を指しています。（5b）も同様の書き換えが可能です。

日本語では連体修飾節で表わせないタイプの関係節があります。

（6） John is not the man [(*that*) he used to be].

（6）の関係代名詞（ここでは Ø が用いられています）は関係節の中で 5 文型の SVC の C に相当する働きをしています。関係代名詞 Ø とそれが移動する前の位置を表示すると次の構造になります。

（6'） John is not the man [that he used to be Ø].

日本語のコピュラ「だ」は単独では生起できない（「彼が（昔）だった男」という表現は許されない）ので，（6）の和訳は工夫が必要です。無理に直訳すれば「ジョンは昔そうであった男ではない。」となりますが，自然な日本語にするならば「今のジョンは昔の彼とは違う。」といったところでしょう。この関係節が主語や目的語を関係代名詞にした例と大きく異なる点は，関係代名詞が指している the man はあくまでも属性で，指示対象ではないということです。その結果，（6）のようなthatで始まる（ゼロ形の関係代名詞0を用いた）関係節でなければ，用いられる関係代名詞はwhoではなくwhichになります（（6）のthatは省略可能です）。

（7） a. John is not the man [*which* he used to be].

b. *John is not the man [*who* he used to be].

非制限的用法になると，thatで始まる関係節は使えないので，必ずwhichで始まる関係節になります。

（8） If you are not a well-known person, *which* I wasn't back then, they ignore you.（私もその頃はそうでなかったが，有名人でないと無視されてしまう。）

さて，最後に「自由関係節（free relative）」（あるいは「独立関係節」）と呼ばれる，先行詞と関係詞が融合した場合を取り上げます。関係節の先行詞は「主要部」と呼ばれることもあり，自由関係節にはそれがないように見えるので「主要部をもたない関係節（headless relative）」という名称で呼ばれることもあります。関係代名詞whatによって導かれるものがその代表的な例です。先行詞と融合していますので，節全体で名詞節の働きをし，主語（S）・補語（C）・目的語（O）として用いられます。

（9） a. [*What* they said] made me so depressed.（S）

b. This is [*what* I wanted to say].（C）

c. I have bought [*what* you wanted].（O）

このwhatはthe thing whichという意味に相当しますので，全体として「もの」を指します。「人」を指すことはできませんが，-everのついた関係代名詞whatever, whoever, whicheverなどを使えば「～するもの［こと］は何でも（anything that ...）」や「～する人はだれでも（anyone that ...）」，また「～するものはどちらでも」という意味を表わせます。

（10） a. They will provide you with [*whatever* is necessary].

b. I will invite [*who(m)ever* you recommend] to the reception.

c. You can have [*whichever* you like].

関係副詞にも先行詞なしで用いる「自由関係節」の用法があります。その場合，「～する時・場所・方法・理由」という意味を表わします。

（11） a. That reminds me of [*when* I was a student here].（when

= the time when)

b. This is [*where* I met Susan]. (where = the place where)

c. This is [*how* you can avoid the problem]. (how = the way in which)

d. That's [*why* I am here]. (why = the reason why)

自由関係節は間接疑問節と形式上は同一のため，それが現われる環境から区別をする必要があります。また，現われる環境によってはどちらの解釈も可能な場合があります。

(12) a. John received [*what* Mary gave to him].

b. I wonder [*what* Mary gave to him].

(12a) は動詞が receive ですので，後に続くのが間接疑問節ではなく，自由関係節であることが分かります。一方，(12b) では動詞が wonder ですので後に続くのは間接疑問節であることは明らかです。しかし，know のような動詞の場合にはどちらの解釈も可能です。

(13) Nobody knows [*what* John wrote].

(13) は「ジョンが書いたものを誰も知らない」という自由関係節の解釈と「ジョンが何を書いたか誰も知らない」という間接疑問節の解釈の両方があります。また，主語の位置に what John wrote が現われた (14) も (unclear の意味の違いと連動して) 2 通りに解釈することができます。

(14) [*What* John wrote] is unclear.

(14) の主語が自由関係節であれば「ジョンが書いたものは不明瞭だ」という意味になり，間接疑問節であれば「ジョンが何を書いたかははっきりしない」という意味になります。

自由関係節は関係詞に融合された先行詞を修飾するという本来の機能を失い，意味的主要部が構造的主要部と一致しないことがあります。

(15) a. A man broke into the room with [*what* appeared to be a gun].

(男が銃のようなものを持って部屋に押し入ってきた。)

b. She is [*what* you might call a healthy nut].

(彼女はいわゆる健康オタクです。)

(15a) では with の目的語の意味的主要部は a gun で，what appeared to be の部分がそれを修飾しています。この文で道具を示す前置詞 with が使われているのはa gunと呼応しているからで，構造的には主要部であるはずのwhatに融合されている先行詞部分にその情報はありません。同様に，（15b）ではwhat you might callが日本語の「いわゆる」に相当し，a health nut（健康オタク）の部分が意味的主要部です。このことは，（15）の下線部を省略しても文として成立することからも分かります。

» 課題解決！

まず，［1］は前節で取り上げた制限的用法の関係節で表現できます。

［1］ That should be an easy job for anyone *who* is good at German.（ドイツ語が得意な人にはそれは楽な仕事でしょう。）

問題は［2］です。ここでは「ドイツ語が得意な太郎は」という部分の連体修飾節は非制限的修飾であるというのがポイントです。したがって，英語では非制限的関係節で表現します。連体修飾節の部分は「太郎はドイツ語が得意なので」というのと実質的に意味は変わらず，ドイツ語が得意であるかないかで「太郎」が指すものが制限されるわけではないからです。

［2］ That was an easy job for Taro, *who* was good at German.（ドイツ語が得意な太郎にはそれは楽な仕事だった。）

練習問題

次の文を英語にしなさい（すべて何らかの関係節を用いること）。

1 米国留学したことがある父は私の渡米に賛成してくれた。
2 ボーイフレンドは私の作った物なら何でも食べてくれる。
3 ここに来ると私たちが初めて会った時のことを思い出すね。
4 テーブルの上には灰皿らしきものがあっただけだ。
5 山田さんは政界の事情に通じているので，相談するとよい。
6 地理を教えている山田さんと数学を教えている山田さんはどちらが年上ですか。（☆）
7 昔のあなたが懐かしいわ。（☆）
8 スクランブルエッグはこうやって作るんですよ。（☆）
9 今のところ，この件について言うべきことは以上です。（☆）
10 彼には100万円を超える未払いの借金があったが，私は当時そのことに気付いていなかった。（☆）

5.4 同格節

考えてみよう！

次の２つの文は表面上類似していますが，下線部に違いがあります。下線部の違いに注意して，日本語に訳しなさい。

［1］Is there any evidence that John handed in then?

［2］Is there any evidence that John handed in his report then?

日本語に注目しよう！

§§5.2, 5.3 で見たように，節が名詞を修飾する働きをする日本語の連体修飾節には，英語の関係節に対応するものとそうでないものがあります。この節では，関係節に対応しない次のような修飾節を取り上げます。

（1）［太郎がその仮説を否定した］という主張

［ ］で示した節は主要部の名詞（ここでは「主張」）の具体的な内容を表わしているのが特徴で，引用形の「という」という形式が主名詞と修飾節の間に通常入ります（主要部となる名詞の種類によって，「という」が必ず入る場合と入らない場合があります）。具体例をもう少しあげておきます。

（2） a. ［野菜を食べるのが健康によい］という考えが一般的だ。

b. ［早起きが健康的だ］という証拠はない。

c. ［人は誰でも言語を獲得できる］という事実は重要である。

英語と比べてみよう！

（1）（2）に対応する表現を英文法では「同格節（appositive clause）」（あるいは「内容節」）と呼びますが，見かけは関係節とよく似ています。両者の違いは，主要部（§§5.2, 5.3 では「先行詞」と呼びました）に後続する節内に解釈上，その主要部が入っていた場所（空所）があるかどうかという点にあります（空所を下線で示します）。

（3） a. the claim [that/which John denied ____ in this book]

b. the claim [that/*which John denied the hypothesis there]

（3a）は，the claim に後続する節内に deny の目的語として入る場所があり，（the）claim は deny の目的語として解釈されます。

一方（3b）の同格節には，述語（動詞）の deny の主語も目的語もあり，それだけで文法的に充足した完全文となっています。つまり，同格節内に（the）claim が入る空所はありません。同格の that 節は the claim の具体的な内容を表わしているという点で，日本語の（1）や（2）の例と似ています。

同格節を従える名詞の多くは，具体的な名詞ではなく命題内容が必要となるような抽象的な名詞であることに気付きます。

（4） belief, claim, conclusion, evidence, fact, fear, hope, idea, news, notion, opinion, possibility, theory

また，suggest など that 節内に動詞の原形を用いた仮定法をとる動詞から派生した（5）のような名詞は，動詞同様，（6）のようにその同格節内に動詞の原形を用いた仮定法が現われることがあります。（動詞の原形を用いた仮定法については，§2.12.3 を参照）。

（5） command, demand, recommendation, request, suggestion

（6） John made a strong request [that they *be* released].

このように平叙文を同格節として用いた例の他に，疑問文を同格節として「問題」や「疑問」などの具体的な内容を表現することもできます。例えば，「我々が何をするべきかという問題」を英語にすると a/the question {as to / of} [what we should do] となります。その際，as to や of などの前置詞が必要になります。

この節で「同格節」と呼んだものは命題内容に相当するものを指す抽象名詞の補部として生じる節として分析することができますが，詳しくは §7.1 で取り上げます。本節では，関係節との比較を容易にするために，従来の「同格節」という用語を使いました。

» 課題解決！

冒頭の［1］と［2］の下線部は類似していますが，that 節内に主要部となる evidence の入る場所があるかどうかという点で異なります。［1］の修飾節内には handed in の目的語がありません。つまり，目的語の場所が空所になっており，その場所は本来 evidence が入っていた場所です。一方，［2］には his report という目的語があるので，that 節内に evidence の入る場所はありません。このことから，［1］の下線部は関係節で，ジョンが提出したのは「証拠」であるのに対して，［2］の下線部は同格節で，ジョンが提出したのは「レポート」であることが分かります。このような［1］と［2］の構造上の違いを踏まえると，それぞれの日本語訳は次のようになります。

［1］ Is there any evidence [that John handed in ____ then]?
ジョンがその時提出した証拠はありますか。

［2］ Is there any evidence [that John handed in *his report* then]?
ジョンがその時レポートを提出したという証拠はありますか。

練習問題

A 次の英文を日本語にしなさい。また，下線部について関係節，同格節のいずれに該当するか答えなさい。

1 There is something in the claim that he was making on this matter.

2 This has nothing to do with the claim that he was talking on this matter.

3 Can we give up the idea that we can do better than now?

4 The idea that one is bound by is sometimes the one that frees others.

5 The fact won't change, however, that we are mortal. (☆)

B 関係節，同格節のいずれかを用いて次の文を英語にしなさい（2，5は（　）内の表現を用いること）。

1 その委員会の提案は全会一致で承認された。

2 我々には自由意志があるという考えは広く受け入れられている。(a free will)

3 彼らが提起した問題は我々の議論には関係ありません。

4 彼は我々がどのように代替エネルギーを使用するかという問題を提起しました。

5 （私には）何かが起こりそうな予感がします。(a gut feeling)

5.5 副詞：種類と分布・機能

考えてみよう！

次の英文を naturally の意味に注意して，日本語に訳しなさい。

［1］John can speak Italian *naturally*.

［2］*Naturally*, John can speak Italian.

日本語に注目しよう！

言語には，出来事や状態が成立する「時（time）」「場所（place）」「方法（manner）」「目的（purpose）」「理由（reason）」「条件（condition）」などを表わす一群の修飾表現があります。これらの意味的な働きを日本語学では「用言に連なる（＝述語を修飾する）」ということから「連用修飾」と言います。品詞としては「副詞」としか分類できないものもありますが，他の品詞のものが「連用形」をとることで用いられているものが数多くあります。ここでは英語と比べるために，意味的機能から［A］～［C］の 3 種類に限定して話を進めます。

［A］ 文全体を修飾するもの
幸いにも，残念なことに，愚かにも，正直に言うと，概して，当然（ながら），たぶん，きっと

［B］ 動詞（句）を修飾するもの
楽しそうに，自然に，丁寧に，急いで，いつも，しばしば

［C］ 形容詞（句）・形容動詞（句）を修飾するもの
かなり，とても，非常に，すごく

［A］は，陳述される文全体を修飾するものです。意味的には，「幸いにも（形容動詞「幸いだ」の連用形＋「も」）」のように命題内容についての話者の（心的）態度を表わしたり，「たぶん」のように命題内容の蓋然性を示したり，「正直に言うと（条件節の一形式）」のように命題内容の提示の仕方を表したりします。［B］は「楽しそうに歌を歌う」の「楽しそうに（形容動詞「楽しそうだ」の連用形）」のように動詞句にかかり，行為・動作の様態などを表わします（「時」「場所」「理由」などもこの仲間です）。［C］は，「かなり良い」「とても迷惑だ」のように修飾する語句（それぞれ形容詞と形容動詞）の直前に置かれ程度を表わします。

次に連用修飾表現の語順を見てみましょう。(1a) に示したように，日本語では基本語順において修飾する語（句／節）が修飾される語（句／節）の前に置かれます。連用修飾の場合も（1b）のようになります。

（1） a. 修飾する語（句） ＋ 修飾される語（句）

b. 連用修飾語（句） ＋ 用言（＝述語）

連用修飾表現の間では，［A］類と［B］類の間では，（3）のように相対的な語順があると言われています（野田 1984)。

（2） a. （寝坊をしたので）太郎は当然 急いでパンを食べた。

b. *(寝坊をしたので）太郎は急いで 当然パンを食べた。

(2a) のように［B］類の「急いで」が「パンを食べた」に付加され，次にその「急いでパンを食べた」に［A］類の「当然」が付加されている場合は問題ありませんが，逆の語順になると非常に容認可能性の低い文となります。つまり，「［A］類の副詞が［B］類の副詞に先行する」という語順の制約が連用修飾語（句）の間にはあることが分かります。

英語と比べてみよう！

上であげた日本語の例の多くは，動詞「急ぐ」から生じた「急いで」のように，語が活用して連用修飾の形をとっているものでしたが，英語には「副詞」と呼ばれる専用の語が豊富にあります。「急いで」も英語では quickly となり，これは quick という形容詞に -ly という派生接尾辞を付けて副詞にしたものです。ここでは，副詞の種類と文中での位置（分布）およびその働きを中心に見ていくことにしましょう。

英語の副詞も，その機能によって異なる種類に分類することができます。ここでは（3）の2種類だけに限定して話を進めます（両方に属す副詞もあります)。日本語との関係では，(3a) は［A］類に，(3b) は［B］類に概ね対応します。

（3） a. 文副詞（以下，「S 副詞」）

apparently, certainly, evidently, probably, fortunately, luckily, oddly, surprisingly, frankly, honestly

b. 動詞句副詞（以下，「VP 副詞」）

completely, easily, handily, quickly, fast, hard, well

（3）の分類を基に，副詞が置かれる位置について説明します。最初に，

「急いで」に相当するVP副詞のquicklyの位置について見てみましょう。

（4） a. John ate bread *quickly*.

b. *John ate *quickly* bread.

c. John *quickly* ate bread.

(cf. *John *fast* ate bread.)

まず，（4a）のように英語では，様態（動作の仕方）を表わすVP副詞は動詞句内の最後の位置が無標（デフォルト）の位置です。日本語では，対応する表現を動詞の直前に置くことができますが，英語では（4b）のように動詞と目的語の間に副詞をはさむことはできません。ただし，that節が目的語として機能している場合には動詞とthat節の間に配置することができます（John said *quickly* that Mary came home.）。VP副詞をthat節の後ろに置くこともできますが，その場合，副詞がthat節内の動詞を修飾するのか，主節動詞を修飾するのか，曖昧性が生じることがあります（John said that Mary came home *quickly*.）。

（4c）のように，-ly形の様態を表わすVP副詞は動詞句の前の位置にも置くことができますが，fast/hard/wellなどはこの位置に置くことはできません。

次にfortunatelyを例にして，S副詞の分布制限を見てみましょう。

（5） a. *Fortunately*, John arrived there in time.

b. John *fortunately* arrived there in time.

c. *John arrived *fortunately* there in time.

d. John arrived there in time, *fortunately*.

S副詞は，文頭／主語の後／文末に生起することができますが，（5c）のように動詞句の内部に入り込むことはできません。また，（5d）のように文末に現われるS副詞の直前にはポーズが少し生じます。（4a）で見たようにVP副詞も文末に生起できますが，直前にポーズは生じません。なお，頻度を表わす副詞always/often/neverなどは主語の後に置かれるのが普通で，助動詞やbe動詞がある場合には，その後ろに現われます（Mary has *never* been to the United States.）。

このようにVP副詞とS副詞は異なる分布制限をもつことから，副詞の解釈はそれが現われる位置によって決まると言うことができます。（4a）（4c）でVP副詞の例として見たquicklyは，文頭に生起することもできます（*Quickly*, John ate bread.）。この場合の quickly は S 副詞として機能しており，（4a）（4c）のそれとは意味が異なります。ここでは quickly と同じ分布をもつ slowly を用いて意味の違いを説明しましょう。

（6） a. John opened the door *slowly*.

b. *Slowly*, John opened the door.

（6a）の slowly は VP 副詞で，ドアの開け方がゆっくりだったことを述べているのに対して，（6b）の slowly は S 副詞であり，ジョンがドアを開けるという出来事が起こるまでに時間を要した（It took some time for John to open the door.）という意味になります。

課題解決！

冒頭に掲げた［1］の naturally は「無理なく，楽々と」という意味で「イタリア語の話し方」を述べた VP 副詞です。一方，文頭にある［2］の naturally は S 副詞で「太郎がイタリア語を話せる」ことに対する話し手の評価で，「当然（のこと）ながら」という意味になります。

［1］ ジョンはすらすらとイタリア語を話せる。

［2］ 当然のことながら，ジョンはイタリア語を話せる。

このように，VP 副詞と S 副詞の両方に用いることのできる副詞は，それが現われる文中の位置に注意する必要があります。

練習問題

下線部の表現に副詞を用いて次の文を英語にしなさい。

1 残念なことに，ジョンはその歌を嬉しそうに歌ったのです。

2 ジョンは急ブレーキをかけて車を止めた。

3 ジョンが車を止めるとは思いもよらなかった。（☆）

4 彼らは皮肉なことにそれを正しく理解していない。

5 ほとんどの場合，人は無意識にそれを行っている。

6 メアリーはわざと真実をジョンに伝えた。

7 ジョンはいつも 道徳的に正しいことを行なうようにしている。

8 幸運にも，火事は発生後すぐに発見された。

9 個人的には彼女のことは好きではありません。

10 我々は経済的にも 心理的にもそれに備えておく必要がある。

5.6 文修飾

考えてみよう！

次の文の斜字体の副詞はいずれも文副詞（S副詞）ですが，後続する文に対する働きが異なっています。それぞれの文副詞の意味的な違いに注意して，日本語に訳しなさい。

［1］*Fortunately*, she refused the proposal.

［2］*Wisely*, she refused the proposal.

［3］*Probably*, she refused the proposal.

» 日本語に注目しよう！

情報伝達の基本的単位である文は，命題内容と命題内容についての話し手の心的態度などを表わす部分に分けることができます（益岡 1991；仁田 1997）。例えば，（1）は「太郎がそのバナナを食べた」という出来事を述べるのと同時に，その出来事が起こった可能性の高さ（「蓋然性」）が「恐らく」と「（の）だろう」の2つの表現で表わされています。

（1）恐らく太郎がそのバナナを食べたのだろう。

日本語では，この話し手の心的態度や評価を表わす部分を除いて命題内容だけを発話すると，不自然になることが多々あります。例えば，（2a）の［　］の中だけを単独で発話することはまずありません。

（2）a.［太郎がそのバナナを食べた］らしいよ。
　　 b. ??太郎がそのバナナを食べた。

このように，話し手が命題内容（出来事・状態）に対してもつ蓋然性は，述語に接続する「（の）だろう」「にちがいない」「はずだ」のような文末形式で表現されます。（1）の「恐らく」はそれを補強する表現ですが，日本語においては文末形式のほうが重要になります。このことは，（1）の「恐らく」を省略しても，不自然な文にはならならないのに対して（「太郎がそのバナナを食べたのだろう。」），「のだろう」を省略すると不自然な文（「?恐らく太郎がそのバナナを食べた。」）になるということからも分かります。

（3）は，「驚いたことに」という表現（動詞の連体形＋「こと」＋「に」）が命題内容に対する話し手の評価を表わしており，「驚いた」のも話し手です。この場合も，「生きている」のように言い切りの形では座りが悪く，文末に「のです」を付けると良くなります。(「のです／のだ」という表現は日本語では様々な文脈で重要な働きをします)。

（3） 驚いたことに，彼はまだ生きているのです。

次に，（4）では下線部がその行為を行なった主語に対する評価を表わしています。

（4） 愚かにも，アダムとイブはその果実を食べてしまったのです。

すなわち，「アダムとイブがその果実を食べた」という出来事全体を修飾すると同時に，その行為をしたアダムとイブについて話し手が「愚かだ」と評価しているのです。評価をしたのが話し手であるという点は（3）と同じですが，「愚かだ」という属性を向けられる対象が主語であるという点が（3）と違います。

最後に，（5）のように「…に言えば」「…に言うと」のように「(命題内容の）提示の仕方」を表わす副詞的表現があります。命題に対する話し手の発話行為（(5）では「断定」）を修飾するものです。

（5） a. 大雑把に言えば，会場には 100 人くらいの観客がいました。
　　 b. 正直に言うと，その報告書は田中さんが一人で書きました。

» 英語と比べてみよう！

英語にも命題内容とそれに対する話し手の評価や判断を表わす部分がありますが，（2）で見た日本語とは異なり，英語では命題内容の部分だけを（6）のように言い切りの形のままで用いても問題はありません。

（6） a. John is happy.（??ジョンは嬉しい。）
　　 b. John came to the party.

（6a）の日本語訳は「ジョンは嬉しいらしいよ。」や「ジョンは嬉しいみたいだ。」のように，話し手の評価や判断を表わす表現を付けないと不自然になります。他方，（6b）はそのまま「ジョンがパーティーに来た。」と言えます。

命題内容に話し手が蓋然性についての判断を加える場合には，法助動詞を用いる方法（7a）と，S 副詞を用いる方法（7b）があります（この種の副詞を「法的副詞（modal adverb)」と呼びます。§2.13 を参照)。

（7） a. John *must* be happy.

b. *Probably,* John is happy.

また，命題内容に対する話し手の評価を表わす場合，英語では専用の副詞が用いられます（別の形式としてIt is odd/surprising that .... も可能）。（8）でoddやsurprisingと思っているのは話し手です。

（8） a. *Oddly,* John rejected our proposal.

b. *Surprisingly,* John came to the party, which he said he wouldn't.

（8）のS副詞を「評価の副詞（evaluative adverb）」と呼ぶことがあります。日本語では，（3）のように，「述語（動詞・形容詞・形容動詞）の連体形＋ことに」というような複雑な言い方をするのとは対照的です。

また，ある行為をした主語に対する話し手の評価を表わす「主語指向の副詞（subject-oriented adverb）」と呼ばれるS副詞があります。（9a）のwiselyは「問題を解いた」Johnに対して「賢明だ」という評価を表わしています。（9b）も同様です。この点では日本語の（4）と同じです。wiselyは「賢く，賢い方法で」という様態を表わすVP副詞の解釈も可能ですが，その場合の位置は，動詞句の前か文末となります。S副詞は主語の後にも現われるので，助動詞がない場合には，VP副詞とS副詞が入る位置が同じになることから多義性が生じます（John *wisely* solved the problem. は多義的）。

（9） a. *Wisely,* John solved the problem.

b. *Carefully,* John put it in the box.

最後に，「（命題内容の）提示の仕方」については，英語ではいくつかの言い方があります。主なものをあげると，（10）のように，S副詞＋speakingの他，不定詞（to be honest）やS副詞＋put（「言う／表現する」の意味）を用いるものもあります。

（10） a. *Honestly* (*speaking*), I can't bear it.

b. *To be honest,* I can't recommend him.

c. *Honestly put,* we have no budget.

（10a）で用いられているS副詞は「発話行為副詞（speech-act adverb）」と呼ばれることがあります。（10a）のように随意的にspeakingを従えることができるのが特徴で，他にfrankly, roughly, simply, academically, scientificallyなどがあります。また，これらの副詞の基になっている形容詞を（10b）のように使ったり（To be honest, ...），同じ副詞の後に（10c）のように put を従えたり（Honestly put, ...）することもできます。

»課題解決！

［1］～［3］の例文は（11）の命題内容とそれに対する話し手の評価や判断を表わすS副詞からなります。

（11）She refused the proposal.

［1］で fortunate と感じているのは話し手です（Fortunately for John, ... のように，for を用いて話し手以外の人による評価を表わすこともできます）。［2］の wisely は，wise という属性が主語の she に当てはまることを表わしています。［3］の probably は，文が表わす出来事が起こった可能性が高い（十中八九）と思っている話し手の判断を表わしています。いずれにしても共通して話し手の評価や判断を表わしています。これらを踏まえると［1］～［3］はそれぞれ次のように訳すことができます。

（12）a. 彼女がその申し出を断ったのは幸いだった。
　　 b. 賢明にも彼女はその申し出を断った。
　　 c. 恐らく彼女はその申し出を断ったのだろう。

練習問題

A 次の斜字体の文副詞がどのような働きをしているか答えなさい。

1 *Ironically,* John had to accept what he hated most.

2 This book will *certainly* broaden your horizon.

3 *Possibly,* Bob may accept the offer.

4 Tom is *allegedly* a spy.

5 John *foolishly* opened the door.（☆）

B 下線部の表現に副詞を用いて次の文を英語にしなさい。

1 彼女は私たちがすべきことを簡潔に説明してくれた。

2 試験に取り掛かる前に注意書きをよく読んでください。

3 メアリーが彼のプロポースを断ったのは賢明だった。

4 はっきり言って，疲れました。

5 幸いなことに，ジョンが試験に合格したのは明らかだ。

5.7 その他の副詞

考えてみよう！

次の文はそれぞれどのような意味になるでしょうか。even の位置に注意して，日本語にしてみましょう。

［1］*Even* you would have enjoyed dancing tonight.

［2］You would have enjoyed *even* dancing tonight.

［3］You would have enjoyed dancing *even* tonight.

» 日本語に注目しよう！

日本語の「ジョンが教科書も読んだ。」という文を考えてみましょう。「も」と言うからには「何かに加えて」という解釈があるはずですが，すぐに浮かぶのは，（ｉ）「ジョンは読んだものが他にもあって，それに加えて教科書も読んだ」という解釈です。こういう言い方をすると，それ以外の解釈があるのかと訝る読者もいるかもしれませんが，実際，他に2通りの解釈の可能性があります。その1つは，（ii）「ジョンはいろいろなことをしたが，教科書を読むこともした」という解釈です。さらに，適切な文脈があれば，（iii）「いろいろなことが起こったが，ジョンが教科書を読むということも起こった」という解釈さえ可能です。（iii）の解釈は，いろいろな人がいろいろなことをしているという文脈が必要ですが，例えば「夜も更けたし怖い話をしようぜ。」という文を考えると分かりやすいでしょう。ここで「夜」以外に更けたものはありません。この文は「いろいろな出来事に加えて，夜が更けるという出来事も起こったのだから怖い話をしよう」と言っているだけです。

「も」という助詞（これを日本語学では「とりたて助詞」と言います）はこの例では「教科書」に付加されていますが，（ii）と（iii）の解釈の場合，意味的には「教科書」を含むより大きな範囲に及んでいるのです。

» 英語と比べてみよう！

日本語の「も」が複数の解釈を生じさせる現象と類似した例は英語にもあります。英語の場合には文強勢と密接な関係があるので，それを先に説明しておきましょう。（1）の文で textbook に文強勢（大文字で表記）を置いて読んだとしましょう。

（1） John read a TEXTBOOK.

そうすると，この文は（i）What did John read？という問いの答えになるだけでなく，（ii）What did John do？や（iii）What happened？という問いの答えにもなります。他方，John に文強勢を置いて（2）のように読むと事態は変わってきます。

（2） JOHN read a textbook.

この文は Who read a textbook？という問いの答えにしかならず，上記の（i）（ii）の問いの答えとしては不適切になります。また，文全体が新しい情報である場合，すなわち上記の（iii）の問いに対する答えの場合には目的語に文強勢が置かれるのが無標（デフォルト）となりますので，やはり（2）は使えません。

それでは，日本語の「も」に相当する too を文末においた場合の解釈を考えてみましょう。

（3） John read a TEXTBOOK *too*.

この too には「何に加えて」と言っているのかに関して，日本語の「も」と同様に複数の解釈の可能性があります。1つ目の解釈は，（i）What else did John read？という問いの答えで，この場合は「ジョンは読んだものが他にもあって，それに加えて教科書も読んだ」という解釈です。その他にも，（ii）What else did John do？という問いの答えにもなります。「ジョンはいろいろなことをしたが，教科書を読むこともした」という解釈です。さらに，too は文全体を新情報にする解釈も許します。これは（iii）What else happened？という問いの答えとして，（3）が発せられた場合の解釈です。この場合は，「（ジョンが関わっていない）他の出来事に加えて，ジョンが教科書を読むという出来事も起こった」という解釈になります。

それでは，（3）と同じ文（正確には「同じ単語の連鎖」）で John に文強勢を置いて読んだとしましょう。

（4） JOHN read a textbook *too*.

この文は Who else read a textbook？という問いの答えにしかなりません。このように，too が結びつく相手が文強勢をもった句よりも大きな範囲に広がるのは（他動詞文の場合）目的語に文強勢がある無標（デフォルト）のパターンのみということになります。

このように too は文末という決まった位置にありながら，それが結びつく相手が場合によって複数ありうることを見ました。以上をまとめると，文強勢がもつ役割はその文で聞き手が前提としていない新しい情報を伝える部分（これを「焦点（focus）」と呼びます）を示すことであり，too はその文の焦点と結びつけられて解釈されます。（3）のような他動詞文の場合，目的語に文強勢が置かれると焦点の可能性が複数生じるため，それらと結びつけられる too の解釈も複数になります。このような意味解釈の仕組みを「焦点への結びつけ（association with focus）」と呼びます。本節の「その他の副詞」というのは，正確にはこの解釈の仕組みを担う副詞のことを指しています。また，このような働きをする表現を「焦点副詞（focus adverb）」と呼ぶことがあります。

このような「焦点への結びつけ」が関わる英語の副詞は too 以外に also, even, only などがあります。このうち only は右方向にのみ焦点への結びつけが可能であり，すでに見た too が左方向のみ可能であるのと対照的です（too は文末でなくてもかまいません）。さらに，only の生ずる位置によっても可能な解釈に制限があります。

まず動詞の前の位置に only が現われる場合を考えてみましょう。

（5）　John *only* showed Mary a book.

（5）において only が結びつけられうる焦点は文強勢を置く場所によって，次の可能性があります。

（6）　a. John *only* SHOWED Mary a book.（見せるだけ）
　　　b. John *only* showed MARY a book.（メアリーにだけ）
　　　c. John *only* showed Mary a BOOK.（本だけ）

なお，（6b，c）では only が文強勢を置いた要素から離れていますが，直前に置くことももちろん可能で，以下の（6'a，b）はそれぞれ（6b，c）に対応します。

（6'）　a. John showed *only* MARY a book.（（6b）と同義）
　　　b. John showed Mary *only* a BOOK.（（6c）と同義）

さらに，book に文強勢を置いた（6c）は，「メアリーに本を見せるという行為だけした」という解釈も可能です。これは直接目的語に文強勢を置くのが無標（デフォルト）のケースであり，焦点が動詞句（showed Mary a book）全体に広がりうるからです。それ以外の（6a）や（6b）の文強勢のパターンではこの解釈はできません。

では，もし「ジョンだけ」と言いたい場合にはどうしたらよいかというと，only は右方向にしか焦点への結びつけができないので，（8）のように，only を John の前に置き，かつ John に文強勢を置く必要があります。

（7） *Only* JOHN showed Mary a book.

（7）のように John の左に only を置いた場合は，（6a, b, c）の解釈の可能性はありません。（7）の語順で John 以外，すなわち showed, Mary, book に文強勢を置くと非文法的な文になります。（7）は，John に文強勢を置き，それを焦点とした解釈しか許されません。それは only が主語 NP としか結びつけられないからです。このように only が（文強勢さえ適切に与えられていれば）結びつけられうる範囲のことを only の「作用域（scope）」と言います。動詞の前の位置に only がある場合には VP 全体が作用域になり，その中にある構成素を焦点として結びつけることができましたが，主語の前に only がある場合には only の作用域は主語 NP に限定され，VP 内の構成素を焦点として結びつけることはできません。

最後に only と用法が少し違う also の例を見ておきましょう。

（8） John *also* showed Mary a book.

（8）の例では文強勢の置き方によって，次の可能性があります。

（9） a. JOHN *also* showed Mary a book.（ジョンも）
b. John *also* SHOWED Mary a book.（見せもした）
c. John *also* showed MARY a book.（メアリーにも）
d. John *also* showed Mary a BOOK.（本も）

（9a）は only の場合にはなかった解釈の可能性です。also の場合 John の後ろに位置していても，John に文強勢があれば，主語 NP との焦点の結びつけができます。さらに，（6c）の only の場合と同様，also の場合も（9d）には BOOK だけでなく VP 全体が焦点になる解釈もできます。この場合は「ジョンはメアリーに本を見せるという行為もした」という意味になり，What else did John do？という問いに対する答えとなりえます。

» 課題解決！

冒頭の課題に出てくる even（さえ）も also, only, too と同じく焦点副詞の1つです。[1]~[3] では even の直後にある要素 you, dancing, tonight がそれぞれ焦点です。文全体を日本語にすると（10）~（12）のようになります。

（10）あなたですら今夜は踊ることを楽しんだだろう。

（11）あなたは今夜は踊ることすら楽しんだだろう。

（12）あなたは今夜ですら踊ることを楽しんだだろう。

[1]~[3] の例では even の置かれている位置からそれが結びつけられる焦点は1つに決まりますが，（13）では（14）に示したようにどこに文強勢を置くかによって，上記の（10）~（12）のどの意味にも解釈することができます（Huddleston and Pullum 2002: 594-595）。

（13）You would *even* have enjoyed dancing tonight.

（14）a. YOU would *even* have enjoyed dancing tonight.（=（10））

b. You would *even* have enjoyed DANCING tonight.（=（11））

c. You would *even* have enjoyed dancing TONIGHT.（=（12））

（13）に（14a）の解釈も可能であることから，even は（also と同様に）焦点への結びつけは両方向（右にも左にも）にできることが分かります。

練習問題

次の文を英語にしなさい。

1 子どもでもそんなことは分かる。
2 そんなことが分かるのは子どもだけだ。
3 そんなことも分からないとは情けない。
4 彼はベッドから出ることすらできないほど疲れていた。
5 うちは映画を見に行く余裕すらない。
6 夫が肉を食べられなかったので，私は夫が留守の時だけ肉料理を作った。
7 ウェブにアクセスできるのはこの端末からだけです。
8 間違いは1つしか見つからなかった。
9 手紙を読んで，私は彼がとても苦しんでいたことも分かった。（☆）
10 境内にはバラ園があり，バラの名所としても知られている。（☆）

5.8 時と条件の副詞節

[5.8.1] 時の副詞節

考えてみよう！

次の食事に関する注意事項を英語にしてください。

[1] 食事の前には良く手を洗いましょう。

[2] 食事中はおしゃべりをやめましょう。

[3] 食べ終わったらお皿は台所に運びましょう。

日本語に注目しよう！

本節では時間の前後関係などを表わす時にどのような表現が用いられるかについて考えます。まず，主節の表わす出来事が従属節の表わす出来事よりも時間的に前の場合には，日本語では従属節はそのままで，その後に（何も特別な印を付けることもなく）「前」という名詞（「形式名詞」）と後置詞を付けます。

(1) [部屋に入る] 前にドアをノックした（が，返事はなかった）。

逆に，主節の表わす出来事の方が従属節の表わす出来事よりも後の場合にはいくつかの表現形式があります。代表的なものを2つあげます。

(2) a. [会社に入って] から後悔しても遅いよ。

b. [会社に入った] 後で後悔しても遅いよ。

(2a) では後置詞「から」が用いられ，動詞にはテ形が接続しています。(2b) では従属節に「後」という形式名詞がそのまま接続しています。(2b) はこの点では (1) と似ていますが，「前」の場合には動詞のル形に接続するのに対して，「後」の場合にはタ形になるという点で (1) と (2b) は異なります。これを逆にすると，どちらもおかしな文になります。

(3) a. *[部屋に入った] 前にドアをノックした。

b. *[会社に入る] 後で後悔しても遅いよ。

「前」の場合には，まだその出来事は起こっていないからル形で，「後」の場合には，すでにその出来事が起こっている（または起こっていると仮定している）からタ形で，というのが日本語の大ざっぱなルールです。

前後関係をややぼかした表現である「時(とき)（に）」を用いた例文でも同じ

対比が確認できます。

（4） a. 太郎は［部屋に入った］時に違和感を感じた。

b. 太郎は［部屋に入る］時に違和感を感じた。

「時」の場合にはル形とタ形の両方が可能であることが分かります。しかし，（4a）と（4b）では意味が異なります。（4a）は「部屋に入った後に」とほぼ同義となり，違和感を感じたのはすでに部屋に入っている段階であるのに対して，（4b）は部屋に入ろうとする途中の段階で（完全に部屋に入る前に）違和感を感じ始めたことを表わしています。

英語と比べてみよう！

2つの出来事の時間的前後関係は英語ではどのように表現されているのでしょうか。まず，日本語の「前」「後」「時」に関しては，それぞれ，before, after, when という接続詞（節を従える「前置詞」と考えることもできます）が対応しますので，（1）（2）（4a）は，それぞれ次のように英訳することができます。

（5） I knocked at the door [*before* I entered the room].
（私は部屋に入る前にドアをノックした。）

（6） It will be too late to regret [*after* you enter the company].
（会社に入ってから後悔しても遅いよ。／会社に入った後で後悔しても遅いよ。）

（7） Taro felt uneasy [*when* he entered the room].
（太郎は部屋に入った時に違和感を感じた。）

ここで注意が必要なのは（5）です。日本語では「部屋に入る前に」とル形（非過去形）が使われていますが，英語では時制の一致のため，before 節内では主節の時制に合わせて過去形にします（§2.4 を参照）。日本語には時制の一致はありませんので，タ形にはしません。また，「前に」の場合にはタ形にすると容認不可能な文となるのはすでに見たとおりです。

（4a）と（4b）の違いは「違和感を感じる」タイミングにあります。先に述べたように，タ形を用いた方が部屋に入ってから違和感を感じるのに対して，ル形では部屋に入ろうとしている時に違和感を感じるという違いがあります。（4b）を英語にすると次のようになるでしょうか。

（8） Taro felt uneasy [*when* he was entering the room].

部屋に入ろうとする途中の段階で違和感を感じたという（8）の方は，過去進行形になっている点に注意してください（進行形の意味については§2.1 と §2.6 を参照)。一方，（4a）に対応するのは（7）の方です。

最後に，英語にするとまったく別の言い方になってしまう「時」の副詞節の例を取り上げます。

（9）［忘れない］うちにこれを渡しておきます。

この「〜しないうちに」という表現に対応する最も自然な英訳の仕方は before 節を使うことです。

（10）I will give this to you [*before* I forget].

ここでは「忘れないうち」が「忘れる前に」と言い換えられています。その結果，日本語では「忘れない」と否定文になっていたものが，before 節内では肯定文になっています。主節は will を用いて未来時を指していますが，before 節が現在形のままであることに注意してください。

課題解決

冒頭の問題に戻りましょう。［1］〜［3］は順に，一定の基準時より「前」「同時」「後」を表わす場合になります。解答例は次のようになります。

［1］　食事の前には良く手を洗いましょう。
Wash your hands well [before you eat].

［2］　食事中はおしゃべりをやめましょう。
Don't talk [while you are eating].

［3］　食べ終わったらお皿は台所に運びましょう。
Take your dishes to the kitchen [after you eat].

日本語では「〜ましょう」となっていますが，英語では命令文にしてあります。［1］は「食事の前に」を「食べる前に」と言い換えています。［2］の「〜中」というのはここで初めて出てきました。ここでは「食べている間は」と読みかえて，while you are eating とします。［3］の「食べ終わったら」は「食べた後は」になっています。この「〜たら」は日本語文法では条件節の一形式ですが，その守備範囲は広く，英文法の when で始まる「時の副詞節」も入ります。［3］は when を使えば when you have finished eating となります。日本語の条件節の守備範囲と英語の時や条件を表わす副詞節との関係については，次節で詳しく検討します。

[5.8.2] 条件の副詞節

考えてみよう！

近所の知り合いのアメリカ人から夫への伝言を頼まれました。夫は外出中だったので，I will tell him if he comes back. と言ったら，変な顔をされました。私は何かおかしなことを言ったのでしょうか。

日本語に注目しよう！

この節のテーマは「条件節」です。まず，日本語の例として，次の５つの文を見てください。

（1） a. ［天気がよかったら］散歩しましょう。【仮定条件】
b. ［宿題が終わったら］教えて下さい。【予定条件】
c. ［若者だったら］そうしていました。【反実仮想】
d. ［寝ていたら］電話がかかってきた。【確定条件】
e. ［秋になったら］山々が紅葉します。【一般条件】

上例の条件節は形式上すべて「たら」で終わっていますが，その意味的な働きは異なり，各例末尾の括弧内の用語で特徴づけられる種類の条件を表わします。この５種類の条件の特徴をまとめると次のようになります。

（2） a. 仮定条件：起きるのか起きないのかまだわからない条件
b. 予定条件：まだ起きていないが起きることが確実な条件
c. 反実仮想：過去または現在における事実に反する仮定
d. 確定条件：すでに起きた（過去の）個別の条件
e. 一般条件：いつでも常に成り立つような一般的な条件

さて，日本語の条件節には異なる形式があります。代表的なものとして「たら」「なら」「ば」「と」の４形式を考えますが，上記の意味的分類との関係は単純ではありません。すでに（1）で見たように，この５種類の条件はすべて「たら」という同一形式を用いて表現できます。

「なら」の場合には「仮定条件」と「反実仮想」の２つを表現することができます。

（3） a. ［あなたが食べるなら］私も食べる。【仮定条件】
b. ［詳しく調べていたなら］問題はなかったはずだ。
【反実仮想】

「ば」は「仮定条件」「反実仮想」「一般条件」に用いられます。

（4） a. ［明日，晴れれば］釣りに行きます。　【仮定条件】
b. ［勉強していれば］合格できただろう。【反実仮想】
c. ［夜になれば］暗くなります。　【一般条件】

さらに，「よく～れば」「～てみれば」の形式に限られますが「確定条件」を表わすこともできます。

（5） a. ［よく見れば］それは幽霊ではなかった。【確定条件】
b. ［見てみれば］それは幽霊ではなかった。【確定条件】

最後に「と」ですが，これには「確定条件」と「一般条件」の場合があります。

（6） a. ［窓を開けると］外は雨だった。　【確定条件】
b. ［スタートボタンを押すと］動きます。【一般条件】

このように，日本語の条件節の意味と形式は単純な一対一対応にはなっていないことが分かります。

英語と比べてみよう！

英語の条件節はどうなっているでしょうか。（2）の5種類の条件のうち「反実仮想」の「過去または現在における事実に反する仮定」というのは，英語ではいわゆる「仮定法過去」や「仮定法過去完了」が用いられる条件節に対応します（「仮定法」については§2.12.2を参照）。

次に「仮定条件」ですが，英語のif節で表わされる条件節に対応します。この場合は条件節が示している事態が成り立つかどうかについて中立的なことを表わします。

（7） 雨が降ったら，運動会は中止です。
[*If* it rains], the athletic meet will be canceled.

運動会の当日に雨は降るかもしれないし，降らないかもしれないが，もし降ればという仮定で話を進めるもので，仮定自体は中立的です。

しかし，「予定条件」「確定条件」「一般条件」を表わす場合には，英語ではifではなくwhenを用います。

（8） 食事が終わったら来てください。【予定条件】
[*When* you have finished eating], please come over.

（9） 子どもを叱ったら泣いた。　【確定条件】

[*When* I scolded the boy], he cried.

（10）この公園は，春になったら桜が咲きます。【一般条件】

[*When* the spring comes], cherry blossoms bloom in this park.

「確定条件」は実際に起こった過去の出来事を表わします。（9）は，すでに起こった過去の出来事が原因となって子どもが泣いたことを述べています。「反実仮想」でない限り，過去に起こった個別の出来事が if 節で導入されることはありません。「予定条件」と「一般条件」は条件節で表わされている事態がいずれ成り立つことが分かっている場合に用いられます。例えば，（8）では，いつかは「食事が終わる」ことは当然で，その「終わった時」に来て欲しいと述べています。最後の（10）の「春になる」というのは季節がめぐる限り必ず成り立つことで，「予定条件」が起こることが確実な個別の出来事について言及しているのに対して，「一般条件」は，より普遍的な条件を述べていると言えます。

（11）のように過去の「一般条件」というのもあり，その場合には「確定条件」と同様にすでに成り立っていることを表わします。

（11）春に{なったら／なると／なれば}花が咲いていた。

Flowers bloomed [*when* the spring came].

「咲いていた」と主節の動詞が過去になっているため，「春になる」のも過去に起こったことです。しかし，これを「確定条件」とせず「一般条件」とするのは，過去においても，（10）と同様，「春が来る」のは「四季の中でいつでも常に成り立つこと」だったからです。「確定条件」とすると，春が来なかった年もあり得たということになってしまいます。

以上から，日本語の「予定条件」「確定条件」「一般条件」に相当する状況では，英語では if を用いないことが分かります。英語の条件節は基本的にそれが成り立つか否かに関して中立の場合に限られるからです。「条件」という文法概念の適用範囲が日英語で大きく異なっているのです。

if と when の使い分けについてもう少し例をあげて解説します。まず，どちらも使える場合を見てみましょう。

（12）a. [*If* Bill comes back to the office], could you tell him that I have gone home?

b. [*When* Bill comes back to the office], could you tell him that I have gone home ?

ビルが会社に戻ってくるかどうか分からないが，もし戻ってきたらという場合には（12a）を使います。これに対して，ビルが会社に戻ってくることが確実である場合には（12b）を使うのが適しています。どちらも日本語では同じ形式（「ビルが戻ってきたら」）ですので，注意が必要です。

しかし，例えば今，東京駅に向かっている人が（13）を発したとすると，東京駅に到着することは確実に成り立つことと捉えられるので，（13）を英訳すると（14a）になります。（もちろん不慮の事故で東京駅に到着できない可能性もありますが，その可能性は条件節の意味には含まれていません）。この場合（14b）のようにifを使うと，途中様々な困難が待ち受けていて東京駅に到着できるかどうかは五分五分の可能性であるというような特殊な状況が喚起されてしまいます。

（13）東京駅に着いたら，お昼ご飯の時間はたっぷりあるよ。

（14）a.　[*When* we get to Tokyo Station], we will have plenty of time for lunch.

b.　??[*If* we get to Tokyo Station], we will have plenty of time for lunch.

逆に，そう簡単には成り立つと言えない条件について述べる場合にはwhenを使うとおかしくなります。例えば，（15）を英語で言うとどうなるか考えてみましょう。

（15）宝くじで10億円当たったら，どうしますか。

（15）では「宝くじで10億円当たる」という条件を設定しています。不可能ではないにせよ，可能性の低い条件となるので，動詞を仮定法過去にし（16a）のような英文に訳します。

（16）a.　[*If* you won 1 billion yen in a lottery], what would you do ?

b.　??[*When* you win 1 billion yen in a lottery], what will you do ?

このような場合に（16b）のように（動詞は直説法のままで）whenを使うと，when節がもつ「起こることが確実／十分あり得る」という意味から，宝くじで10億円当たることが予め決まっているかのように解釈されてしまい，（15）の意図とはかけ離れてしまいます。「宝くじが当たった時にするべきこと」という表現であれば，条件成立の可能性も上がるため，when 節を用いて things to do when you win a lottery と訳せます。

このように，（13）（15）では，いずれも「たら」で終わる条件節が用いられていますが，英語では異なる表現が用いられることに注意が必要です。

» 課題解決！

冒頭の例に戻りましょう。この人は相手に「（夫が）帰って来たら伝えます。」というつもりだったので，正解は（17）になります。

（17）I will tell him *when* he comes back.

ここで when の代わりに if を使うと，「夫は帰宅するかもしれないし帰宅しないかもしれない（例えば，現在別居中である）」というおかしな含意が生じてしまいます。相手に変な顔をされたというのはそういうわけです。

練習問題

次の文を英語にしなさい。

1 秋になったら山々が紅葉します。
2 夜になれば，無数の星が見えます。
3 寝ていると電話がかかってきた。
4 よく見れば知っている人だった。
5 予定がないなら散歩しましょう。
6 花子は教室に行く前に図書館で本を借りた。
7 今日の打ち合わせが終わった後に飲みに行きませんか。
8 先生がいないうちに割れた花瓶を隠してしまおう。
9 山田さんは大学に行く時にはいつもサングラスをかけていた。
10 山田さんが留守をしている間にその男はやって来た。
11 テレビを見ながら勉強するのはあまりよくない。（☆）
12 何事も取りかかる前によく計画を練るべきだ。（☆）
13 大学を卒業したら何をするつもりですか。（☆）
14 バスに乗ってから財布を家に置いてきたことに気がついた。（☆）
15 運転中に眠気に襲われて困った。（☆）

5.9 前置詞

考えてみよう！

［1］の3つの場所を表わす「〜で」は英語にするとそれぞれ違う前置詞になります。［2］の場所を表わす「〜に」も同様です。それぞれを英語にした上で，日本語の「に」と「で」の使い分けと英語の前置詞の使い分けを比較してみましょう。

［1］a. ジョンはカフェテリアで昼食をとった。
　　b. 彼はマイケル・ジャクソンとステージで踊ったことがある
　　c. 鈴木さんはアメリカで言語学の博士号を取得した。
［2］a. ジョンはメアリーとカフェテリアにいる。
　　b. ピアノが舞台の左側にある。
　　c. 山田さんは2001年からフランスに住んでいる。

日本語に注目しよう！

英語の前置詞は，日本語では名詞の後に置く後置詞になることが多いのですが，これは，英語がSVO型言語であるのに対して，日本語はSOV型言語であることによります。しかし，日本語の場所を表わす後置詞である「で」と「に」の間には英語にはない使い分けの規則があります。

（1） a. 太郎は部屋で勉強している。
　　 b. 太郎は部屋にいる。

この「部屋で」と「部屋に」は英語にするとどちらも in the room になります。日本語の（1a）と（1b）の違いは何でしょうか。日本語では，出来事が起こった場所を表わす場合には（1a）のように「〜で」を用いるのに対して，状態（所在）の場所は（1b）のように「〜に」で表現されます。§2.6で，日本語は非状態動詞にテイルを付けて状態動詞に相当する述語を作ることがあると述べました。そのような文でも場所を表わす表現に「〜に」が用いられることがあります。

（2）*太郎は千葉で住んでいる。／太郎は千葉に住んでいる。

（2）の「住んでいる」という述語は現在の状態（所在）を表わしていると考えることができますが，「住む」という動詞自体は状態動詞ではなく，通常はテイルを付けて用いられます。このことから，重要なのは述語全体が表わす意味だということが分かります。

英語と比べてみよう！

日本語の「〜に」と「〜で」の区別は英語にはなく，（1）（2）のどちらでも前置詞inが使えます。一方，英語では日本語にはない別の尺度による区別があります。まず，場所の広さに応じて，空間的な広がりをもつ場合にはinを，単に地点を表わすだけの場合にはatを用います。英語にあるこのような区別は日本語にはありません。

（3） a. The conference was held *at* the nearby hotel.
(その会議は近くのホテルで開催された。)
b. Bill studied physics *in* the United States.
(ビルはアメリカで物理学を勉強した。)

（4） a. The hotel is *at* the center of the town.
(そのホテルは町の中心にある。)
b. The museum is *in* the United States.
(その博物館はアメリカにある。)

このatとinの間に入ってくるのがonという前置詞です。空間的な広がりをもつinに対して，onは平面を表わします。しかも，その面は水平である必要はありません。何かに接触しているというのがonの基本的意味で，（5a）のように「テーブルの上」のような水平の面だけではなく，（5b）のように垂直な面（壁）でも接触している場合にはonが使えます。この点でonは日本語の「の上」とは異なります。

（5） a. John put the book *on* the table.
(ジョンはその本をテーブルの上に置いた。)
b. Nancy put the poster *on* the wall.
(ナンシーはそのポスターを壁に貼った。)

「に」を用いる状態動詞の場合にも同じことが言えます。

（6） a. The book is *on* the table.（その本はテーブルの上にある。）
b. There is a poster *on* the wall.（壁にポスターが貼ってある。）

（6a）では「に」だけでなく，その前に「の上」が付きますが（6b）では「壁に」となります。

次に時を表わす前置詞について考えましょう。この場合も英語では広がりや大きさに応じて，at, on, in が使い分けられますが，今度はその「広がり」や「大きさ」という概念が時間的なものになります。

（7） a. John arrived here *at* 12 midnight.
（ジョンは深夜零時にこちらに到着した。）

b. Mr. Brown left Japan *on* June 1st.
（ブラウンさんは6月1日に日本をたった。）

c. Bill got a Ph.D. degree *in* 1991.
（ビルは博士号を1991年に取得した。）

時刻など短めの時間には at を，日付については on を，比較的長い時間（月や年など）には in を使います。しかし，（7a〜c）の時を表わす表現を日本語にすると，それぞれ「夜中の12時に」「6月1日に」「1991年に」となり，すべて「〜に」になります。ここで注意したいのは（7）はすべて出来事を表わしているということです。先に，日本語では動詞が状態動詞ではない場合，場所を表わす表現にはどれも「〜で」が使われることを見ました。しかし，時を表わす場合には，動詞の種類に関係なくどの場合にも「〜に」が使われます。もちろん「太郎が昨日の午後6時に部屋にいたのは確かですか。」のように状態動詞（この場合「いる」）の場合にも時を表わす表現が「〜に」になるのは言うまでもありません。

以上，英語の前置詞のうち at, on, in に限って，場所を表わす場合と時を表わす場合を見てきました。ポイントは場所と時のいずれの場合もその「広がり」や「大きさ」に応じて使い分けるということでした。

以下では at, on, in 以外の前置詞をいくつか，対応する日本語と比較しながら見ることにしましょう。まず，場所を表わす場合ですが，上下関係や前後関係を表わすものに次のようなものがあります。

（8） a. John was standing *in front of* the building.
（ジョンはそのビルの前に立っていた。）

b. Mary was hiding herself *behind* the curtain.
（メアリーはカーテンの後ろに隠れていた。）

（8a）の in front of は複合表現ですが，（8b）の behind の反対語に相当し，全体で前置詞のような働きをしています。この点で興味深いのは，日本語では英語の in front of の front にあたる「前」という名詞が使われますが，例えばbackのような名詞を含まないbehindの場合でも日本語では「後ろ」という名詞が必要になるということです。

先にonという前置詞に関して，場所を表わす場合には「接触している」ことが基本的意味で，その一例として「の上に」「の上で」という意味になることに触れましたが，同じ「上」でも接触していない時にはoverを，さらに必ずしも真上ではないが上方にあるという場合にはaboveを使います。そしてoverとaboveの反対語がそれぞれunderとbelowです（なお，overには「～を超えて（向こう側に）」という意味もあります）。

（9） a. A lamp was hanging *over* the table.

b. The clouds are *above* the mountain.

ここでも日本語では「上」という名詞が必要になります。日本語の後置詞は英語の前置詞に比べると数が圧倒的に少ないために，様々な空間的な関係を表現するためには，このような名詞に頼らざるを得ないのです。「に」「で」以外の後置詞としては「から」「まで」「へ」「と」ぐらいしかありません（このうち「から」や「へ」は語源は名詞であったと考えられています）。英語の様々な前置詞に対応する意味を日本語では限られた後置詞と空間を表わす名詞の組み合わせによって表現しているのです。

次にat, on, in以外の時間的関係を表わす前置詞を取り上げましょう。期間を表わすforや前後関係を表わすafterやbeforeがあります。

（10） a. John stayed in the hotel *for* three days.

b. Let's talk about it *after* the meeting.

c. John finished his assignment *before* the deadline.

これらの時間的表現は，それぞれ「3日間」「会議の後で」「締め切りの前に」という日本語に対応し，日本語ではやはり「間」「後」「前」という名詞が使われています。後置詞はここでも「に」と「で」だけです。

最後に，前置詞が時間や場所以外の意味を表わす場合を1つだけあげておきます。前置詞forが「のために」という意味を表わすことがありますが，ここでも「ため」という名詞に後置詞の「に」が後続しています。

課題解決！

冒頭の問題に戻りましょう。日本語の「に」と「で」の区別は英語ではまったく問題にならず，同じ「に」や「で」であっても，その「広がり」

や「大きさ」に応じてat, on, inを使い分けることを見ました。したがって，［1］と［2］の解答はそれぞれ（11）と（12）のようになります。

（11）a. John had lunch *at/in* the cafeteria.
（ジョンはカフェテリアで昼食をとった。）
b. He has danced *on* the stage with Michael Jackson.（彼はマイケル・ジャクソンとステージで踊ったことがある。）
c. Mr. Suzuki got a Ph.D. in linguistics *in* the United States.（鈴木さんはアメリカで言語学の博士号を取得した。）

（12）a. John is *at/in* the cafeteria with Mary.
（ジョンはメアリーとカフェテリアにいる。）
b. There is a piano *on* the left side of the stage.
（ピアノが舞台の左側にある。）
c. Mr. Yamada has been living *in* France since 2001.
（山田さんは2001年からフランスに住んでいる。）

（12c）の「2001年から」の「から」はfromではなくsinceであることに注意してください。完了（進行）相とともに使われ「ある時点からずっと」という場合にはsinceが使われます。また，（11b）にはwithという前置詞も出てきます。日本語の「と」に相当しますが，この「と」は「一緒に」という表現が補われ「と一緒に」となることも多々あります。

練習問題

次の文を英語にしなさい。

1 太郎は台所のテーブルで本を読んでいた。
2 カバンは机の下に置いてください。
3 花子は東京の私立大学に通っている。
4 山田さんの会社はパリに支社がある。
5 研究室の壁にカレンダーが掛けてあった。
6 この列車は14時28分に発車予定です。
7 4月になればキャンパスは学生で賑やかになるでしょう。
8 春学期の授業は4月6日から始まります。
9 私が田中さんを最後に見かけたのは2012年のことである。
10 太陽は地平線に沈んだ。

5.10 比較構文

考えてみよう！

次の「～より（も）」「～のほう」を含む文を英語にしてください。

［1］コンサートに来た人よりもパーティーに来た人のほうが多かった。

［2］海外ファンドでは買った株のほうが売った株より多かった。

日本語に注目しよう！

英語の比較級・最上級という「級」の概念は日本語にはありません。日本語で比較の意味を表わす際には形容詞・副詞は語形変化せず，比較する相手を明示する場合にはそれに「より」を付けて表わします。また，比較する相手が自明であり，明示する必要がない場合には「のほう」を付けて表わします。例えば，（1）と（2）の文は共に長さという尺度における比較を表現していると言えますが，「長い」という形容詞は語形変化をしませんので（3）の場合とまったく形が変わりません（「が」と「は」の違いは無視してください）。

（1）　この鉛筆はあれより長い。

（2）　この鉛筆のほうが長い。

（3）　この鉛筆は長い。

（1）に比較の意味を与えているのは，比較の対象になっている「あれ」に付加されている「より」という表現です。比較する相手を明示しない場合には，（2）のように，比較の本体（この場合は主語の「この鉛筆」）に「のほう」を付けます。この場合も形容詞「長い」に形の変化はありません。（1）でも「この鉛筆のほうが」とすることが可能です。つまり日本語では，比較の尺度を表わす表現（上例では形容詞）には一切手を加えず，比較されている2つのもののいずれか（あるいは両方）に印を付けます。

他方，英語の最上級に対応する日本語の表現は英語に似ていると言えなくもありません。英語の most（後述）のように，形容詞の前に「最も」や「一番」を付けると，英語の最上級に相当する意味が表現できます。

（4）この鉛筆が（ここにあるものの中では）{最も／一番}長い。

英語と比べてみよう！

上記の（1）から（4）までの文を英語にすると以下のようになります。

（5） This pen is *longer* than that one.

（6） This pen is *longer*.

（7） This pen is long.

（8） This pen is the *longest* among those available here.

（5）（6）では形容詞 long が longer という形式をとり，（8）では longest という形式をとっています。それぞれ，比較級と最上級の接尾辞である -er と -est が形容詞 long についています。さらに比較級の形容詞の後には than という比較構文専用の語が使われています。

比較級・最上級が存在するのは形容詞だけではありません。副詞にも比較級と最上級の形があります。

（9） a. John worked *harder* than Mary.

b. John worked *hardest* of the three.

比較級と最上級が，形容詞や副詞の語形変化ではなく，形容詞や副詞の前に more と most を置くことによって表わされる場合があります。このような語形変化によらない比較級・最上級の作り方を「迂言的比較変化(periphrastic comparison)」と呼び，次のような例があります。

（10） Your case is *more* important than mine.

（11） Mary danced *most* elegantly in our team.

比較級・最上級を表わすのに，語形変化と迂言的比較変化（more, most）のどちらを用いるのかについては，次のガイドラインを紹介しておきましょう（「音節」とは，おおまかに言えば母音単独，あるいは母音の前後に 1 個または複数個の子音を伴って構成する音の連なりです)。

（12） a. 単音節の形容詞や副詞は語形変化を用いる。

b. 3 音節以上の場合は more, most を用いる。

c. 2 音節の場合には，（13）に示す特例を除いて，原則（12a）（12b）のどちらも可能。

（13） 次の場合には more, most を用いる。

a. -ful, -less, -ish, -ed, -al, -ic, -ous で終わる場合（careful, useless, foolish, pleased, local, tragic, famous など）

b. a- で始まる場合（afraid, alike, aware など）

語形変化にせよ迂言的比較変化にせよ，比較級・最上級にするためには，その形容詞や副詞には「段階性」という意味的条件が要求されます。「段階的（gradable）」とはその形容詞や副詞が表わす属性に程度の幅があるということで，逆に，そうであるかないかの二者択一的な場合は「非段階的（non-gradable）」と呼ばれます。比較構文だけでなく，程度の副詞によって修飾される形容詞や副詞は段階的なものでなければなりません。

（14）a. *This room is very *rectangular.*

b. *John is more *asleep* than Mary.

上例のように，rectangular（長方形の）や asleep（眠っている）は二者択一であり中間の段階は考えられませんので非段階的です。したがって，比較構文に現われたり，程度の副詞によって修飾されることはできません。

比較級・最上級とは別に「同等比較」と呼ばれる構文があります。次の例のように，「形容詞や副詞が表わす特徴の程度に関して，A が少なくとも B に負けていない」という意味を表わします。

（15）a. This problem is *as* important *as* that one.

b. John works *as* hard *as* Mary (does).

この構文では as ～ as という形式が用いられますが，形容詞や副詞の形は変わっていません。この形式を比較級・最上級に対して「原級」と言うことがあります。これらの例は日本語にするとそれぞれ「この問題はあの問題と同じくらい重要だ」「ジョンはメアリーと同じくらい懸命に働く」となりますが，上で「少なくとも～に負けていない」という回りくどい言い方をしたのは，この構文は完全に「等しい（＝）」というよりも「以上（≧）」という関係を表わしていると言ったほうが正確だからです。その証拠は否定文にするとはっきりします（否定文に限り 1 つ目の as は so にすることができます）。

（16）a. This problem is not {*as/so*} important *as* that one.

b. John does not work {*as/so*} hard *as* Mary (does).

これらの文は「重要度」や「懸命さ」において比較されている 2 つのものが同等でないという意味ではなく，それぞれ「この問題はあの問題ほど重要ではない」，「ジョンはメアリーほど懸命には働かない」という意味を表わしています。つまり，それぞれ「重要度において劣る」「懸命さにおいて劣る」ということで，不等号で表わせば「未満（<）」の関係です。これは「等号（=）」の否定ではなく「以上（≧）」の否定なのです。「同等比較」という名称に惑わされないようにしましょう。

さて，数量詞に関する日英語の用法の違いを§3.3で扱いましたが，英語では日本語と異なり数量詞は主語や目的語などを直接修飾するほうが一般的です。その数量詞の中で，数や量の多少を表わすmany, much, few, littleには比較級と最上級の形式があります。（17）の表にまとめました。fewを除いて不規則変化になることに注意してください。

（17）

	比較級	最上級
many（多数）	more	most
much（多量）	more	most
few（少数）	fewer	fewest
little（少量）	less	least

したがって，（18）を基にした（19）のような比較構文が可能です。

（18）John bought many books.

（19）John bought *more* books than Mary bought.

（19）はJohn bought some booksとMary bought some booksの2つの文が成り立ち，1つめの文のbooksの数が2つめの文のbooksの数より多いことを表わしています。日本語に直訳すると「ジョンはメアリーが買ったよりたくさんの本を買った。」となりますが，非常に不自然です。「ジョンが買った本のほうがメアリー（が買った本）より多かった。」のほうがずっと自然ではないでしょうか。さらに，次のように前置詞句の中に比較級の形容詞を含むNPが現われる比較構文も英語ではよく用いられます。

（20）John worked in a *bigger* company than Mary worked/did.

日本語の直訳は「ジョンはメアリーが働いたよりも大きな会社で働いた。」となりますが，これも「ジョンが働いた会社のほうがメアリーが働いた会社よりも大きかった。」という表現のほうがはるかに自然だと言えます。

≫ 課題解決！

冒頭の例の1つ目はまさに主語が比較級の形容詞を含む例で，［1］を英語にすると次のようになります。

（21）More people came to the party than (came) to the concert.

まず，「パーティーに来た人は多かった。」という文を考えましょう。§3.3 で説明したように，日本語では「多かった」と述語に数量を表わす語（形容詞）が現われるのに対して，英語では数量詞 many を主語の名詞句内の修飾語句として用いるのが普通です。したがって，Many people came to the party. となります。この文を比較構文にすると，many が more という比較級になり，さらに than 節を従えます。主語に比較の対象が置かれているために than 節内の主語位置は（関係節の場合と同様に）空所になり，than に動詞が直接後続する形式になります。丸括弧で示したように，この動詞は主節の動詞の繰り返しになるので省略することもできます。

［2］も同様に数量詞が直接名詞を修飾する形で表現します。この場合は目的語の部分が比較されている例となり，その点では先に見た（19）と同じですが，［2］では目的語をとる動詞が主節と than 節で同じではないという点で（19）とは異なります。比較級にする前の基本文は Foreign funds bought some shares. と Foreign funds sold some shares. ですから，それを比較構文にした文全体は次のようになります。

（22）Foreign funds bought *more* shares than they sold.

この文をそのまま直訳すると「海外ファンドは売ったよりも多くの株を買った。」となりますが，明らかに翻訳調で，［2］のような日本語のほうが自然です。同じ比較の意味を表現するのに日英語では異なる構文が用いられることに注意する必要があります。

最後に，比較構文と否定を表わす数量詞 no との関わりについて 1 つだけ解説しておきます。英語では比較級の形容詞・副詞の前に no が付くことがあります。次のような文です。

（23）a. A whale is *no* more a fish than a horse is.

b. My daughter is *no* less talkative than my wife is.

（23a）は，例文にクジラが使われていることから，「クジラ文」と呼ばれることがありますが，その本質は必ずしも正しく伝えられていないようです。（23a）に与えられる典型的な訳文は「クジラが魚でないのは馬が魚でないのと同じだ。」です。しかし，これは単に A と B の関係が C と D の関係と同じだと言っているのではありません。「クジラが魚である（A whale is a fish.）」ことと「馬が魚である（A horse is a fish.）」ことを比べて，前者が後者より事実として成立する度合いが大きい（more）ということはない（no）と言っているのです。この否定文の本質はクジラが魚であるという主張がいかに馬鹿げているかを指摘することにあり，通例 than 以下には「明らかに間違っている」命題をもってきます。「クジラが魚だというのなら，馬だって魚になってしまいますよ。」というのが真に言わんとすることです（久保田 2007: 84－86)。（23b）も意味を導き出す仕組みは（23a）と同じです。つまり，「私の娘がおしゃべりだ（My daughter is talkative.)」と「私の妻がおしゃべりだ（My wife is talkative.)」を比べたときに，前者の方が後者よりもその度合いが小さい（less）ということはない（no）と主張しています。（23a）とは反対に，than 以降には「明らかに正しい」命題（妻がおしゃべりである）が来ますので，（23b）は「私の娘は妻に負けず劣らずおしゃべりだ。」となります。（23a）と（23b）の違いは，前半と than 以降の後半の命題を比べたときに，その度合いがより大きい（more）ことを否定するか，より小さい（less）ことを否定するかです。この種の構文は学術的な書き物では頻出しますので，この本質をしっかり押さえておきましょう。

練習問題

A 次の文を日本語にしなさい。

1 More students are killed while getting on or off a school bus each year than are killed as passengers inside of a school bus.
2 Your new book is no less interesting than your last.
3 Mary is happiest when she is playing the piano.
4 The movie was not so interesting as I expected.
5 I am less tired than sleepy.（☆）

B 次の文を英語にしなさい。

1 太郎は同級生の誰にも負けないほど数学に強い。
2 山田さんは田中さんより年下だ（比較級を使わず原級で)。
3 今学期は中国語より韓国語を履修している学生が多い。
4 そのテレビドラマは回を重ねるごとに面白くなっている。
5 彼女は著名な父親に勝るとも劣らない作家である。（☆）

第6章

否定の世界

「否定」の表現が存在するということは，人間の言語の大きな特徴の１つです。これが極めてユニークな特徴であることは，例えば，絵でこれを表現しようとするとすぐに分かります。「私は今，動物園にいます」ということを絵で描こうとすることはそれほど難しいことではないかもしれません。動物園の様子を描き，その中に「私」がいることを絵で示せば，上記の文の内容のかなりの部分を絵で表現できるでしょう。小さな子どもがよく描きそうな絵です。しかし，「私は今動物園にはいません」ということを絵で描けるでしょうか。先ほど描いた絵に大きな×を付ければよいと考えるかもしれません。しかし，その×は一体何を示しているのでしょうか。もしそれが「否定」の印なのだと言ってしまうと，それはもはや絵ではなく，言語の世界での話になっているのです。

上記の×を付ける操作，それが「否定」です。人間の言語であれば必ず何らかの否定の方法があります。動物のコミュニケーションに「どこにどの程度のエサがあるか」という情報を伝える方法（例えばミツバチの「尻振りダンス」）があることはよく知られていますが，「どこどこにエサがない」ということを仲間に伝えている動物のコミュニケーションの例は報告されていません。

英語にも日本語にも否定を表わす方法があります。しかし，日英語の間でその方法に若干の違いがあります。まず，英語でも日本語でも述語に否定辞を付けて，文を否定する方法があります。例えば，I do *not* smoke. とそれに対応する「私はタバコを吸わない。」はどちらも述語に否定辞が付いています。§6.1 ではそのような否定の方法を概観します。

次に，§6.2 では日本語にない英語の否定の方法を学びます。述語にではなく，主語や目的語などに否定辞を付ける方法です。*No* one came. がその端的な例ですが，日本語ではそのような表現はできません。

さらに，一言で「否定する」（上記の×を付けるのに相当）といっても，文のどの部分を否定する（×を付ける）のかという問題が生じます。その問題を §6.3 で取り上げます。

6.1 述語否定

考えてみよう！

［1］は［2］を否定文にしたものですが，前提に応じて何通りかに解釈できます。「前提（presupposition）」とは，発話の際に話し手が聞き手もすでに知っていると思っている情報のことです。［1］にはどのような解釈が可能でしょうか。また，それぞれに対応した日本語も考えてみましょう。

［1］John didn't return the book.

［2］John returned the book.

日本語に注目しよう！

日本語の否定文は「ない」という語を動詞の未然形に接続させます（例：太郎はいつも朝食は食べない）。この「ない」という否定辞は語形変化から分かるように形容詞です。日本語では，英語と異なり，形容詞自体が過去形になれます（例：美しい—美しかった）ので，「ない」も「なかった」と過去形にできます。

日本語は形容詞単独で述語を形成できる（例：花子はかわいい。）ので，その否定文は同じく「ない」を形容詞の未然形に接続させます（例：花子はかわいくない）。「きれいだ」のような形容動詞は「きれいでない」となりますが，ここでも「ない」が形容動詞の未然形に接続し述語を形成しています。日本語の否定文では必ず述語内に否定辞「ない」が入るのです。「ない」以外の否定辞としては「ず」や丁寧体の「～ません」がありますが，いずれにしても述語内に否定辞があることに変わりはありません。このような否定を本書では「述語否定」と呼ぶことにします。

英語と比べてみよう！

英語にも述語否定があります。英語の否定辞の代表的なものは not ですが，現代英語でこれを使うためには必ず助動詞的な要素を必要とします。

（1） a. John may leave.

b. John may *not* leave.

（2） a. Mary has arrived.

b. Mary has *not* arrived.

（3） a. Bob is here.

b. Bob is *not* here.

（1b）（2b）（3b）のように，法助動詞／完了の have ／ be 動詞があれば，その後ろに not を挿入します（be 動詞はすべて助動詞になりえます）。一方，助動詞がない文には do が挿入されます。

（4） a. John arrived.

b. John did *not* arrive.

（4a）と（4b）を比べると，（4a）で arrive という動詞についていた過去形の接尾辞（-ed）が（4b）では do に移動しています（do＋-ed → did）。また，疑問文を作る際，（1a）（2a）（3a）はいずれも助動詞を主語の左に置くだけで疑問文になりますが（May John leave ?/Has Mary arrived ?/Is Bob here ?），助動詞がない（4a）では do が用いられます。その際 arrive についていた過去形の接尾辞（-ed）は do のほうに移り，Did John arrive ? という疑問文になります。本書ではこれ以上踏み込みませんが，いわゆる「助動詞」と呼ばれるものは時制を担っているのです。

さて，肯定文と否定文ではその使われ方に大きな違いがあります。否定文のほうが肯定文より用いられる文脈により厳しい条件が見られます。

（5） a. Look ! Your daughter is dancing.

b. ??Look ! Your daughter is *not* dancing.

（5a）で会話を始めることはできますが，いきなり（5b）で話を始めるのは不自然です。肯定文は聞き手にとってまったく新しい情報（新情報）を伝えるために用いることができるのに対して，否定文は何らかの前提となる情報（旧情報）があってそれを正すかあるいは補足するために用いられるのが普通だからです。冒頭で述べたように，「前提」とは，発話の際に話し手が聞き手もすでに知っていると考えている情報のことです。どのような情報を前提とするかによって，同じ否定文でも意味が異なります。

例えば（6）の文を考えてみましょう。

（6） John *didn't* turn in his homework.

もし Someone turned in his homework. という文が前提にあって（6）を発言すれば「宿題を提出した人がいるが，それはジョンではない」ということになります。他方，Someone did not turn in his homework. という文が前提になっているとしたら，（6）は，「宿題を提出しなかった人がいるが，それはジョンだ」という意味になります。この場合に日本語では「ジョンが宿題を提出しなかった。」のように「ジョンは」ではなく「ジョンが」にすることによってその意味を明確に表現できます。

もう1つ可能な解釈があります。それはJohn turned in something.が前提になっている場合で，「ジョンが何かを提出したが，それは宿題ではない」という意味になります。このように否定文は肯定文よりもずっと文脈に依存する傾向が強いのです。日本語ではこういう場合には「ジョンは宿題は提出していない。」というように，焦点となる部分に対比を表わす「は」を付けることで意図した意味をはっきりと伝えることができます。

» 課題解決！

冒頭の例［1］も何を前提にするかによって3通りに解釈できます。

（7） a. Someone returned the book.
b. Someone did not return the book.
c. John returned something.

もし（7a）が前提なら，「本を返却した人がいるがそれはジョンではない」となり，（7b）が前提なら，「本を返却しなかった人がいるがそれはジョンだ」という意味になります。（7c）が前提の場合は上記の2つとは大きく異なり目的語が否定の焦点となります。「ジョンは何かを返したが，それは本ではない」という意味になります。以上3通りの読みは日本語では「は」や「が」を用いて言い分けることができます。

（8） a. ジョンは本を返却しなかった。
b. ジョンが本を返却しなかった。
c. ジョンは本は返却しなかった。

練習問題

次の否定文の解釈（複数）とその前提を答えなさい。

1 Bob didn't play baseball.
2 John didn't invite Mary to the party.
3 Tom was not arrested for bribery.
4 John does not work on Wednesday.
5 Mr. Brown does not teach English.

6.2 述語以外の否定

考えてみよう！

次の文は2通りに解釈できます。どのような解釈が可能なのか考えてみましょう。（ヒント：would は仮定法の条件節に続く帰結節に使われる助動詞と同じです。）

［1］John would be happy with no job.

日本語に注目しよう！

前節では英語の否定の方法の1つである「述語否定」を説明しました。否定辞 not を助動詞（can や may などの法助動詞，完了の have，be 動詞全般）や（助動詞がない場合に用いられる）do の後ろに挿入することによって，否定文を形成する方法です。日本語では品詞上は形容詞である「ない」を動詞・形容詞・形容動詞の未然形に接続させることによって否定文を作りますが，これも「述語否定」の一種と言ってよく，実際それが日本語では文を否定する唯一の方法です。もちろん，語形成（形態論）のレベルで否定語を作ることは可能です。例えば，「太郎は幸せでない。」は「太郎は不幸せだ。」という文で同じ意味を表わすことができます。しかし，これは文レベルの否定ではなく，語形成のレベルで「幸せ―不幸せ」という反義語を作っているに過ぎません。それは英語の happy ― unhappy に見られる un- という接辞を用いた語形成と同じことです。このような語形成のレベルでの否定はここでは考えません。

英語と比べてみよう！

英語では述語否定以外に文レベルで否定を表現する方法があります。次の文を見てください。

（1） John does *not* have any money.

（2） John has *no* money.

（2）は（1）と同義ですが，（1）と異なり，否定辞 not が用いられていません。名詞の前に置かれている no は（1）の any と同じく名詞を直接「限定」しており（そのため「限定詞」の一種とされます），has の目的語である NP の一部になっています。このように英語では述語（助動詞）に否定のマーカーを付ける代わりに，主語や目的語位置に現われるNPに否定のマーカーを付けることによって否定の意味を表わすことができるのです。主語に否定のマーカーを付けた例を次にあげます。

（3） *No* student came to class.

目的語のNPにnoが使われている（2）では（1）のような否定辞notを用いたパラフレーズが可能でしたが，（3）の文をそのようにパラフレーズすることはできません。

（4） **Any* student did *not* come to class.

なぜなら，anyは「否定対極表現（negative polarity item）」と呼ばれ，必ずnotの「作用域」内，すなわちnotの右側に位置しなければならず，any ... notという語順は不可能だからです（「作用域」という用語はすでに§5.7で導入しましたが，ここでは否定が及ぶ範囲のことで，詳細については§6.3で解説します）。

not ... anyは「どれも～ない」という意味になります。これとよく似た表現でnot ... allというのがあります。

（5） a. I do*n't* have *any* of them.
 b. I do*n't* have *all* of them.

（5a）は先に見た（1）と同様に「どれも持ってない」という意味で，これを「全面否定」と言います。それに対して，（5b）はallが否定され「すべてではない」という意味になり，これを「部分否定」と言います。（5）ではanyもallもnotの右側にあるという点で共に否定の作用域内にありますが，両者の意味が異なることに注意してください。

さて，否定辞が文の内容全体を否定するのではなく，文中の特定の語句を否定することもあります。このような否定を「語句否定」あるいは「構成素否定」と言います。次の例を見てください。

（6） a. I asked him *not* to leave.
 b. *No* news is good news.

（6a）の文全体は肯定文で，文中のnotはto leaveを含む不定詞節の部分だけを否定して「私は彼に帰らないように頼んだ」という意味になります。（6b）はことわざで「便りのないのはよい便り」という意味で，noがもつ否定の意味はno newsというNPの中に留まっていて文全体に及んでいません。もちろん，（3）のno studentのように，noが文否定の働きをすることもできますが，その場合には「どんなニュースもろくなニュースはない」という意味になります。(6b) には多義性があるということになります。

さて，もう1つ否定を表わす例を見てみましょう。文中に否定辞が現われないので形式的には肯定文ですが，意味的には否定を表わすと考えられる文があります。

(7) a. Your term paper is *far from* satisfactory.

b. I *failed* to lock the door before I left.

c. He was *anything but* a hero.

(7a) の far from はもともと far from Tokyo のように NP を従え，その NP が指す場所から遠いことを示す表現ですが，その用法が拡張され，後ろに形容詞を従えて「とても～とはいえない」という意味になり，hardly と同じ使われ方をします。(7b) の fail は「～しない」という意味で，語彙の中に否定の意味が入っています。つまり I didn't lock the door before I left. と実質的に同じことを表わしています。(7c) も結果として否定の意味をもつことになるのですが，この場合の but は except の意味を表わします。したがって「彼は英雄以外の特徴であれば何でもあり」ということから「彼はとても英雄といえるものではなかった」(=He was not a hero at all.) という意味が生じます。(7a) と同様に，後に形容詞を従えることもでき，She is anything but shy. (=She is not shy at all.) という文も可能です。実は，この (7a) や (7c) も，§5.3 の (15) で見た自由関係節の例と同様，構造的主要部 (far と anything) と意味的主要部 (satisfactory と a hero) にずれが生じている例になることを指摘しておきます。

課題解決！

冒頭の［1］(次の (8a) に再掲) が2通りに解釈できる理由を考えてみます。この例では with no job という PP の中に no が入っています。これが文否定の働きをする場合には，(8b) のように書き換えられます。

(8) a. John would be happy with *no* job.

b. John would *not* be happy with *any* job.

つまり「ジョンはどんな仕事でも気に入らないだろう」という意味です。(8a) のもう1つの解釈は no の否定の働きが no job という NP の中に収まっていて，NPの外に否定の力が及ばない場合です。その場合には no job は仕事がないことを表わし，「ジョンは仕事がなければ幸せだろうに」という意味になります。この文に出てくる would は仮定法の帰結節に出てくるもので，with no job が条件節（if 節）の代わりの働きをしています。実はこの2つの解釈をどちらかに限定する方法があります。1つは，with no job を文頭に出して（9a）のようにすることです。そうすると with no job が独立して解釈され，文全体には否定の力が及ばないため，「ジョンは仕事がなければ幸せだろうに」という解釈しか生じません。もう1つは，（9b）のように with no job の前置とともに主語と助動詞の倒置も行なう方法です。そうすると今度は with no job が文の構造にしっかりと組み込まれて，否定の力が文全体に及びます。そのため「ジョンはどんな仕事でも気に入らないだろう」という解釈だけになります。

（9） a. With no job, John would be happy.

b. With no job would John be happy.

つまり，with no job が文末にある（8a）は，（9a）と（9b）のどちらにも解釈できるため2通りの解釈が可能なのです。

練習問題

A 次の文を自然な日本語にしなさい。

1 There is no rule without exceptions.
2 No wise person would do such a thing.
3 We had neither food nor drink.（☆）
4 Not many people can afford to own a Lamborghini.（☆）
5 He is the last person I want to see.（☆）

B 次の下線部の表現は否定文でしか用いられない「否定対極表現」です。それぞれの意味を辞書で調べ，文全体を日本語にしなさい。

1 No one <u>bothered</u> to visit him.
2 He didn't <u>lift a finger</u> to help me.
3 He won't <u>budge an inch</u> on the issue.
4 No one <u>gave a damn</u> about what happened to me.
5 She never <u>batted an eye</u> no matter how hard the task was.

6.3 否定の作用域

考えてみよう！

次の2つの文の意味の違いを考えてみましょう。

［1］John doesn't lock the door very often.

［2］Very often, John doesn't lock the door.

日本語に注目しよう！

「ここにあるもの全部必要ですか。」という問いに対して，「全部必要ないです。」と答えた場合と「全部は必要ないです。」と答えた場合とでは，同じように「必要ない」と答えを結んでいても両者には明確な意味の違いがあります。前者の答えは，言い換えると「[必要でない] ものは全部だ」ということで，「ない」は「必要だ」を否定していて，「全部」を否定しているわけではありません。この場合，「全部」という数量詞は「ない」という否定辞の「作用域」には含まれません。逆に，後者の答えは，「必要なのは［全部ではない]」ということで，「全部」は「ない」の作用域の中にあり，そのため否定されています。「全部」に付けられた「は」はそこが否定されていることを示しているのです。これは英語にはない日本語の特徴です。ここでは，否定文において，否定の働きが及ぶ範囲を「作用域」，その中で特に否定される部分を「焦点」と呼ぶことにします。

英語と比べてみよう！

英語では，否定の作用域には多くの場合，語順が重要な役割を果たします。基本的には，否定の作用域は否定辞の右側から文末に及びます。まず，many を例に説明してみましょう。分かりやすくするために否定の作用域を［　　　］で，否定辞と数量詞を太字で示します。

（1） **Many** arrows did [**not** hit the target].

この文では many は not の左側にあり，否定の作用域の外にあります。したがって，not は hit the target を否定し「的に当たらなかった矢がたくさんあった」という many が否定されていない解釈になります。この文を受動文にしてみましょう。

（2） The target was [**not** hit by **many** arrows].

ここでは many は not の右側に位置していて，many は［　　　］で示した否定の作用域内にあります。その結果 not は many を否定することになり，「的に当たった矢はあるが，その数は多くない」という解釈になります。同様のことは，all にもいえますが，話はやや複雑です。

（3） a. I have [**n't** read **all** of these papers].

b. All of the students are [**not** satisfied].

（3a）は「私がこれらの論文の中で読んだものがある」ということを前提にして「すべてではない」と述べています。つまり，部分否定になります。［　　　］で示した否定辞（n't）の作用域内にある all が否定されるからです。他方，all が not の左に位置している（3b）の 1 つの解釈は，all が否定の作用域外にあり，all が否定の焦点にならない解釈です。その場合には「その学生たちはすべて（全員）満足していない」という意味の全面否定になります。しかし，（3b）は（many の場合と異なり）all が否定され「すべての学生が満足しているわけではない」という部分否定の意味になることもあります。ただし，この部分否定の解釈の場合には，文全体が否定の作用域になりますが，（3'）に示したように，all に文強勢（大文字で表記）が置かれるのに加えて文末（satisfied）の部分のイントネーションが（平叙文としては例外的に）上昇調（矢印で表記）になります。

（3'） [ALL of the students are not satisfied]. ↗

この例では作用域の違いは音声面でのみ表現されることになります。

以上，数量詞と否定の作用域関係を考えるのに，many と all の例を見ました。次に some と any について説明します。まず，否定文に現われる any ですが，これは必ず否定されなければならず，このような表現を「否定対極表現」と呼ぶことはすでに触れました。そのため，否定辞 not との語順関係に関して，次のような対比が観察されます。

（4） a. I have [**n't** read **any** of these papers].

b. ***Any** of the students are [**not** satisfied].

（4a）では any が not の作用域内にあり，否定の焦点となるため，「私はこれらの論文を 1 つも読んでいない」という意味で正しい文となります（この文が部分否定の（3a）に対応する全面否定の文になります）。しかし，（4b）では否定の焦点にならなければならない any が not の左側にあり，否定の作用域の外にあるため，（4b）は非文法的です。（4）の 2 つの文は（5）のように言い換えることができ，実際（4b）で意図した意味を表現するには（5b）の言い方しかありません。

（5） a. I have read **none** of these papers.

b. **None** of the students are satisfied.

（5）の none という表現は no と one が複合してできた表現です。no の後には必ず主要部名詞が続かないといけないので，主要部名詞にあたる one を含んだ none という表現になります。そのため，（6b）（7b）のように no の後に主要部名詞が後に続くこともできます。この否定の表現は前節で説明した通りで，not ... any と同じ意味になります。

（6） a. I did [**not** see **any** student in the room].

b. I saw **no** student in the room.

（7） a. ***Any** student did [**not** come to my class].

b. **No** student came to my class.

（7a）が非文法的なのは，先に述べた通りです。

以上，否定対極表現としての any について解説しましたが，some はその逆で，通常は肯定平叙文でしか使えません。例えば，否定文に something が使われている *John didn't say something. は容認不可能です。このような表現を「肯定対極表現（positive polarity item）」と言います。some だけでなく some で始まる someone，somebody，sometime，somewhere などの表現も同様の性質をもちます。なお，others や他の some と呼応して「なかには…（もある）」という意味の some は文強勢が置かれ，否定文でも用いられます（I don't like some music, but I like other kinds.「好きでない音楽もありますが，他は好きです」）。

否定辞との作用域関係が問題になるのは，数量詞だけではありません。ある種の副詞も否定の焦点になるかならないかで解釈が変わってくる場合があります。次の2つの文の解釈の違いを考えてみましょう。

（8） a. He did [**n't** answer the question **correctly**].

b. He **correctly** did [**n't** answer the question].

（8）では，correctly という副詞が否定の焦点になるかどうかで意味が異なります。（8a）では correctly が否定辞 n't の右にあり否定の作用域内にあります。したがって，否定の焦点になり「彼は正しくない答え方で質問に答えた」という解釈になります。つまり，否定されているのは correctly であり「彼がその質問に答えた」ことは前提になっている（否定されていない）のです。この場合の correctly は様態を表わす VP 副詞として働いています（§5.5 を参照）。他方，（8b）は correctly が否定辞の左にありますので，否定の作用域外にあり，否定の焦点になれません。したがって，「彼はその質問に答えなかった」ことになり，そのことに対して話し手が「彼は正しかった」というコメントを述べている解釈になります。correctly が助動詞 did の左にあることから分かるように，これは S 副詞であり，「主語指向の副詞」として機能しているのです（§5.6 を参照）。

この例から分かることは否定の焦点になりうる修飾語句（先の（8a）の場合は correctly）が否定の作用域の中に追加されるとそれが否定され，その修飾語が修飾している被修飾要素（（8a）の場合は answer the question）は否定の焦点からはずされるということです。

これを今度は「程度の副詞」を用いた例で示しましょう。

（9） a. John is [**not stupid**].

b. John is [**not very** stupid].

同じような否定文ですが，very の有無で，ずいぶんと意味が違ってきます。（9a）では stupid が否定の焦点になるので，「ジョンは愚か者ではない」という意味になりますが，（9b）で否定の焦点になるのは stupid を修飾する「程度の副詞」である very になります。つまり，「ジョンが（ある程度）愚か者である（John is stupid (to some extent).）」という前提のもとで，「その愚かさはそれほどでもない。」と言っているのです。「愚か者である」こと自体を否定している（9a）とはずいぶん違います。

このように「否定の作用域内にある」ということと「否定の焦点になる」ということは同じではありません。前者は後者の必要条件にすぎません。実際，否定の作用域内にあって，否定の焦点になってもならなくてもどちらでもよい副詞さえ存在します。時を表わす副詞的表現が典型的な例です。

（10） a. John did [**n't** go out to dinner **yesterday**].

b. They were [**n't** at home **for the whole day**].

c. **Yesterday** John did [**n't** go out to dinner].

（10a）の文末にある「時の副詞」yesterday が否定の焦点になるかどうかで，意味が大きく変わってきます。yesterday が否定の焦点でない場合には「ジョンは昨日夕食を食べに出かけなかった」という意味になり，否定されているのは go out to dinner という述語です。もし yesterday が否定の焦点になると，すなわちこの文で否定されているのは yesterday だけであって go out to dinner ではないとすると，「ジョンが夕食を食べに出かけたのは昨日ではない（別の日だ）」という意味になります。ここで，日本語の「は」の働きを思い出してください。日本語ではこの2つの解釈は明確に区別できます。なぜなら，「昨日」が否定の焦点になる場合には「ジョンは昨日は夕食を食べに出かけなかった。」のように「は」を「昨日」に付加することによってそれを示すことができるからです。なお，（10c）のように，yesterday を前置して文頭に置くと「ジョンは昨日夕食を食べに出かけなかった」という解釈しかできなくなります。これは yesterday が否定の作用域内にないことから明らかでしょう。

同様に，（10b）の例も，for the whole day が（否定の作用域内にあっても）否定の焦点になるかどうかで2通りに解釈できます。否定の焦点にならない場合には「彼らは一日中家にいなかった」となります。否定の焦点になる場合には「彼らは一日中家にいたわけではない」という解釈で「彼らが（ある時間）家にいた」ことは前提の上で，「それが一日中ではなかった」と時を表わす表現の部分のみが否定されることになります。

以上，時を表わす副詞的表現は，（10a，b）の例で見たように，否定の作用域内にあっても，否定の焦点になる解釈とならない解釈の両方が可能な場合があり，これらを含む否定文には注意が必要です。

» 課題解決！

冒頭の課題に戻りましょう。この例文も副詞が否定の焦点になるかならないかという問題ですが，ここでは「頻度の副詞」が用いられています。頻度の副詞は，同じ副詞でありながら，上で見た他の副詞よりもむしろ数量詞に似ていて，否定の作用域内にあっても否定の焦点になるものとならないものがあります。例えば，always は否定の作用域内にあれば否定の焦点になりますが，sometimes は（以下の［　　］で示したように）作用域内にあっても否定の焦点にはなりません。

（11）a. John is [**not always** busy on Friday].

b. Mary does [**not** go to school **sometimes**].

上例の not ... always は先に見た not ... all と同じで部分否定になり，「いつも…とは限らない」という意味になりますが，sometimes は否定の焦点にはならないので，「学校に行かないことが時々ある」という意味になります（頻度の副詞は意味的に数量詞を内包しています。実際，*al*ways と *some*times はそれぞれ all と some を含んでいます）。

冒頭の例で用いられている very often も always と同様，［1］のように作用域内にあれば否定の焦点になりますが，［2］のように文頭に置かれると否定の作用域外なので否定の焦点にはなりません。したがって，［1］は「ジョンはそれほど頻繁に部屋の鍵をかけるわけではない」という意味になりますが，［2］は「ジョンが部屋の鍵をかけないのは頻繁に起こることだ」と言っていることになります。

【練習問題】

A 次の a と b の意味の違いを答えなさい。

1 a. Many people don't know about that.
b. Not many people know about that.

2 a. John didn't buy any of the books.
b. John didn't buy all of the books.

3 a. I didn't intentionally omit your name from the list.
b. Intentionally, I didn't omit your name from the list.

4 a. He is not a fool.
b. He is no fool.（☆）

5 a. I don't like either of these books.（☆）
b. I don't like both of these books.（☆）

B 次の文は下線部が否定の焦点になるかどうかで２つの解釈が可能です。どのような解釈が可能か答えなさい。

1 <u>All that glitters</u> is not gold.

2 I wasn't listening <u>all the time</u>.

3 John hasn't been here <u>for a month</u>.

4 John didn't sleep <u>until midnight</u>.（☆）

5 I did not marry her <u>because she was rich</u>.（☆）

第7章

複文

これまでは主に「主語＋述語」を１つだけもつ「単文」を取り上げてきましたが，複数の文をつなぎ合わせることで，単文よりも複雑な意味を表現することができます。２つ（あるいはそれ以上の）文をつなぎ合わせる方法には，「朝起きて，歯を磨いて，新聞を読みました。」のような単文を並置する「重文」と呼ばれる方法と，主語や目的語の位置に別の文を従属節として埋め込む「複文」という方法があります。この章では複文構造について考えます。

§7.1 では定形節を従属節にもつ複文構造を取り上げます。日本語では例えば，「その日ドアに鍵をかけ忘れた。」という文に「と」「の」をつけて，それを目的語として埋め込むことで「井上さんは［その日ドアに鍵をかけ忘れたと］思っている。」「井上さんは［その日ドアに鍵をかけ忘れたの］を後悔している。」のような複文を作ることができます。英語でも従属接続詞の that, whether を文につけることによって，Bill thinks [*that* we should invite Mary]. や Bill wonders [*whether* we should invite Mary]. のように平叙文や疑問文を埋め込んだ複文構造を作ることができます。§ 7.1 では「平叙節」「疑問節」「感嘆節」などの異なる意味タイプの定形節を従属節にもつ複文の特徴を見ていきます。

次に不定詞節を従属節にもつ複文を見ます。英語の不定詞には to のある「to 不定詞」と to のない「原形不定詞」があります。さらに「to 不定詞」にはその主語が表現されている場合（NP to VP 型）とそうでない場合（to VP 型）があります。§7.2 では「to VP 型」不定詞節を，§7.3 では「NP to VP 型」不定詞節を，§7.4 では「NP VP 型」原形不定詞節を取り上げます。いずれの場合にも，表面上は同じように見えても，それをとる主節動詞の違いによって異なる意味や構造があることが明らかになります。

§7.5 では動名詞節を取り上げ，不定詞節と比較します。①「[その計画を進めること］に決めた。」，②「[彼女に会ったこと］を忘れていた。」では，動詞が「こと」節を従属節として従えている点で同じように見えますが，従属節の意味に違いがあります。①の「こと」節は未来の出来事を表わしていますが，②のそれは過去に起った出来事を表わしています。こうした従属節の意味上の違いは，英語では不定詞節（We decided [*to go* ahead with the scheme].）と動名詞節（I recalled [*meeting* her].）として形式上区別されます。不定詞節，動名詞節の両方をとる動詞もありますが，その使い分けについても考えます。§ 7.6 では分詞節を取り上げます。

§7.7 では文のつなげ方に関する日英語の傾向の違いについて考えます。日本語では文をつなげる場合，文を並置した「重文」に構造化する傾向があるのに対して，英語では主・従の関係をもつ「複文」に構造化する傾向があることを見ていきます。

7.1 定形節

考えてみよう！

［1］の従属節は多義的で，2通りに解釈することができます。2通りの解釈とはどのような解釈なのでしょうか。一方，［2］の従属節には［1］に見られる多義性はありません。［1］［2］にはなぜそのような違いが生じるのでしょうか。

［1］Mary knows [how tall John is].

［2］Mary knows [how very tall John is].

» 日本語に注目しよう！

「思う」「後悔する」という動詞は，(1)(2)のように従属節をとることができます。

(1) 井上さんは［その日ドアに鍵をかけ忘れたと］思っている。

(2) 井上さんは［その日ドアに鍵をかけ忘れたの／こと］を後悔している。

(1)(2)の従属節にはいくつか相違点があります。1つは形式上の違いです。「思う」の従える従属節は，「と」節として現われていますが，「後悔する」の従える従属節は，「の」／「こと」節として現われています。後者はさらに格助詞「を」を伴っています。(1)の「と」を「のを」あるいは「ことを」で置き換えることはできません。同様に(2)の「のを」「ことを」を「と」で置き換えることもできません。したがって，「思う」「後悔する」は，それぞれ「と」節，「の」／「こと」節を選択する動詞であることが分かります。

(1)(2)の従属節には，意味上の違いもあります。(1)の「と」節は，主節主語である井上さんが正しいと思っている内容を表わしているだけで，実際に井上さんがドアに鍵を掛け忘れたのが事実かどうかは分かりません。一方，(2)の「の」／「こと」節は従属節の内容が事実であることを表わしています。こうした従属節の意味上の違いは，日本語では従属節を導く形式によって区別されていることが分かります。英語でも同じような意味と形の対応関係があるのでしょうか。

≫ 英語と比べてみよう！

（3）のような「主語＋述語」を1つだけもつ文を「単文（simple sentence)」と言います。従属接続詞のthatを用いて（3）の文を別の動詞の目的語の位置に従属節（「補文」と同義）として埋め込むと（4）のような文を作ることができます。

（3） John is honest.

（4） I believe [that John is honest].

（4）のように従属節をもつ文を「複文（complex sentence)」と言います。従属節は，動詞の形態によって「定形節（finite clause)」と「非定形節（non-finite clause)」に分類されます。定形節とは，（3）（4）のように動詞が主語と人称・数において一致し，現在形，過去形いずれかの形態をもつ「定形動詞（finite verb)」を含む節を言います。なお，§2.12.3で解説した動詞の原形を用いた仮定法も，上記の定形節と同様にthat節内に現われますが，（5）のように，動詞は主語の人称・数に関係なく原形が使われることに注意してください。

（5） The committee proposed [that Mr. Smith *be* elected as chairman].

（4）の文では，主節動詞believeは定形節（that節）を従えていますが，believeは（4'）のように不定詞節を従属節としてとることもできます。

（4'） I believe [John to be honest].（不定詞節）

（4'）では不定詞節の動詞beが人称・数に関して主語（三人称単数のJohn）と一致していません。このような動詞形態（この場合to be）を「非定形動詞（non-finite verb)」と言い，非定形動詞をもつ節を非定形節と言います。従属節として現われる非定形節には，（4'）のような不定詞節の他に，（6）のような動名詞節，（7）のような分詞節があります。

（6） I don't like [his *coming* here so often]. （動名詞節）

（7） I saw [the girl *crossing* the street]. （分詞節）

ここでは，従属節として現われる定形節の種類とその特徴について考察します。

§1.2で見た文タイプのうち従属節として現われる定形節には，平叙節，疑問節，感嘆節の3種類があります。以下，それぞれの特徴を順に見ていきます。

◆定形の平叙節

定形の平叙節は，動詞，形容詞，名詞の後にくるthat節として現われます。名詞が従えるthat節には（10）のような「同格節」もあります。

（8） a. We believe [*that* John is innocent].

b. John thinks [*that* Mary won't arrive on time].

（9） a. I'm sure [*that* John will like my present].

b. I was afraid [*that* he might come back].

（10） a. They ignored the warning [*that* the building was unsafe].

b. You must show the proof [*that* the theory is correct].

（8）～（10）の例文から従属接続詞のthatは，定形の平叙節を導く形式であることが分かります。日本語では「と」節が英語のthat節（定形の平叙節）に相当します。

（11） a. 私たちは［メアリーが無実だと］信じている。

b. ジョンは［メアリーが定刻には着かないと］思っている。

（8）～（10）のthat節も（11）の「と」節も，「命題（proposition）」（真か偽かいずれかの値をもつ文）を表わしています。命題を従属節に従える動詞には，assert（断定する），believe（信じている），claim（主張する），think（思う）などがあり，これらの動詞は従属節の命題内容が正しいと主張・断定することから「断定的述語（assertive predicate）」と呼ばれています。日英語では断定的述語が命題を選択し，日本語では「と」節，英語ではthat節として具現すると言うことができます。

表面的には同じthat節でも，上で見た断定的述語の従えるthat節とは異なるものがあります。

（12） a. John regrets [*that* he offended his parents].

b. Mary forgot [*that* the door was locked].

（12）のthat節は，その内容が「事実（fact）」と解釈され，（2）の「の」／「こと」節＋格助詞に対応しています。このように事実と解釈される従属節を選択する述語には，regret，be aware，be odd，deploreなどがあり，「叙実述語（factive predicate）」と呼ばれます（これに対し，断定的述語は，「非叙実述語（non-factive predicate）」と呼ばれることもあります)。英語では「命題」「事実」を表わす従属節はともにthat節として具現されますが，それぞれのthat節の意味上の違いは文全体を否定文にすると明瞭になります。

（13）断定的述語

John {thinks/doesn't think} [*that* the door was closed].

（14）叙実述語

a. John {regrets/doesn't regret} [*that* the door was closed].

b. It {is/isn't} odd [*that* the door was closed].

(Kiparsky & Kiparsky 1970: 150)

（13）の断定的述語では，主節を否定にすると従属節の内容が否定されてしまいます。これに対して，（14）の叙実述語では，主節が肯定文であっても否定文であってもthat節の内容が事実（真）であるという解釈に違いはありません。同じ違いが，日本語の「と」節と「の」／「こと」節にも観察されます。（1）の「思う」は断定的述語です。（1）の主節を否定文にすると「と」節の内容が否定されます。一方，（2）では主節を否定にしても，「の」/「こと」節の内容が事実であるという解釈は保持されます。

（15）井上さんは［その日ドアに鍵をかけ忘れたと］思っていない。

（16）井上さんは［その日ドアに鍵をかけ忘れたの／こと］を後悔していない。

◆定形の疑問節

英語の疑問文にはyes/no疑問文とwh疑問文があります。これらの疑問文が定形節として埋め込まれた節を「間接疑問節」と言います。日本語では，間接yes/no疑問節は，（17）のように「かどうか」または「か」によって，間接wh疑問節は（18）のように「か」によって標示されます。

（17）私は［ビルをパーティーに誘っていいものかどうか／か］分からない。

（18）田中さんは［パーティーに誰を誘ったらいいか］知りたがっていた。

一方，英語の間接yes/no疑問節はwhether/ifによって，間接wh疑問節はwh句によって標示されます。間接疑問節では「主語・助動詞倒置」

(§1.2 を参照) が起こらないことに注意してください。

(19) a. I wonder [{*whether/if*} I should invite Bill to the party (or not)].

b. I don't know [{*whether/if*} Bill still lives in Boston (or not)].

(20) a. I wonder [*who* I should invite to the party].

b. I don't know [*who* broke the vase].

(19) (20) の従属節の表わす「疑問 (question)」という意味内容は，不確定性 (indeterminacy) という意味特徴をもつと考えられます (Bresnan 1972)。whether/if 節として現われる yes/no 疑問文では，「離接的接続詞 (disjunctive conjunction)」の or を従えた or not を付けられるように，命題の真偽が不確定であり，wh 疑問文では，wh 句の値 ((20) では who が誰を指すか) が不確定であると考えられます。疑問節の意味特徴が不確定性であることは断定的述語が間接疑問節を選択できないという事実からも分かります。

(21) a. *僕は [ビルをパーティーに誘ってよいものか (どうか)] 断定した／信じている／思っている。

b. *僕は [パーティーに誰を誘ってよいものか] 断定した／信じている／思っている。

(22) a. *I assert/believe/think [{*whether/if*} we should invite Bill to the party].

b. *I assert/believe/think [*who* we should invite to the party].

日英語の疑問文の意味特徴が「不確定性」であると考えれば，(21) (22) の非文法性を説明することができます。断定的述語はそれが従える従属節の表わす命題が真であることを主張するため，不確定な内容を表わす疑問節とは意味的に相容れないと考えることができます。

◆定形の感嘆節

定形の従属節のもう 1 つの種類に「間接感嘆節」があります。

(23) a. It's amazing [how tall John is].

b. We know [what an attractive lady she is].

（24）a. You'd be surprised at [what a fool he turned out to be].

b. It's incredible [what a large house he lives in].

（間接）感嘆節は表面上，（間接）疑問節に類似しているように見えますが，疑問節よりもむしろ平叙節に近い特徴を備えています。感嘆文はその性質上，それが表わす命題が真であることを前提とします。つまり，（25a）の感嘆文が成り立つためには，（25b）の平叙文の表わす命題が真でなければなりません。

（25）a. How tall John is!

b. John is tall.

したがって，従属節に感嘆文をとる述語は，従属節が事実であることを表わす叙実述語でなければなりません。従属節の内容が事実であることを前提としない claim，think などの断定的述語は，感嘆節を従属節にとることはできません。

（26）a. *I claim [how tall Bill is].

b. *John thought [what a fool Bill turned out to be].

次に日本語の例を見てみましょう。日本語では英語とは異なり，（27）のように「と」節をとる断定的述語が感嘆節を従えることができます。

（27）a. 井上さんは［山田さんがなんと歌がうまいのだろうと］言った。

b. 山田さんは［その景色がなんと綺麗なのだろうと］思った。

日本語では，（28）のように「の」／「こと」節をとる叙実述語は感嘆節を選択することはできません。しかし，「驚いている」「呆れている」などのように，叙実述語の中には「の」／「こと」節に加えて「と」節を従えることもできる述語が少数ながらあり，その場合には感嘆節も可能です。

（28）a. 山田先生は［その学生がいつも遅れてくるの／こと］を知っている／覚えている。

b. *山田先生は［その学生がなんて遅れてくるの／こと］を知っている／覚えている。

（29）a. 山田先生は［その学生がいつも遅れてくると］驚いている／呆れている。

b. 山田先生は［その学生がいつもなんて遅れてくるのだろうと］驚いている／呆れている。

課題解決！

冒頭の課題について考えてみましょう。英語では叙実述語のみが間接感嘆節を選択することを見ました。叙実述語の中には間接疑問節を選択することができるものもあり，［1］の know はそのような動詞の 1 つです。したがって，［1］の従属節 how tall John is は間接疑問節にも間接感嘆節にも解釈することができます。一方，［2］のように tall の前に強意の副詞の very を置くと，［2］の従属節は感嘆節にしか解釈できなくなります。これは How tall John is! という感嘆文は，John is tall. という命題内容が事実であることを前提とするからです。これに対して，How tall is John ? という疑問文は，ジョンの背丈が不確定であり，その値を求めています。したがって，背が高いことを前提にする（確定化する）very を挿入すると，疑問文の「不確定性」という意味特性と矛盾することになるので，［2］の従属節は感嘆節にしか解釈することができません。

感嘆文（節）は，疑問文とは正反対の「確定性（determinacy）」という意味特徴をもっていることが分かります。

練習問題

A 次の a と b の違いを答えなさい。

1 a. John asked who, Tom or Harry, had gone to the movies.
b. *John asked who, (namely) Tom and Harry, had gone to the movies.

2 a. *John was surprised at who, Tom or Harry, had gone to the movies.
b. John was surprised at who, (namely) Tom and Harry, had gone to the movies. (Grimshaw 1979: 284)

B 次の文が不適格な理由を答えなさい。

1 *I wonder what a large house he lives in.

2 *I am not sure that Mary will arrive on time.

3 *It's fantastic how Joe saves any money.

4 *It's not clear how extremely long he can stay under water.

5 *John thought what a fool Bill turned out to be.

7.2 不定詞節（1）：to VP 型不定詞節

考えてみよう！

［　］で示した［1］［2］の不定詞節は一見すると同じように見えますが，意味的な相違点があります。seem の従える不定詞節には which is true という表現を続けることはできますが，try の不定詞節には同じ表現を付けることはできません。［1］と［2］の不定詞節にはどのような違いがあるのでしょうか。

［1］John seemed [to be aggressive (, which is true)].

［2］John tried [to be aggressive (, *which is true)].

日本語に注目しよう！

次の2つの動詞が重なった複合動詞構文について考えてみましょう。

（1）　田中君はレポートを書き始めた。

（2）　田中君はレポートを書き終えた。

（1）（2）の複合動詞構文はいずれも「有生主語（animate subject）」をもち，同じ構造をしているように見えます。（1）は出来事の開始を，（2）は出来事の終了を表わしていますが，（1）の「〜し始める」構文と（2）の「〜し終える」構文にはいくつかの相違点があります。例えば，「雨が降る。」のような文を用いると，「〜し始める」構文と「〜し終える」構文の違いが明確になります。

（3）　雨が降り始めた。

（4）　*雨が降り終えた。

また，「〜し始める」構文と「〜し終える」構文は，イディオムを用いることができるかという点でも異なります。例えば，「閑古鳥が鳴く」という節イディオムは，「客が来なくなる」という意味ですが，（5）のように「〜し始める」構文でこのイディオムを用いると，イディオムとしての解釈が許容されるのに対して，（6）のように「〜し終える」構文では，イディオムとしての解釈は許容されず，「閑古鳥という鳥（かっこう）が鳴きやんだ」という意味になります。

（5）　あの店で閑古鳥が鳴き始めた。（イディオムの解釈が可能）

（6）　あの店で閑古鳥が鳴き終えた。（イディオムの解釈は不可能）

（1）（2）の例は表面的には類似していますが，両者には意味的な違いがあるだけではなく，構造上の違いもあります。

英語と比べてみよう！

英語の不定詞節はその形式的な特徴によって，① to VP 型，② NP to VP 型，③ NP VP 型（原形不定詞節）に分かれます。

（7） to VP 型
a. John seems [to be nervous].
b. The boy tried [to cross the street].

（8） NP to VP 型
a. I believe [John to be invincible in argument].
b. We want [Bill to resign from the position].

（9） NP VP 型（原形定詞節）
a. I saw [the boy cross the street].
b. I made [my daughter cook the dinner].

ここでは，（7）の to VP 型の不定詞節の特徴について考察します（NP to VP 型については §7.3 を，NP VP 型については §7.4 を参照）。

（7）では主節動詞が，to VP 型の不定詞節を従えています。学校文法の 5 文型では，（7a）は SVC，（7b）は SVO に分類されます。（7）の主語はいずれも主節動詞の主語ですが，（7a）の seem タイプの動詞の主語と（7b）の try タイプの動詞の主語には異なる特徴があります。

まず，seem タイプ の動詞の主語には実質的な意味をもたない「虚辞」（§4.4 を参照）の it や存在文で用いられる there が生起できますが，try タイプの主語位置には虚辞は許容されません。

（10）a. *It* seems [to be raining].
b. *There* seems [to be an accident in the park].

（11）a. **It* tried [to be raining].
b. **There* tried [to be books on the shelf].

（12）*It* seems [that John is nervous].

また，（7a）は（12）のように書き換えられることから，seem タイプの動詞の主節主語は seem の本来的な（意味上の）主語でないことが分かります。

（7a）の主節主語Johnは，本来は不定詞節の述語の主語であり，それが主節主語位置へ移動して（7a）の文ができると考えられます。

（13）seemタイプの動詞の不定詞節

____ seems [John to be nervous].（=(7a)）

seemタイプの動詞では，不定詞節の主語が主節の主語位置に繰り上がるので，このような動詞を「主語繰り上げ動詞（subject raising verb）」と言います。主語繰り上げ動詞には，話し手が自分の知識や確信の程度を表わす次の動詞があります。また，主語繰り上げ動詞と同じように，不定詞節の主語を主節主語位置に移動する繰り上げ形容詞もあります。

（14）A. 主語繰り上げ動詞

appear, chance, come, happen, promise（～しそうだ），prove, remain, seem, tend, threaten, turn outなど

a. She *appeared* to like music.

b. That new business *promises* to be big.

c. That *remains* to be seen.

B. 主語繰り上げ形容詞

apt, bound, certain, likely, sureなど

a. That path is *apt* to be muddy after rain.

b. He is *certain* to help us.

c. He is not *likely* to come.

これに対して，tryタイプの動詞は，その動作の主体となりうる実質的な意味をもつ主語を選択するので，（7b）の主節主語は最初からtryの主語として現われ，不定詞節の主語は音形をもたない意味上の主語（Øで示します）となり，（15）の構造をもつと考えられます。

（15）tryタイプの動詞の不定詞節

The boy tried [Ø意味上の主語 to cross the street].（=(7b)）

（15）の「意味上の主語」は主節主語と同じである（主節主語にコントロールされている）ことから，このような不定詞節をとる動詞を「主語コントロール動詞（subject control verb）」と言います。主語コントロール動詞には，主語の意志や意図を表わす（16）のようなものがあります。

（16）主語コントロール動詞

agree, attempt, begin*, bother, cease*, choose, condescend, continue*, decide, demand, decline, design, endeavor, fail, forget, intend など

(*の付いた動詞は繰り上げ動詞の用法も可能)

日本語ではどうでしょうか。(1) の例で「始まった」のは「田中君がレポートを書くという出来事」であり,「*田中君が始まった」わけではありません。同様に (3) も「雨が降るという出来事」が始まったことを述べており,「*雨が始まった」わけではありません。このことから,(1) や (3) の「〜し始める」は,英語の seem と同じで,実質的な意味をもつ主語をとることなく従属節を従えるタイプの動詞であることが分かります。

その構造は (13) と同じような (17) の構造をもつと考えることができます(「は」と「が」の区別は無視してください)。

(17) 日本語の主語繰り上げ構文(「〜し始める」構文)

____ [田中君がレポートを書き] 始めた。

一方,(2) の「〜し終える」構文の動詞は,「終える」行為の主体として実質的な意味をもつ主語をとると考えられることから,英語の主語コントロール動詞 (try タイプ) と同様の構造をもっています。

(18) 日本語の主語コントロール動詞(「〜し終える」)

田中君は [[Ø意味上の主語 レポートを書き] 終えた。

(18) に示したように「〜し終える」は実質的な意味をもつ主語を選択する動詞なので,「雨」のような生き物でない「非有生 (inanimate)」の主語はとれません(「非有生」の主語は「終える」の主体にはなれない)。

以上から,seem タイプと try タイプの動詞の不定詞節は,異なる構造をもつことが分かりました。その他,それぞれの動詞の導く不定詞節には,意味的な違いもあります。

(19a) や (20a) の例文は that 節を用いた (19b) (20b) のような文に言い換えることができます。

(19) a. John seems [to be nervous]. (= (7a))

b. It seems [that John is nervous]. (= (12))

(20) a. He is likely [to have committed a bribery offense].

b. It is likely [that he has committed a bribery offense].

(19b)(20b) の that 節には直説法の動詞が使われていることから，seem や likely の従える不定詞節は，現実に成りたっている状態や出来事を表わしていることが分かります。したがって，seem タイプのとる従属節は「命題」を表わすと考えることができます。「命題」は，真か偽かいずれかの値をもつと判断することのできる内容を表わします。一方，try タイプの動詞には，agree，decide，hope などのように that 節を用いた文に書き換えることのできるものもあります（try は書き換え不可）。

（21）a. John agreed [to resign from his position].

b. John agreed [that he should resign from his position].

（22）a. John hoped [to do the job].

b. John hoped [that he should do the job].

ここで注意すべきなのは，(21b)(22b) の that 節は仮定法節だということです（§2.12.3 を参照）。このことから，try タイプの動詞のとる従属節は，未だ実現していない出来事（「非現実的出来事」）を表わしていることが分かります。seem タイプの動詞と try タイプの動詞の従える不定詞節は同じように見えますが，構造的にも意味的にも異なるのです。

» 課題解決！

冒頭の課題について考えてみましょう。[1] の seem が選択する不定詞節が which is true と共起できるのは，その内容が真か偽かいずれかの値をもつ「命題」を表わしているからです。一方，try の不定詞節は，「非現実的出来事」を表わします。「未だ実現していない出来事」について，その真偽を判断することはできないので，which is true という表現を try タイプの不定詞節に付けることはできません。

練習問題

次の文が不適格な理由を答え，正しい英語に直しなさい。

1 *It decided that Bill should resign from his position.

2 *It turned out that the culprit should be innocent.

3 *Mary attempted to smoke in class, which would be false.

4 *That Mary was sick appeared.

5 *John seems that it is certain to like ice cream.

7.3 不定詞節（2）：NP to VP 型不定詞節

考えてみよう！

［1］［2］の不定詞節は表面的には同じように見えますが，意味的な相違点があります。believe の従える不定詞節に which is true という表現を付けることはできますが，want の不定詞節に同じ表現を付けることはできません。［1］と［2］の不定詞節にはどのような違いがあるのでしょうか。

［1］I believe [Sue to have left the room (, which is true)].

［2］I want [Sue to leave the room (, *which is true)].

日本語に注目しよう！

日本語では通常，主語は格助詞の「が」によって標示され，格助詞の「を」によって標示される目的語とは区別されます。

（1） その学生が優秀だ。

（2） その学生がレポートを提出した。

（3）のように「知っている」という動詞のとる従属節に現われる主語もガ格で標示されますが，「思う」のような動詞の場合，従属節中の主語はガ格の他にヲ格でも標示することができます。

（3） 井上先生は［その学生が優秀なこと］を知っている。

（4） 井上先生は［その学生が／を優秀だと］思っている。

ただし，（4）の従属節の主語のガ格とヲ格は自由に交替できるわけではありません。（4）のように従属節中の主語をヲ格で標示できるのは，従属節の述語が「優秀だ」のように状態を表わす場合に限られます。（5）のように従属節の述語が動作を表わす場合には，その主語をヲ格で標示することはできません。

（5） 井上先生は［その学生が／*をもう帰ったと］思っている。

英語でも従属節の主語を目的格で標示する場合があるのでしょうか。

英語と比べてみよう！

believe, persuade, want はいずれも NP to VP 型の不定詞節をとり，どれも表面的には同じように見えます。

（6） I believe John to be aggressive.

（7） I persuaded John to be aggressive.

（8） I want John to be aggressive.

しかし，5文型では believe, persuade, want はそれぞれ SVOC 型，SVOO 型，SVO 型と分析されます。まず，believe タイプの動詞と persuade タイプの動詞のとる不定詞節を比較してみましょう。

◆believe タイプ／persuade タイプ

（6）（7）の John はともに to be aggressive の主語ですが，相違点も見られます。believe の場合には，不定詞節内の主語として John のような実質的な意味をもつ NP の他に虚辞の it や there が現われることができますが，persuade が従える不定詞節の主語には現われることはできません。これが1つ目の相違点です。

（9） believe タイプの動詞

a. We believed *there* to be no alternative to the plan.

b. We considered *there* to be a riot in the park.

c. We believed *it* to be unlikely that John would be reelected.

（10） persuade タイプの動詞

a. *We persuaded *there* to be a strike at the company.

b. *We asked *there* to be no riot in the park.

c. *We convinced *it* to be likely that John would be reelected.

次に（6）（7）の不定詞節を that 節に書き換えた（11b，c）（12b，c）を見てください。

（11） a. I believe John to be aggressive.（＝(6)）

b. I believe [that John is aggressive].

c. *I believe John [that he is aggressive].

（12） a. I persuaded John to be aggressive.（＝(7)）

b. *I persuaded [that John should be aggressive].

c. I persuaded John [that he should be aggressive].

（11b，c）（12b，c）の例文から，believe は「主語」と「節」の2つの必須要素をとる動詞であるのに対して，persuade は，「主語」と「目的語」

と「節」の3つの必須要素をとる動詞であることが分かります。つまり，believeタイプの動詞は，(13) のように不定詞節を1つとるのに対して，persuadeタイプの動詞は，(14) のように直接目的語とto VP型の不定詞節をとると考えられます。そういう意味で，5文型でpersuadeタイプをSVOOと考えたのも一理あると言えなくもありません。なお，(14) の不定詞節の意味上の主語は主節の目的語によってコントロールされているので，(14) のpersuadeタイプの動詞を「目的語コントロール動詞 (object control verb)」と呼ぶことにします。

(13) I believe [John to be aggressive].

(14) I persuaded [John] [Ø意味上の主語 to be aggressive].

日本語も同様です。believeタイプの動詞は日本語では (4) の「Aは [〜だと] 思う」に対応しており，英語のbelieve同様，動詞は「主語」と「節」を選択しています。一方，persuadeに対応する日本語の「説得する」という動詞は「AがBに [〜するように] 説得する」という構造で用いられ，この用法では「主語」と「ニ格の目的語」の他に「節」に該当する「〜するように」の3つの必須要素を選択しています。

また，believeタイプの動詞がとる不定詞節とpersuadeタイプがとる不定詞節の間には，意味的な相違点も観察されます。believeタイプが従える不定詞節はすでに実現している事態を表わすので，(15a, b) のように動詞が状態動詞でない場合には完了形の不定詞節にしなければなりません。(15a', b') のように従属節の動詞を単純形にしてしまうと，その出来事が完了していないことになり，非文法的な文になります。それに対して，(16) のように，persuadeが従える不定詞節はこれから実現すること（まだ実現していないという意味で「非現実的出来事」）を表わすので，非状態動詞でも完了形ではなく単純形となります。

(15) a. I believe [the doctor to have examined Sue].

a'. *I believe [the doctor to examine Sue].

b. I consider [Bill to have won the race].

b'. *I consider [Bill to win the race].

(16) a. John persuaded me [to come to the party].

b. *John persuaded me [to have come to the party].

このようなbelieveタイプの動詞には他にassume, conceive, expect, feel, know, prove, show などがあり，また，persuade タイプの動詞には ask, assign, challenge, compel, encourage, force, oblige, request, tell, urge などをあげることができます。

なお，believe という動詞は，I believe his story. のように目的語をとることもできます。このことから例外的に不定詞節の主語を目的格で標示することができるのです。(13) の John を (17b) のように代名詞にすると him となることから，不定詞節の主語が目的格で表わされていることが分かります。この点で (17b) は，(4) の従属節の主語がヲ格によって標示される場合と同じと言ってよいでしょう。

(17) a. I believe [John to be aggressive]. (=(13))

b. I believe [him to be aggressive].
目的格

◆ **want タイプ**

次に (8) の want タイプの動詞がとる NP to VP 型不定詞節の特徴について考察することにしましょう。want タイプの動詞の場合，(18) のように NP to VP の NP の位置に虚辞の it や there が許容されることから，want の後の NP ((8) では John) は (believe のそれと同様) 主節動詞の目的語ではないことが分かります。

(8) I want John to be aggressive.

(18) a. I don't want [*there* to be any misunderstanding].

b. I don't want [*it* to rain].

このように want タイプと believe タイプの動詞には，動詞に続く NP が目的語ではないという共通点がありますが，相違点も見られます。まず，want タイプの動詞は for NP to VP という不定詞節をとることができますが，believe タイプの動詞はできません。

(19) I want very much *for* Mary *to finish* the work by tomorrow.

(20) *I believe *for* John *to be* aggressive.

(19) と (20) の対比から，(21) のように want NP to VP の NP の前には for が省略されており，NP の目的格はその前置詞 for によって与えられると考えられます。それに対して，believe タイプの動詞の場合は，(17) で見たように，NP to VP の NP は主節動詞によって目的格を与えられています。

(21) I want [for him to be aggressive].

↓ 　　　↑
Ø 　　目的格

また，want タイプの動詞は，NP to VP 型の不定詞節の他に，NP のない to VP 型の不定詞節を選択することができますが，believe タイプの動詞は to VP 型の不定詞節を従えることはできません。

(22) I want [to invite you for dinner].

(23) *John believes [to be innocent].

このような want タイプの動詞には，desire，hate，like，love，prefer，wish などがあります。

課題解決！

以上の議論から，表面的には同じ構造をもつように見える不定詞節でも，それらを従える主節動詞の種類によって believe タイプ，persuade タイプ，want タイプの 3 種類があることが分かりました。

(24) believe タイプ
　I believe [John to be aggressive].

(25) persuade タイプ
　I persuaded John [to be aggressive].

(26) want タイプ
　I want [(for) John to be aggressive].

それぞれの不定詞節は同じ意味を表わすのでしょうか。[1] で示したように，believe タイプの不定詞節は，その内容の真偽に関する話し手の判断を表わす表現と共起できるので，「命題」を表わしていることが分かります。

[1] I believe [Sue to have left the room, which is true].

一方，persuade タイプの不定詞節は，which is true/false という表現と共起することはできません。これは persuade タイプの不定詞節が，上で述べたように「非現実的出来事」を表わしているからです。

(27) a. *I persuaded John [to resign from the position, which was true].

b. *I convinced John [to visit his grandparents, which was

false].

persuadeの不定詞節は，（28b）のように仮定法のthat節に言い換えられることからも，「非現実的出来事」を表わしていることが分かります。

（28）a. I persuaded John [to resign from the position].

b. I persuaded John [that he should resign from the position].

wantタイプの動詞の不定詞節はNP to VPを1つのまとまりとしている点では，believeタイプの動詞と同じですが，不定詞節の意味が異なります。[2]に示したように，wantタイプの動詞の不定詞節は，which is true/falseという表現と共起することはできません。これはwantタイプの不定詞節が「命題」ではなく，「非現実的出来事」を表わすからです。意味的には，wantタイプの不定詞節はpersuadeタイプの不定詞節と同じであることが分かります。

練習問題

A 次の文が不適格な理由を答え，正しい英語に直しなさい。

1 *I convinced that John should resign.

2 *I believed for Bill to be the murderer.

3 *I found the chair that it was comfortable.

4 *Bill considers to be intelligent.

B 次のaとbの違いを答えなさい。

1 a. I believe Mary to have left early and Bill believes it too.

b. *I persuaded Mary to leave early and Bill persuaded it too.

2 a. We believe the cat to be out of the bag.

b. *We urged the cat to be out of the bag.

3 a. I consider Bill to have gone to school, which was false.

b. *I told Bill to enlist in the army, which was true.

4 a. We consider there to be no good reason for that behavior.

b. *We asked there to be no riot in the park.

5 a. The patient was ordered to stay in bed.

b. *The patient was wanted to stay in bed.

7.4 不定詞節（3）：NP VP 型原形不定詞節

［7.4.1］ 知覚動詞のとる不定詞節

考えてみよう！

［1］と［2］では，同じ主節動詞が用いられていますが，意味が異なります。［1］と［2］にはどのような意味上の違いがあるのでしょうか。

［1］I saw [John make mistakes].

［2］I saw [that John made mistakes].

日本語に注目しよう！

日本語では「見る」のような知覚動詞が従属節を従える場合，従属節は「の」節となります。

（1） 山田さんは［その男が新宿でタクシーに乗るの］を見た。

（1）の「の」は，（2）のような定形の従属節を導く場合に用いられる「の」と同じで，英語の定形の平叙節を導く that に相当します。

（2） 井上さんは［その日ドアに鍵をかけ忘れたの］を後悔している。

（2）では「の」節と主節がそれぞれ独立した時制をもっています。「の」節では動詞のタ形が過去の出来事を表わし，主節では動詞のル形が現在時を表わしています。

一方，（1）の「の」節では，動詞のル形が用いられています。しかし，この「の」節は現在時を表わしているわけではありません。（1）の従属節の内容は，主語が直接知覚した対象を表わしているので，知覚とその対象となる出来事は同時に起っていなければなりません。このことは，次の例文でも確認することができます。

（3） 山田さんは［その男が新宿でタクシーに乗ったの］を見た。

（3）のように「の」節の動詞を過去形にしても，（1）の「の」節と比べて，時間的な観点で明確な意味の違いがあるわけではありません。「乗る」動作の途中を目撃したのか，「乗る」動作が完了したところを見届けたのかという，「相」の観点では微妙な違いがありますが，どちらも「同時性」が求められます。すなわち，知覚動詞のとる「の」節では，動詞のル形，タ形の区別にかかわらず，主語の知覚と「の」節の出来事が同時に存在するという解釈になります。このことから，（1）（3）の「の」節には文法上の時間の概念である「時制」がないという結論になります。

英語と比べてみよう！

英語の不定詞節のうちNP VP型の原形不定詞節には，① observe, feel, hear, notice, see, watchなどの知覚動詞がとるものと，② make, haveなどの使役動詞がとるものがあります。

（4） John {observed/saw/noticed} [Mary enter the room].

（5） I {made/had} [my daughter wash the dishes].

まず，知覚動詞のとるNP VP型不定詞節について考察します。（4）の例は主語が不定詞節が表わす出来事を直接知覚したことを述べており，知覚とその対象である不定詞節の内容が同時に起こったことを表わしています。したがって，不定詞節で主節とは異なる時を表わす表現を用いることはできません。

（6） *At six o'clock, John saw Bill leave at 7 o'clock.

このことから英語の知覚動詞のとる不定詞節も，（1）（3）の「の」節と同様に時制はなく，enter, washという原形動詞が用いられていることが分かります。

次に，知覚動詞に続く不定詞節の構造について考えてみましょう。まず，意味的に考えて，知覚の対象である出来事は，不定詞節内のNP VPがそれぞれ主語と述語として働く1つのまとまりを成していると考えられます。（7）では，itがNP VPを置き換えていることから，知覚動詞のとるNP VP型不定詞節が1つのまとまりを成すことが分かります。

（7） I saw Mary run away, but Bill saw *it* too. (it = Mary run away). （Gee 1977: 468）

また，（8）のように，知覚動詞は節全体が慣用表現になっている節イディオムを従えることからも，知覚動詞は，persuadeのように目的語と不定詞節を別個に選択するのではなく，NP VPを1つのまとまりとして選択していることが分かります。

（8） a. We heard [all hell break loose].（てんやわんやになる）

b. Then we saw [the shit hit the fan].（大変な事態になる）

（Gee 1977: 472）

これまで知覚動詞の従える原形不定詞節の表わす出来事と主節主語による知覚は同時に起こっていることを見ましたが，知覚動詞には，原形不定詞節以外に that 節をとるものがあります。例えば，observe は（9）の原形不定詞の他に，（10）のように that 節を従えることもできます。

（9） I observed [someone enter the room].
（誰かが部屋に入るのを見た。）

（10）I observed [that someone had entered the room].
（誰かが部屋に入ったことに気づいた。）

（9）は「彼が部屋に入るところを見た」ことを表わしており，「見る」という知覚と「部屋に入る出来事」は同時に起こっています。一方，（10）は誰かが部屋に入ったことに後から気づいたことを述べています。つまり，（10）の observed は that 節の内容を認識したことを表わし，（9）と同じ意味ではありません。（9）のように感覚器官によって知覚する場合は直接的知覚を表わし，不定詞節の表わす「誰かが部屋に入る」という出来事を主節主語が直接見ていた場合に用いられます。これに対して（10）の observed は日本語訳からも分かるように，「見た」という意味ではなく，「気づいた」という意味であり，that 節の内容を頭で認識したという意味で用いられます。（9）と（10）では同じ動詞が使われていますが，表現している事態はまったく異なり，それが後に続く節の形式上の違いに反映されています。

» 課題解決！

［1］［2］の用法も（9）（10）の違いと同じです。［1］は直接的な知覚を表わし，不定詞節の表わす「ジョンが間違いをする」という出来事を主語が直接見ていた場合に用いられます。

一方，［2］の that 節は間接的に知覚した内容を表わしています。つまり，［2］のように知覚動詞が that 節をとる場合は，「～であることが分かった」という認識的な意味で用いられます。

［1］のような原形不定詞節は主語の直接的な知覚を表わしており主観的な表現と言えます。これに対して，主語の認識を表わす［2］は客観的な表現と言うことができます。したがって，［2］は，「ジョンが間違いを犯したということが分かった。」という日本語に対応します。

[7.4.2] 使役動詞のとる不定詞節

考えてみよう！

ホテルで部屋を予約する場面を想像してください。「お部屋を見せてもらえますか。」とフロントの人に尋ねると，「ええどうぞ。ベルボーイに案内させましょう。」と使役表現を使って応えてくれました。英語の使役動詞には，make, have, let がありますが，この状況ではどの動詞を使うのが適していると言えるでしょうか。

[1] "Could I see the room ?"

[2] "Sure. I'll (　　) the bellboy take you up."

日本語に注目しよう！

日本語の使役文は，出来事を実現させようとする人を主語にし（以下，使役主），動詞に「させ」を付け，格助詞（の一部）を変えることによって作られます。(1) のような自動詞文であれば，使役主を新たな主語に加え，ガ格をヲ格あるいはニ格に変え，動詞に「させ」を付けます。

(1)　子供たちが川で泳いだ。

(2)　a. 先生が子どもたちを川で泳がせた。(泳ぐ + させ + た)

　　b. 先生が子どもたちに川で泳がせた。

(2) の使役文で動作主がヲ格で現われる場合とニ格で現われる場合では意味が異なります。ヲ格の場合は，川で泳ぐことを強制したという意味になり，「強制の使役」と呼ばれます。一方，ニ格の場合は，相手の意向を考慮して，子どもたちが川で泳ぐことを許可・放任したという意味になり，「許可・放任の使役」と呼ばれます。日本語では動詞の形態は同じ「泳がせた」でも，格パターンの違いに応じて使役の意味が異なります。

一方，他動詞の使役文では格助詞の配列は「…ガ…ニ…ヲ」となり，興味深いことに「強制の使役」と「許可・放任の使役」の両方の解釈ができるようになります。

(3)　先生が子どもに絵を描かせた。

英語と比べてみよう！

英語では make, have, let が NP VP 型の原形不定詞節を従える構文を用いて使役を表現します。

（4） a. I *made* my husband clean the room.

b. I can't *make* you come if you don't want to.

（5） a. The teacher *had* us read it aloud.

b. I'll *have* her come early.

（6） a. John's parents didn't *let* him drive their new car.

b. I can *let* you have a copy of the report.

make, have, let は「～に…させる」という使役の意味を表わしますが，それぞれ用いられる意味合いが異なります。これらの動詞は「～させる」という使役動詞に訳せることから，3つの動詞の使い分けは日本人学習者にとってはやっかいな問題です。3つの動詞の意味的相違について整理しておくことにしましょう。

（7） make A do：（被使役主の意向に反して）強制的にAに～させる

have A do：（当然してもらえることを）指示，依頼などによって，Aに～させる・してもらう

let A do：（相手がしたいと思っていることを）許可，放任することで，Aに～させてやる・～させておく

まず，make と have ですが，ともに使役主が被使役主（～させられる人）に働きかけて「～させる」という点では同じですが，働きかけの仕方が強制的か否かという違いがあります。make は被使役主に対して強制的に何かをさせるという意味をもちますので，（8）のように強制的な働きかけや手段を表わす表現と共起することができます。

（8） I *made* my husband clean the room by threatening to kick him out if he didn't.

（8）は，掃除をしなかったら家から追い出すと，嫌がる夫（被使役主）を脅して部屋の掃除をさせたことを表わす文です。ここに妻の強制的な働きかけが見てとれます。一方，（8）の make を have にすると，妻が夫に部屋を掃除してくれるように頼み，夫がその頼みを聞き入れたという意味になります。ここにあるのは妻からの強勢ではなく指示や依頼です。そのため，（9）に示すように強制的手段で使役主に働きかけたことを示す表現とは相性がよくありません。

（9） ??I *had* my husband clean the room by threatening to kick him out if he didn't.

同様に，（4b）は「いやなら無理に来させるわけにはいかない」と述べているので，make が強制を伴う使役行為を表わすことが分かります。（4b）の make を have に変えると不自然な文となります。

（10） ??I can't *have* you come if you don't want to.

（5a）も同じです。（5a）は教師が教室で生徒に指示を与えて行わせた行為について述べています。通常，教室では教師の指示があれば，生徒は当然それに従って音読したり，発表したりすることが期待されています。したがって，教師は生徒の意志に反して強制的に何かをさせているのではありません。

（5b）では，（4b）と同じ come が用いられていますが，（5b）には（4b）のような「強制的に〜させる」という意味はありません。この文は例えば，何かの用事があって上司が部下に次の日早く会社に来てもらいたいという指示を出している文で，嫌がらせでもしてやろうという上司の意図はありません。もしそのような意図があるとすれば，have ではなく make を使うことになります。

次に let です。let は，「主語が被使役主に〜することを許可・放任する」という場合に用いられます。したがって，被使役主はしたいと思っていることをすることになります。（6a）は John's parents didn't *allow* him to drive their new car. と同じ意味を表わしています。ジョンは両親の新車を運転したいと思っていたのですが，それを許可しなかったという意味を表わしています。このように let の場合は，許可されれば被使役主が喜んで行なう行為を表わすので，被使役主の意向を無視して強制的に何かをさせるという make が用いられる状況では let を使うことはできません。例えば，（4b）のように相手が来るのを嫌がっているような状況で let を用いることはできません。意味的逸脱が生じてしまうからです。

（11） ??I can't *let* you come if you don't want to.

（6b）は報告書を 1 部所有することを許容すると述べています。被使役主は，報告書を 1 部欲しいと思っているわけですから，「この報告書を 1 部差し上げましょう。」のように訳すことで（6b）の意味をうまく表わすことができます。

さて，§7.4.1 では，知覚動詞のとる NP VP 型原形不定詞節内の NP と VP は 1 つのまとまりを成していることを見ました。使役動詞の従える不定詞節はどのような構造をもつのでしょうか。(12) を見てください。

(12) a. She {made/had} a specialist examine her mother.

b. She {made/had} her mother be examined by a specialist.

(Langacker 1995: 53)

make/have 使役文では，動詞の後の NP に対して強制的か否かの違いはあるものの主語の働きかけがあることを述べました。(12a) の原形不定詞節は能動文で，主節主語の働きかけは a specialist に対して行われたのに対して，(12b) の原形不定詞節は受動文で，主語の働きかけの対象は her mother であり，(12a) と (12b) では意味が異なります。(12) の違いは，§7.3 で見た persuade の従える NP to VP 型不定詞節と同じように説明することができます。persuade は目的語の NP と不定詞節を別々のまとまりとして従える動詞なので，説得する対象が異なれば，意味が異なります。

(13) a. She persuaded [a specialist] [Ø 意味上の主語 to examine her mother].

b. She persuaded [her mother] [Ø 意味上の主語 to be examined by a specialist].

make/have の従える NP VP も persuade タイプの動詞が従える不定詞節と同じ次のような構造をもつと考えることができます。

(14) She {made/had} [a specialist] [Ø 意味上の主語 examine her mother].

(15) She {made/had} [her mother] [Ø 意味上の主語 be examined by a specialist].

このように，使役とは誰かに働きかけてある事態を作り出したり，もたらしたりすることを意味しますので，働きかけの対象とその結果生じる事態の 2 つが必要になります。そのため，これらの 2 つは別々のまとまりとして具現されているのです。この点で，使役動詞の不定詞節の構造は，知覚動詞のそれとは異なります。§7.4.1 で見たように，知覚動詞は知覚の対象となる出来事を 1 つのまとまりとして従えているからです。

最後に，もう 1 つ別の用法を見てみましょう。まず，make ですが，

makeには上述の用法（「強制的に〜させる」）以外に，「ヒト・モノ・コトが〜する原因となる」というcauseの意味で用いられる用法もあります。

（16）a. Heat *makes* a gas expand.

b. My need for cigarettes *made* the maid go to the store for a pack. （小西 1980: 918）

このような用法はhavc, letにはないので，（16）のmakeをhave, letに置き換えることはできません。

（17）a. *Heat {*had/let*} a gas expand.

b. *My need for cigarettes {*had/let*} the maid go to the store for a pack.

（16）のcauseの意味で用いられるmakeはそれに続くNPに働きかけるわけではないので，この場合の不定詞節は1つのまとまりを成していると考えられます。

（18）Heat *made* [a gas expand].

次に，許可を表わすletのもう1つの用法を見ます。letにもNP VP型不定詞節が意味の違いに応じて2種類あります。相手に直接許可を与える場合と事態そのものを許可する場合です。そのことを示すために，まずpermit（許可する）という動詞のとる不定詞節について考えてみましょう。（19a）は（19b）に示したようにpermitの目的語に直接許可を与える（「彼の息子に退出許可を与える」）場合と（19c）のように不定詞節の表わす事態そのものを許可する（「彼の息子が退出することを許可する」）場合の2通りに解釈されます（Jacobson 1990：443）。

（19）a. Mary permitted her son to leave.

b. Mary gave permission to her son [to leave].

c. Mary gave permission [for her son to leave].

letにもpermit同様2通りの解釈があります。（20）は主語が目的語に許可を与える場合です。（21）では目的語（the smoke）が無生物なので，不定詞節の表わす事態を許可するということが表わされています。

（20）She *let* him talk without interrupting him.

（21）A small vent near the ceiling *lets* the smoke escape.

（Mittwoch 1990: 114）

このことから，（20）と（21）はそれぞれ次の構造をもつと考えられます。

（22）She *let* [him] [Ø意味上の主語 talk ...].

（23）A small vent near the ceiling *lets* [the smoke escape].

（22）では let に続く NP（him）は働きかけの対象であり，その結果生じる事態を表わすまとまり（[Ø意味上の主語 talk ...]）とは別に，主節の目的語であるのに対して，（23）では let に続く NP VP は1つのまとまりになっています。

課題解決！

冒頭の［1］［2］に示した会話で，フロントの受付がベルボーイに部屋までの案内を指示すれば，当然それに応じて案内することが期待されます。したがって，［2］では havc を使うのが正解です。

［2］ "Sure. I'll *have* the bellboy take you up."

このような状況で make を使うのは不自然です。なぜなら部屋まで案内するのを嫌がっているベルボーイを無理やり案内させる，という奇妙な意味になってしまうからです。

練習問題

次の文を英語にしなさい（1〜3は（　　）内の動詞を，4〜8は make, have, let のいずれかを用いること）。

1 a. 何かが足に触れるのを感じた。(feel)

b. それはあまりよい提案とは思えない。(feel)

2 a. 医者は患者の話し方が正常でないことに気づいた。(observe)

b. 受付係はその男がドアから駆け出して行くのを目撃した。(observe)

3 a. 誰も彼らの到着に気づかなかった。(notice)

b. パスポートがなくなっていることに気づいた。(notice)

4 彼に入ってもらってください。

5 痛くて大声をあげてしまった。

6 名刺を差し上げます。

7 通常学期末には学生にレポートを書かせます。

8 どうしてそう思うの。

7.5 動名詞節

考えてみよう！

［1］では動名詞節の中に主語は現われませんが，［2］［3］のように主語が現われる場合もあります。［2］と［3］の主語は所有格か目的格かの違いだけのように見えますが，それ以外にも相違点が観察されます。例えば，動名詞節を［4］の it ... that の強調構文の焦点位置に置く場合，［2］［3］のうちどちらか一方しか許容されません。［4］の焦点位置に置くことのできるのは，［2］［3］の動名詞節のうちどちらでしょうか。このような違いは，［2］と［3］の動名詞節の違いについてどのようなことを示しているのでしょうか。

［1］I like [playing the piano].

［2］I don't like [John's playing the piano].

［3］I don't like [John playing the piano].

［4］It is ____ that annoys everyone.

日本語に注目しよう！

次の例文はいずれも従属節を含む複文の構造をしています。

（1） a. ［その計画を進めるこ<u>と</u>］に決めた。

b. ［ニューヨークのホテルで会う<u>こと</u>］に同意した。

（2） a. ［夜あの通りを歩く<u>こと</u>］を避けている。

b. ［彼女に会った<u>こと</u>］を思い出した。

（1）（2）では主節の動詞が「こと」節を従えている点で形式上は類似していますが，同じ「こと」節でも表わす意味に違いがあります。（1）の「こと」節は，これから行なう未来の出来事について，（2）の「こと」節は今現在行なっていることや習慣，あるいは過去に起ったことについて述べています。（1）の「決める」，「同意する」という動詞は，これからある行動をしようとする意志，意図を表わすため，未来の出来事を表わす「こと」節を選択しています。一方，（2）の「避ける」，「思い出す」という動詞は，現在，あるいは過去の事実について述べており，したがって，§7.1 で見た事実を表わす「こと」節を選択します。表面的には同じ従属節のように見えても，それを従える動詞が「未来指向」の意味をもつのか，あるいは「事実指向」の意味をもつのかによって，従属節の解釈が異なるのです。

英語と比べてみよう！

（1）（2）に対応する英語は，（3）（4）となり，従属節は，それぞれ不定詞節，動名詞節で表されます。

（3） a. We decided [*to go* ahead with the scheme].

b. We agreed [*to meet* in a hotel in New York].

（4） a. I avoid [*walking* down that street at night].

b. I recalled [*meeting* her].

（3）（4）の不定詞節と動名詞節は，動詞の目的語の位置に現われている点では同じですが，異なる意味を表わします。（3）の不定詞節はこれから起こることを表わしています。これは不定詞の to がもともと方向を表わす前置詞（「～へ」）に由来することによります。decide, agree のように不定詞節のみをとる動詞には，他に afford, choose, expect, manage, mean, refuse, want, wish などがあり，これらの動詞はこれから何かを行おうとする意志，つまり「未来指向」の意味を共有しています。このことから，（3）の不定詞節は §7.3 で述べた「非現実的出来事」を表わしていることが分かります。

一方，（4）では動名詞節が現在すでに行なっていることや過去に起った出来事を表わしています。avoid, recall のように動名詞節のみをとる動詞には，他に admit, appreciate, consider, enjoy, finish, give up, imagine, practice, put off, resist などがあり，これらの動詞は動名詞節の表わす内容が事実であることを前提に述べており，「事実指向」という意味特徴を共有しています。

不定詞節と動名詞節の両方をとる動詞もあります。その場合，①どちらをとるかで意味が異なる場合，②どちらをとっても明確な意味の区別がしにくい場合があります。まず，前者について見ることにしましょう。

remember, forget, regret などの動詞は，不定詞節と動名詞節の両方を選択しますが，どちらを選択するかによって意味が異なります。

（5） a. Please remember [*to post* the letter].

b. I remember [*posting* the letter].

（6） a. I forgot [*to meet* him at the station].

b. I forgot [*meeting* him at the party].

(7) a. I regret [*to say* that I must decline your invitation].

b. I have never regretted [*being* a teacher].

(5)～(7) では不定詞節，動名詞節のどちらをとるかで，動詞の意味に違いがあります。

(8) a. remember to do「～することを忘れない」

b. remember doing「～したことを覚えている」

(9) a. forget to do「～することを忘れる」

b. forget doing「～したことを忘れる」

(10) a. regret to do「残念ながら～する」

b. regret doing「～したことを残念に思う」

不定詞節をとる場合は，動詞はまだ実現していない事柄（非現実的出来事）について述べているので，未来指向の意味をもっています。一方，動名詞節をとる場合は，動名詞節の内容がすでに起こっていることを前提として述べていますので，動詞は事実指向の意味をもつことが分かります。remember, forget, regret などの動詞が不定詞節，動名詞節の両方を選択できるのは，これらの動詞が「未来指向」「事実指向」の両方の意味特徴を備えているからです。

「好悪」を表わす動詞がとる不定詞節と動名詞節にも，「未来指向」「事実指向」の違いが有効に働く場合があるとして，安藤（2005: 265）は次の例文をあげています。

(11) a. Mary loves *being* a woman.

b. *Mary loves *to be* a woman.

「メアリーが女性である」ということは事実であり，これから起こる状態ではないので，動名詞節を用いるのが適していると考えられます。

また，否定に関して次のような違いが見られます（安藤 2005: 264）。

(12) a. *I like *dancing*, but I don't like *dancing* now.

b. I like *dancing*, but I don't like to *dance* now.

動名詞節は事実を表わす傾向が強いので，（12a）のように，but 以下で否定すると矛盾した表現になりますが，（12b）の but 以下の不定詞節は，今踊るのは嫌だと述べているに過ぎないので，動名詞節の表わす事実的意味とは矛盾しません。

次に，不定詞節と動名詞節の両方をとるものの，意味上の違いが明確でない動詞の例を見てみましょう。そのような動詞に出来事の開始や継続を表わす begin, start, continue や「好悪」を表わす love, like, hate などがあります（「好悪」は，(11)（12）のように違いが明確なものもあります）。

（13）She started { *to speak/speaking* }.

（14）I like { *to play/playing* } the piano.

（13）の start は「～し始める」という意味を表わし「未来指向」の意味をもつと考えられますが，不定詞節に加えて動名詞節をとることができます。（14）の like は「～することが好きだ」という現在の事実に関する好みを表わしているので「事実指向」の意味をもつと言えますが，不定詞節もとることができます。これらの動詞では，（8)～(10）の例ほど明確な意味上の区別があるわけではないものも，ニュアンスに違いがある場合もあります。例えば，start が不定詞節をとる場合は，行為の開始に焦点が置かれ，行為の継続まで含意しない傾向にあるのに対して，動名詞節をとる場合は，行為の継続に重きが置かれます（Quirk *et al.* 1985: 1192）。

（15）a. He started *to speak*, but stopped because she objected.

b. He started *speaking*, and kept on for more than an hour.

（15a）は「話し始めようとしたが，すぐに止めた」という場合を表わしていて，話したことが事実とは見なされにくいので，不定詞節が用いられていると考えることができます。一方，（15b）では，and 以下の「1 時間以上話し続けた」という内容から，実際に行われた出来事を表わしており，動名詞節が用いられていると考えられます。

以上，動名詞節と不定詞節が従属節として現われる場合の意味上の違いについて考察してきました。以下では動名詞節の構造を見てみましょう。これまで見た動名詞節では形式上の主語のない例を考察してきましたが，動名詞節には主語が現われる場合もあります。

（16）a. I remembered [*his* playing the piano].

b. I remembered [*him* playing the piano].

（16）の所有格代名詞，目的格代名詞が動名詞と主語と述語の関係にあり，形態上の違いはあるものの動名詞節としては同じ構造をもつように見えます。しかしながら，所有格主語の動名詞節と目的格主語の動名詞節には，重要な相違点があります。

（17）のように，所有格主語の動名詞節と目的格主語の動名詞節は，いずれも主語位置に生起することができますが，それを疑問文にする場合，（18）のように，目的格主語の動名詞節を主語にもつ文に主語・助動詞倒置を適用して疑問文を作ることはできません（Horn 1974）。

（17）a. ［*Mary's* playing the piano］surprised us.

b. ［*Mary* playing the piano］surprised us.

（18）a. Did［*Mary's* playing the piano］surprise you?

b. *Did［*Mary* playing the piano］surprise you?

（18）の対比は，名詞句と節の対比に酷似しています。

（19）a. ［*Sue's* late arrival］was expected.

b. Was［*Sue's* late arrival］expected?

（20）a. ［For *her* to see the doctor］would be better.

b. *Would［for *her* to see the doctor］be better?

（21）a. ［That *Sue* would arrive late］was expected.

b. *Was［that *Sue* would arrive late］expected?

（20）（21）が示すように不定詞節，定形の that 節が主語の場合には，主語・助動詞倒置を適用して疑問文を作ることはできません。したがって，（17a）の所有格主語の動名詞節は名詞句の構造をもつのに対して，（17b）の目的格主語の動名詞節は節の構造をもつと考えられます。

» 課題解決！

冒頭の課題も，上で見た形式上異なる主語をもつ動名詞節の構造の違いに関係しています。所有格主語の動名詞節は，名詞句の構造をもつので，通常の名詞句の場合と同様に，it ... that の強調構文（分裂文（§8.1 を参照））の焦点位置に現われることができます。

［4'］ It is［*John's* playing the piano］that annoys everyone.

一方，目的格主語の動名詞節は分裂文の焦点位置に現われることはできません。

［4"］ *It is［*John* playing the piano］that annoys everyone.

［4"］と同様に that 節や不定詞節も分裂文の焦点位置に生起することはできません。

（22）*It was［that guests left］that John drank so much.

(Emonds 1976: 133)

(23) *It was [to report on time] that he failed. (*ibid.*)

所有格主語の動名詞節と目的格主語の動名詞節の間には，もう１つ違いがあります。前者を２つ以上等位接続すると複数扱いになるのに対して，後者を２つ以上等位接続しても単数扱いのままです。

(24) a. [John's coming] and [Mary's leaving] *bother* me.

b. [John coming] and [Mary leaving] *bothers* me.

この事実もまた，所有格主語の動名詞節のほうが目的格主語の動名詞節よりも名詞的であることを示唆しています（不可算名詞を２つ以上 and で等位接続すると複数扱いになるからです）。このように，所有格主語の動名詞節と目的格主語の動名詞節では，「名詞らしさ」において異なるものがあることが分かります。所有格主語をもつ動名詞はより名詞的で，動名詞節全体は名詞句としての分布を示すのです。

7 複文

練習問題

A 次の a と b の違いを答えなさい。

1 a. Her seeing the doctor relieved me.

b. *Her seeing the doctor would be better.

2 a. I tried to call her, but I couldn't find my cell phone.

b. I tried calling her, but I got the answering machine.

B 次の日本語を（　　）内の動詞を用いて不定詞節，動名詞節のいずれかの英語に訳しなさい。

1 今日の夕食はステーキを食べたいです。(would like)（☆）

2 雨が降りかけている。(begin)（☆）

3 彼がチームを去ったことを残念に思う。(regret)

4 「乗っていきませんか。」「いや，結構です。歩きたいですから。」(prefer)

5 クラッシック音楽が分かりかけてきた。(start)（☆）

6 こらえきれずに吹き出してしまった。(resist)

7.6 分詞節

考えてみよう！

知覚動詞は［1］のようなNP VP型原形不定詞節の他に，［2］のような動詞に -ing の付いた分詞節をとることもできます。

［1］I saw [her drown].

［2］I saw [her drowning].

この2つの文は表面上よく似ていますが，違いもあります。［1］の後に but I rescued her を続けて［3］のように言うことはできませんが，［2］の後に続けて［4］のように言うことはできます。

［3］??I saw [her drown], but I rescued her.

［4］ I saw [her drowning], but I rescued her.

［1］と［2］ではなぜこのような違いがあるのでしょうか。

» 日本語に注目しよう！

次の例文ではいずれも知覚動詞が「の」節を従えていますが，従属節中の動詞の形態が異なっています。

（1） a. 井上さんは［子供が橋を渡るの］を見た。

b. 井上さんは［子供が橋を渡っているの］を見た。

（1a）と（1b）では意味が異なります。「の」節でル形の用いられている（1a）は，出来事の最初から終わりまでを見たことを表わしています。一方，「の」節でテイル形の用いられている（1b）は，出来事の一部，つまり，進行中の出来事を表わしています。このような知覚動詞が従える「の」節に関して，「独自の時制がない」と述べましたが（§7.4.1 を参照），（1a）と（1b）の対比から，この「の」節には進行相／完了相といった独自の「相」があることが分かります。

動詞のテイル形には進行中の動作の他に，「似ている」のように状態を表わすものもあります。同じテイル形の動詞でも状態を表わす動詞のテイル形は知覚動詞がとる「の」節の中で用いることはできません。

（2） *井上さんは［田中君がお父さんに似ているの］を見た。

（2）が容認されないのは，知覚動詞は「出来事」を表わす節をとるからです。「出来事」を見る場合，その最初から最後までを見ることもできますが，進行中の出来事を見ることもできます。逆に，始めも終わりもなく，途中もないのが「状態」です。「状態」は「出来事」ではありません。そのため状態動詞を知覚動詞がとる「の」節で用いることはできません。

英語と比べてみよう！

（3）の知覚動詞が原形不定詞節をとる場合は，出来事の最初から最後までを見たこと，つまり完了した出来事を知覚したことになります。

（3） a. I saw [the boy *cross* the street].

b. I heard [Mary *cry* out].

また，英語で進行中の出来事を知覚したことを表わす場合には，（4）のような現在分詞（V-ing 形）をもつ分詞節を用います。

（4） a. I saw [the boy *crossing* the street].

b. I heard [Mary *crying* out].

このことから，（3）の原形不定詞節は（1a）のル形の「の」節に，（4）の分詞節は（1b）のテイル形の「の」節に対応していることが分かります。

ここで，知覚動詞のとる分詞節の特徴について見ることにしましょう。分詞節は進行中の出来事を表わすことから，進行形にすることのできない状態動詞は許容されません。

（5） a. *I saw [the boy *resembling* his mother].

b. *I watched [Mary *knowing* the answer].

知覚動詞が原形不定詞節をとる場合にも同様で，進行形にすることのできない状態動詞は使えないという制約が見られます。（2）で見たように，これは resemble his mother, know the answer といった「状態」は完了した出来事を表わすのではないからです。

（6） a. *I saw [the boy *resemble* his mother].

b. *I watched [Mary *know* the answer].

また，出来事の一部始終か進行中の出来事かの違いはあるものの，知覚動詞が従える不定詞節や分詞節は，ともに主語と述語からなる 1 つのまとまりをなしていると考えられます。

分詞節には現在分詞の他に過去分詞が現われるものもあります。例えば，使役動詞の have が過去分詞をもつ分詞節をとる場合などです。使役動詞のhaveが過去分詞の分詞節をとる場合，①（7）のように「～を…させられる」，「～を…してもらう」という使役の意味で用いられる場合，②（8）のように受動態の意味を表わす場合（§2.11を参照），③（9）のように完了を表わす場合があります。

（7） a. I had [my hair *cut*].（髪を切らせた／切ってもらった。）
　　 b. He had [his salary *raised*].（給料を上げてもらった。）

（8） a. I had [my hat *blown* off].（帽子を吹き飛ばされた。）
　　 b. The house had [its roof *ripped* off by the gale].
　　　（突風で屋根をはぎとられた。）

（9） a. I had [my homework *finished*].（宿題を終えていた。）
　　 b. Have [the job *done* by tomorrow].
　　　（明日までその仕事をしてしまいなさい。）

（7）では無生物のmy hair, his salaryが使役動詞に続いていることから，原形不定詞をとる場合のhave（相手に頼んで～してもらう／させる）という意味とは異なることが分かります（§7.4.2を参照）。

» 課題解決！

［1］と［2］はいずれも不定詞節，分詞節の表わす出来事を直接見たことを表わしていますが，［1］は出来事の始めから終わりまでを見たことを表わすため，完了した出来事を表わしています。「彼女が溺れる」という出来事が完了している（溺死した）ので，［3］のようにbut以下で「その彼女を救助した」と言うのは矛盾しています。一方，分詞節の［2］は進行中の出来事を表わしているので，［4］のように「彼女を救助した」と言っても矛盾は生じません。

練習問題

次の文を英語にしなさい。

1 太郎は子どもたちがカメを叩いているのを見た。

2 彼の無礼な行動に怒りがだんだんわいてくるのを感じた。

3 何かが焦げているにおいがした。

4 コンピューターを修理してもらった。

5 私はメアリーが娘さんを叱っているのを見た。（☆）

7.7 文のつなげ方

考えてみよう！

［1］は Steven Pinker の *The Language Instinct* からの一節です。まさかこのようなところに人が住んでいるはずもないと思っていたニューギニアの山岳地帯に，人が住んでいるらしいことを探検家が発見した時のことを描写しています。

［1］By nightfall his amazement turned to alarm, because there were points of light in the distance, obvious signs that the valley was populated.（Pinker 1994: 12）

［1］の文は副詞節（because 節）を従属節に従え，さらにその中に同格節を含む複文構造をもっています。複雑な構造の文のように見えますが，英語の文としてはすっきりしています。椋田直子氏による邦訳『言語を生み出す本能』（p. 29）では，次のように訳されています。

［2］日が暮れると，驚きは不安に変わった。遠くに灯火が点々と見えたのだ。人が住んでいるなによりの証拠である。

［1］と［2］を文構造の観点から比較し，日英語の違いを考えてみましょう。

日本語に注目しよう！

次の文章は 2017 年 8 月 26 日の朝日新聞の金融情報面にある「経済気象台」という欄に掲載された「祭りと人口減」という論説文の一部です。

（1）この夏は東北の祭りを見る機会があった。青森のねぶた祭りと秋田の竿燈祭りだ。起源は古く，どちらも無病息災を願う地元民の素朴な行事だったようだ。今では祭りの期間中に延べ数百万人が集まり，経済効果も数百億円に上る一大イベントになっている。

青森県も秋田県も人口減少が続き，青森市は 4 年前に人口が 30 万人を切った。秋田市も 10 年前をピークに年々減り続け，30 万人を割るのは時間の問題だ。人口減の中で祭りの規模を維持するには，工夫が必要な時期に来ている。

ねぶた祭りは 2 年続けて赤字になり，今年は有料の観覧席の価格を値上げした。果たして収入は好転したのか。

東京都心では祭りの神輿の担ぎ手が少なくなり，地区行事への参加を条件として，学生に格安の住居を提供する地域もある。

この論説文は，全体として論旨も明快で，優れた文章になっています。さて，この文章を構成する文の構造について何か気づくことはないでしょうか。実は２つの文のつなげ方に特徴を見出すことができます。４つ目の「今では祭りの期間中に…」で始まる文は２つの文がつなげられて１つの文になっています。「…延べ数百万人が集まり，経済効果も…」というふうに動詞の連用形で文が接続されています。この文に続く部分でも，「…人口減少が続き，青森市は…」「…年々減り続け，30万人を割るのは…」のように動詞の連用形を用いて２つの文が並置されています。２つの文を結合させるこのような方法は，上の論説文に特有なものではなく，日本語ではよく見られます。その他，２つの文を結びつけて複雑な文を作るには，２つの文に主従の関係をもたせて複文構造を作る方法もあります。上の引用文では，第２段落最後の文が「工夫が必要な時期に来ている」を「主」，「～維持するには」を「従」とする複文構造をもっていますが，引用文全体の中ではこのような複文構造は少数派です。

≫ 英語と比べてみよう！

２つの文を結びつける方法には，①等位接続詞（and, but, or）を用いて２つの文を並置する方法，②従属接続詞を用いて２つの文を主従の関係に構造化する方法があります。

（2） a. The house is twenty years old *and* it has a large kitchen.

b. He apologized, *but* they didn't accept it.

c. Hurry up, *or* you will be late.

２つの文を結びつける場合，（2）に例示した①の方法は最も単純で基本的な方法です。しかし，等位接続詞を使って文をつなげることを多用すると，メリハリの欠ける稚拙な文章という印象を与えかねません。等位接続詞で複数の文を並置するということは，それぞれの文を対等な関係に配列することになります。したがって，２つの文に複雑な意味関係がある場合，それを表わすことに適している方法とは言えません。例えば，（3a, b）の２つの文を（3c）のように and で結びつけると，２つの文は意味的に対等な関係にあることを提示することになります。

（3） a. Harry came.

b. John left.

c. Harry came *and* John left.

仮に（3a）と（3b）には因果関係があり，ハリーが来たことが原因でジョンが帰ってしまったとしましょう。（3c）の重文構造の文からは，このような意味関係を読み取ることは難しいと思われます。これに対して，②従属接続詞 because を用いて（3a）を（3b）の従属節に構造化し（4）のようにすれば，上で述べた因果関係を明確に示すことができます。

（4） John left [*because* Harry came].

理由を表わす従属接続詞には because の他に since があります。

（5） [*Since* you have a fever], you should stay home tonight.

同じ理由を表わす副詞節でも because を用いた場合と since を用いた場合では意味が異なります。because 節で why 疑問文に答えることはできますが，since 節で答えることはできません。

（6） A. Why did John leave ?

B. *Because* Harry came.

B'. **Since* Harry came.

because 節は why 疑問文の答えになることから新情報を表わし，since 節は why 疑問文の答えにはなれないことから新情報を表わせないことが分かります。同様に because 節を新情報の指定席である分裂文（§8.1 を参照）の焦点位置に置くことはできますが，since 節は置けません。

（7） a. It was [*because Harry came*] that John left.

b. *It was [*since Harry came*] that John left.

以上のことから，（4）のように because を用いて２つの文を主従の関係に構造化することで，主節（John left）を旧情報（前提）として，because 節を新情報として提示することができます。

（8） John left [because Harry came].
旧情報　　新情報（焦点）

一方，（5）の since 節は主節命題を述べるための基となる理由を表わします。つまり，「あなたもお分かりのように」という意味が込められていることから，since 節は聞き手も了解している既定の事実（旧情報）を表わしているのです。一般に情報は旧情報から新情報の順番で配置されますので，since 節が文頭に現われる（5）はとても自然な構造です。

（9） Since you have a fever, you should stay home tonight.
旧情報　新情報

重文の構造を用いたのでは，このような2つの文の複雑な意味関係を表わすことはできません。主従の関係をもつ複文に構造化してこそ，複雑な意味関係を明示することができるのです。

複数の文をつないでより複雑な意味関係や情報を伝えようとする場合，日本語と英語では構造化の仕方に違いが見られます。日本語では複数の文を結びつける場合，連用形を用いて単文を並置した重文に構造化する傾向にありますが，英語では複数の文を主従の関係に置く複文に構造化することが好まれます。以下では，このような日英語の構造化に関するズレがどのように現われるのか，複文構造の具体例を見ながら考察します。

分詞節から始めることにしましょう。分詞節は副詞節として現われることもできます。（10）は「分詞構文」の例文です。

（10） a. It rained heavily, [completely *ruining* our holiday].
（大雨が降って，私たちの休日は台無しになった。）

b. Maria, [*shocked* at the news], couldn't say a word for a while.
（マリアはその知らせにショックを受けて，しばらく何も言えなかった。）

c. Worker bees are neuter, [*being* neither male nor female].
（働きバチは中性で，雄でも雌でもない。）

d. Typhoon hit the city, [*causing* great damage].
（台風が市を襲い，大災害を与えた。）

分詞構文では，従属接続詞を用いる代わりに分詞を用いることで，一方の文を従属節として構造化しています。対応する日本語訳を見ると，いずれもテ形（連用形に「て」を付けた形），あるいは連用形で2つの文が並置された重文の構造になっています。分詞構文が文末にくるような英文を訳す場合には，連用形接続を用いた日本語文にすると自然になることが多いようです（福地 2012）。

（11） The babies must have been keeping track of how many dolls were behind the screen, [*updating* their counts as dolls were added or subtracted]. (Pinker 1994: 59)

（11）は邦訳では次のようになっています。

（12）赤ん坊たちはスクリーンの向こうにいくつ人形があるかを覚えていて，人形が足されたり取り去られたりするたびに数を新しくしていたに違いない。

（12）では（11）の分詞構文がテ形接続を用いて2つの文を並置した重文に訳されています。同様の構造化のズレが（13）にも観察されます。

（13）To answer these questions, Milgram devised a series of experiments. He recruited volunteers [*who* were led to believe that they were taking part in a psychological study].

(*Active English*, p. 18)

（13）では volunteers を先行詞にとる関係節が現われています。（13）の2つ目の文の訳として次の2つを比べてみましょう。

（14）ミルグラムは何人かボランティアを採用し，心理学の実験に参加していると信じ込ませた。

（15）ミルグラムは心理学の実験に参加していると信じ込ませたボランティアを何人か採用した。

連用形接続で2つの文を並置した（14）と関係節の構造をそのまま日本語にした（15）を比べると前者の方が自然な表現になっています。

次の例では文末に不定詞節が置かれています。

（16）Early on, Chomsky's work encouraged other scientists, among them Eric Lenneberg, George Miller, Roger Brown, Morris Halle, and Alvin Liberman, [*to open up* whole new areas of language study, from child development and speech perception to neurology and genetics]. (Pinker 1994: 10)

邦訳では（17）のように，「刺激し，」と連用形で次の文に続けられています。

（17）チョムスキーの姿勢は早くから，エリック・レネバーグ，ジョージ・ミラー，ロジャー・ブラウン，モリス・ハレ，アルヴィン・リバーマンなど，他の多くの学者を刺激し，児童の発達や言語認知から神経学，遺伝学にいたるまで，言語研究に数々の新分野を拓いた。

このように連結すべき文が長くなり，伝達すべき内容が複雑化するにつれ，英語では複文に構造化し，それを文末に配置する傾向があります。文末は情報構造上，新しい情報／より重要な情報が現われる位置でもあります。従属節が長い場合には，それが新情報を担うことが多く，上で見たように文末に配置されます。一方，日本語では，複数の文を連結する場合，重文に構造化することが好まれ，連用形（あるいはテ形）に続く文がより重要な情報を表わします。

》課題解決！

冒頭の［1］と［2］の例文にも上で述べた日英語の伝達内容の構造化に関するズレがはっきり現われています。［1］は同格節を含む副詞節を従えています。［2］の日本語訳では3つの単文が並置され，連用形接続さえ用いられていませんが，日本語としては自然な表現になっています。

練習問題

下線部の従属節に注意して次の文を自然な日本語にしなさい。

1 No mute tribe has ever been discovered, and there is no record that a region has served as <u>a "cradle" of language from which it spread to previously languageless groups</u>. (Pinker 1994: 13)

2 Samuel Johnson was a major British literary figure <u>who achieved towering stature as a critic and as a bold, trenchant and witty essayist</u>. (Thomas 2011: 71)

3 So while huskies may have smaller brains than wolves, they are smarter and sophisticated <u>because they can understand human communicative gestures, behaving similarly to human children</u>.

(*The Japan Times*, Feb 7, 2011)

4 The brain must contain a recipe or program <u>that can build an unlimited set of sentences out of a finite list of words</u>. (Pinker 1994: 9)

5 The second fundamental fact is that children develop these complex grammars rapidly and without formal instruction and grow up <u>to give consistent interpretations to novel sentence constructions that they have never before encountered</u>. (Pinker 1994: 9)

第８章

特殊構文

文の構成要素の表わす情報には，聞き手も知っていると話し手が思っている情報（旧情報）や，聞き手にとって新しい情報（新情報）など，情報価値の異なるものがあります。情報は価値の低い旧情報から高い新情報の順序で配列される傾向にあります。例えば，「お昼は何を食べましたか。」という疑問文に対して，①「お昼はカレーを食べました。」という語順の文で答えるのは自然ですが，②「カレーをお昼は食べました。」の語順の文で答えるのはやや不自然です。なぜなら①では，先行する疑問文に現われる旧情報（「お昼」）が文頭に現われ，wh 疑問文の答えとなる新情報（「カレー」）がその後に現われているのに対して，②では旧情報と新情報の順序が逆になっているからです。このような旧情報から新情報の順序で情報を配列する仕方は，基本語順に見られる規則性です。しかし，例えば，主語が新情報を，目的語が旧情報を担う場合には，基本語順には合いません。そのような場合に対応できるように，基本語順とは異なる語順の構文がいくつかあります。例えば，「井上さんは本を買った。」の主語を新情報として明示する場合には，「本を買ったのは井上さんだ。」のような「分裂文(cleft sentence)」と呼ばれる構文を用いることができます。目的語の「本」を文の主題（旧情報）として明示したければ，「本」を「その本」のように定名詞句に変え「は」を付けて文頭に移動する構文が用いられます（「その本は井上さんが買った。」）。英語でも SVO のような基本語順では，主語が旧情報を目的語が新情報を表わします。Ms. Inoue bought a book. という文は，通常，What did Ms. Inoue buy ? という疑問文の答えとして用いられます。主語の Ms. Inoue を新情報として提示する場合には，英語でも It is Ms. Inoue that bought the book. のような分裂文が用いられます。§8.1 では分裂文の特徴について考えます。

§8.2 では文の「主題（topic)」を明示するのに用いられる構文について考えます。日本語では「主題」を提示するのに，上で見た「井上さんは本を買った。」のように，「は」をつけて文頭に置きます。英語の通常の語順の文でも主語が文の主題を表わしますが，目的語を「主題」として提示する場合には，This book, John bought. のように目的語を文頭に移動（「話題化(Topicalization)」）した構文が用いられます。

また，日本語では動詞が文末にくる SOV が基本語順ですが，「昨日会ったよ，井上さんに。」のように動詞以外の要素が文末に移動した構文もあります。英語でも Kevin gave to his mother *a new book*. のように，*a new book* を元々あった gave の直後の位置から文末へ移動した構文が用いられることがあります。§ 8.3 では文中の要素を右方向へ移動する「右方移動（rightward movement)」を取り上げ，日英語の右方移動には機能上の相違点があることを見ます。

8.1 分裂文と擬似分裂文

考えてみよう！

［1］は普通の語順の英文です。このうち his keys を際立たせるために KEYS に文強勢（大文字で表記）を置き，新情報（焦点）として提示した構文が［2］です。［2］では，that 節の内容は話し手／聞き手の双方が知っている情報，すなわち旧情報を表わしています。

［1］John didn't lose his keys.

［2］It wasn't his KEYS that John lost.

同じ内容を別の構文で表現したはずの［1］と［2］ですが，［1］の後に［3］を続けることはできますが，［2］の後には続けることはできません。

［3］In fact, he's never lost anything in his life.

［1］と［2］にはなぜこのような違いが生じるのでしょうか。

日本語に注目しよう！

日本語では文中のある要素を強調するのに用いられる構文に，「～のは X だ／です」という形式をもつ「分裂文（cleft sentence)」があります。例えば，(1）の「井上君に」を強調する場合，X の位置に「井上君に」を置き，それ以外の部分を「のは」の前に置きます。

(1）田中さんが昨日井上君に会った。

(2）［田中さんが昨日会ったの］は 井上君（に） だ／です。

(2）の分裂文は，「田中さんが昨日誰かに会った」（［　］の部分）という内容が真であることを「前提」（§6.1 を参照）とし，「誰かに」の部分に当てはまるのが「井上君」であること，つまり，「井上君（に)」の部分がこの文で「焦点」（一番伝えたい情報）であることを表わすのに用いられます。一方，(1）の平叙文は，「田中さんが昨日井上君に会った」という内容が真であると主張しているだけで，「田中さんが昨日誰かに会った」ということを前提にして述べているのではありません。

(3a）は「昨日東京駅で誰かに会った」という前提をもつわけではないので，話しの冒頭で用いることができますが，(3b）の分裂文は前提を含むので，話しの冒頭で使うのは不自然です。

（3） a. 昨日東京駅で井上君に会いましたよ。

b. 昨日東京駅で会ったのは井上君です。

一方，次のような文脈であれば，分裂文を用いる方が自然になります。

（4） A： 昨日東京駅で田中君に会ったんだって？

B1：??違うよ。井上君に会いました。

B2： 違うよ。昨日東京駅で会ったのは井上君だよ。

英語と比べてみよう！

英語で文中の要素を強調する構文には，it is/was XP that ...の形式をもつ「分裂文」と wh 節を主語にした Wh ... is/was XP という形式の「擬似分裂文（pseudo-cleft sentence）」の２種類があります（XP は NP, VP, AP, PP のいずれかを指します）。ここで「強調する」とは「文の焦点として明示する」ことで，（5）の分裂文では，XP の位置に焦点となる句が現われ，that 節に前提が現われます。（6）の擬似分裂文では wh 節に前提が現われ，焦点は be 動詞の後ろに置かれます。分裂文，擬似分裂文の焦点位置に現われる要素は（大文字で示したように）文強勢を伴います。

（5） It was [a CAMERA]（焦点） that John bought（前提）.

（6） What John bought（前提） was [a CAMERA]（焦点）.

分裂文と擬似分裂文は，（7）（8）のような文脈で用いられることから，日本語の分裂文同様，文中の要素を焦点化しそれ以外の部分を前提として提示することが分かります。

（7） A：Who ate my sandwich？

B：It was [Fido] (that ate it).

（8） A：What do you need？

B：What I need is [a pen and a sheet of paper].

このように分裂文と擬似分裂文には共通した特徴がありますが，異なる特徴も観察されます。まず，焦点要素として現われることのできる句について統語上の違いがあります。分裂文の焦点位置には，NP と PP は生起できますが，AP と VP は生起できません。

（9） a. It was *this book* that John sent to Bill.

b. It is *English muffins* that I can eat every morning.

(10) a. It was *in this room* that we met for the first time.

b. It was *after the earthquake* that I visited Fukushima.

(11) a. *It is *very happy* that Mary is.

b. *It was *very expensive* that the wine was.

(12) a. *It is *finish your homework* that you should.

b. *It was *write a letter to Mary* that John did.

一方，擬似分裂文の焦点位置には，(13)〜(16) のように，NP に加えて AP, VP, PP も生起することができます（ただし，PP には一定の制限があります）。

(13) a. [What I need] is *a pen and a sheet of paper.*

b. [What I bought Mary] was *a camera.*

(14) a. [What Mary is] is *very happy.*

b. [What John is] is *aggressive.*

(15) a. [What he did] was *fasten down the carpet.*

(安井 1987：496)

b. [What he does] is *sit in front of the TV.*

(16) a. [Where she met him] was *in Paris.*

b. *[When I saw John] was *at 7 o'clock.*

c. *[Where I gave the cat] was *to Mat.* (*ibid.*)

what が導く自由関係節（§5.3 を参照）は全体としてこと・もの・属性を表わす NP（主語）になりますので，その後に be 動詞を介して NP, AP, VP が接続しても問題はありません（(13)〜(15)）。しかし，焦点位置が PP の場合には対応が分かれます。まず，場所を表わす PP が焦点位置にくる場合は意味的に where を用いた自由関係節を擬似分裂文の主語にします（(16a)）。一方，時間を表わす PP の場合は when を使った自由関係節を主語にした擬似分裂文は許容されません（(16b)）。また，与格の PP の場合には，意味的に対応する wh 節がないため自由関係節自体を作ることができません（(16c)）。ただし，(16b) (16c) のような擬似分裂文を容認する母語話者もおり，PP を焦点とする擬似分裂文の可否については，母語話者によって判断に揺れが見られるようです (Akmajian 1970)。

次に分裂文の that 節の内容が新情報を表わす場合を見てみましょう

(Prince 1978, Declerck 1984)。

（17）*It was just about 50 years ago that Henry Ford gave us the weekend.* On September 25, 1926, in a somewhat shocking move for that time, he decided to establish a 40-hour work week, giving his employees two days off instead of one.

(Prince 1978: 898)

（17）の分裂文は談話の最初の文として現われていて，50年ほど前にどういうことが起ったかを述べています。この分裂文では焦点部分が場面を設定する働きをしており，前提部が新情報を表わしています。このような分裂文では，just about 50 years ago は文強勢を受けません。

擬似分裂文も談話のはじめで用いられることがあります。

（18）My dear friends, *what we have always wanted to know, but what the government has never wanted to tell us, is what exactly happens at secret conferences like the one you have been reading about in the papers this week.* There is one man, however, who has been present at such conferences himself and who is willing to break silence. His name is Robert Fox, and he is the man that we have invited as guest speaker for tonight. (Declerck 1984: 257)

（18）はゲスト・スピーカーを紹介するスピーチです。冒頭で擬似分裂文が用いられています。このような状況で聴衆が wh 節の内容を想起しているとは考えられませんので，（18）の擬似分裂文の wh 節は新情報を担っていると考えられます。

これまで見てきたように日本語の分裂文では「の」節が旧情報を表わしますが，日本語でも（17）（18）の英語のように「の」節が旧情報ではなく新情報を表わす場合があるのでしょうか。日本語には，（19）のように「～のはXだ」という形式の他に「～のがXだ」という形式があります。後者の構造の場合，前提部分に新情報が現われます（熊本 1989）。

（19）a. ［それをやらせたの］は太郎ではない。次郎だ。

b. ［それをやらせたの］が太郎ではない。［止めようとしたの］が太郎だ。

（19a）は「誰かがそれをやらせた」ということを前提とし，「次郎」を焦点として提示しています。一方，(19b) ではそれぞれ「太郎」を焦点位置にもつ2つの分裂文が対になっていることから分かるように，「太郎」は旧情報を表わしています。つまり，(19b) の分裂文は，太郎の存在を前提としてどのようなことが「太郎」に当てはまるのかを述べています。したがって，「のが」の前に現われる内容が新情報を表わしていると考えられます。元々旧情報を表わすべき部分が新情報を表わしているという点で (19b) は (17) (18) で見た英語の分裂文，擬似分裂文に似ていますが，(19b) では2つ目の分裂文の焦点位置に現われる要素（「太郎」）が旧情報を表わしているという点でまったく同じではありません。このような「の」節が旧情報を表わすか新情報を表わすかは，「は」と「が」の区別で表されていることが分かります（§3.2 を参照）。

課題解決！

冒頭の［2］は，that 節の内容を前提とする分裂文です。［2］は，John lost something. が真であることを前提としています。［2］の後に［3］を続けて言うことができないのは，［2］の前提と矛盾するからです。一方，［1］は「ジョンが鍵をなくした」ということを否定しているに過ぎず，必ずしも John lost something. を前提にもつわけではないので，［1］の後に［3］を続けて言ったとしても矛盾した発言にはなりません（否定と前提の関係については §6.1 を参照）。

練習問題

次の文を下線部が焦点として明示された文（分裂文あるいは擬似分裂文）に書き換えなさい。

1 He criticized his boss.

2 She is invincible in argument.

3 What did they find under the table?（☆）

4 They wanted us to leave.（☆）

5 You are saying that the president was involved.

6 John firmly believes that he will be released soon.

7 It is important for Mary to take care of herself.

8 His arriving so early surprised us.

8.2 話題化構文

考えてみよう！

［1］の質問に対する答えとして，［2］［3］のうちどちらの文がふさわしいでしょうか。［2］は目的語の John を文頭に置いた文ですが，［3］は普通の語順の文です。

［1］What can you tell me about John ?

［2］John, Mary kissed.

［3］Mary kissed John.

［2］と［3］にはどのような違いがあるのでしょうか。

» 日本語に注目しよう！

日本語では主語を「が」でも「は」でも標示することができます。

（1） a. 井上君がボストンから帰って来た。

b. 井上君はボストンから帰ってきた。

(1b) では主語に「は」が付いていますが，「は」は主語の他に，目的語にも付けることができます（§4.1 ですでに取り上げました）。

（2） この絵は井上君が描きました。

したがって，「が」とは異なり「は」は主語を表わすのではないことが分かります。「は」は談話で「主題（topic)」になっている要素を明示するのに用いられます。主題は，(1b)（2）のように文頭に現われるのが普通です。

「は」には「主題」の他に「対比（contrast)」を表わす機能もあります。(3) のように2つ「は」が現われると，文頭の「井上君は」が主題，2番目の「今年の夏は」は，例えば，「昨年の夏」との対比を表わします。2番目の「今年の夏は」が主題を表せないのは，主題は文頭に現われ，通常1つの文につき1つの主題しか許容されないからです。

（3） 井上君は今年の夏は海に行かなかった。

» 英語と比べてみよう！

英語では文中の要素を文頭に移動することによって主題を明示します。このような移動を「話題化（Topicalization)」と言います。

（4） a. *English muffins*, I can eat every morning.

b. *To Robin*, I gave this book.

話題化を2度適用して，文頭に主題を2つ置くことはできません。

（5） a. ??*This book, to Robin*, I gave.

b. ??*To Robin, this book*, I gave.

これは1つの文につき主題は1つしか許容されないという日本語の主題をもつ文と同じ制約によると考えることができます。

英語の話題化が適用できるのは主節に限られます。したがって，従属節では話題化を適用することはできません。

（6） a. Mary left [when I was talking to Bill].

b. *Mary left [when *to Bill*, I was talking].

（7） a. John rejected the claim [that he had asked Tom to take the book back to the library].

b. *John rejected the claim [that *the book*, he had asked Tom to take back to the library].

日本語でも従属節中に主題が現われると不自然な文となります。

（8） a. ［田中さんが／*は会社を辞めたという］噂は本当ですか。

b. ［田中さんが／*は帰るなら］僕も帰ります。

日英語では情報を配列する際に，「旧情報は文頭に近い位置に，新情報は文末に近い位置に配置する（from old to new）傾向」があります。主題は先行文脈に現われる要素であり，旧情報を表わします。日英語で共通して主題が文頭に現われるのは，情報構造の観点からも理にかなった特徴ということができます。これまでに見た例では，文頭の主題が旧情報を表わすので，文強勢は文末の新情報に置かれ，主題には文強勢は置かれません。

（9） John, she CALLED.

これに対して，新情報を文頭に移動する場合もあります（Gundel 1974）。（10A）のような疑問文の答えとして，（10B）のように文頭に新情報を担うJohnを移動させ，そこに文強勢を置くことによって，（11）の分裂文と同じ意味を表わすことがあります（JOHNの後にコンマがないのは，音韻上のポーズがないことを示します）。

（10） A：Who did she call?

B：JOHN she called.

8

特殊構文

（11）It was John that she called.

したがって，話題化には厳密に言うと，旧情報を主題として提示する「主題の話題化（Topic Topicalization）」と新情報を担う要素を文頭に移動して焦点化する「焦点の話題化（Focus Topicalization）」の２種類があることになります。

課題解決！

冒頭の［2］の話題化構文のJohnは［1］の疑問文に現われるので，旧情報を表わしています。したがって，［2］は「主題の話題化」の例で［1］の疑問文の答えになり得ます。一方，［3］の普通の語順の文は，特別な文脈がなければ文末のJohnが新情報を担います。［3］はWho did Mary kiss？のような疑問文の答えとして用いることはできますが，［1］の疑問文に対して［3］のように答えることはできません。Who did Mary kiss？という質問に話題化構文を使って答えたければ，（12）のように文頭のJohnに文強勢（大文字で表記）を伴う「焦点の話題化」を用いなければなりません。

（12）JOHN Mary kissed.

練習問題

A Aの答えとしてBが不適格な理由を答えなさい。

A：What can you tell me about John？

B：Nothing. *But Bill Mary kissed.

B 次の日本語の例はイディオムの一部を話題化する（「は」を付ける）ことができないことを示しています。その理由を答えなさい。また，英語のイディオムについても同じことが成り立つかどうか，kick the bucketやThe shit hits the fan.の例を用いて答えなさい。

1 a.　開店したばかりの店で閑古鳥が鳴いている。

b. *開店したばかりの店で閑古鳥は鳴いている。

2. A：もういいかげんにギャンブルは止めなさい。

Ba：　今度こそ足を洗います。

Bb：*今度こそ足は洗います。

8.3 右方移動：外置と重名詞句転移

考えてみよう！

英語では［1］のように目的語を動詞の直後に置くのが基本語順ですが，［2］のように目的語が長い（「重い」）名詞句の場合には，［3］のように文末に置かれることがあります。

［1］I read *the article* last year.

［2］I read *the article that was published in the journal* last year.

［3］I read last year *the article that was published in the journal.*

重い名詞句を文末に移動することによって，［2］と［3］では何か意味上の変化が生じるのでしょうか。［3］のような目的語の文末への移動にはどのような機能があるでしょうか。

日本語に注目しよう！

日本語では語順が比較的自由で，（1a）に加えて，（1b）のように主語と目的語を入れ替えることもできますが，（1c）のように動詞を文頭に置くと，不自然な文になります。これは動詞を文の最後に置くというのが日本語の基本原則だからです。書きことばや改まった話し方および従属節の中ではこの基本原則が守られますが，（2）のようにくだけた会話では，動詞以外の要素が文末に現われることがあります。

（1） a.　田中さんが自伝を書いた。

　　 b.　自伝を田中さんが書いた。

　　 c.　??書いた田中さんが自伝を。

（2） a.　昨日大阪から帰ってきましたよ，田中さんは。

　　 b.　とても面白いね，この映画は。

　　 c.　田中君に借りたんだよ，この本を。

（2）では，文中の要素が文末に移動しています。このような「右方移動（rightward movement）」はどのような要素にも自由に適用できるわけではありません。（3）と（4）の例を見てください。

（3） A：　誰とパーティーに行ったんですか。

　　 B1：　田中さんとです。

　　 B2：　田中さんとパーティーに行きました。

B3：[??]パーティーに行きましたよ，田中さんと。

（4） A：田中さんとパーティーに行ったんだって。

B1：うん。田中さんとパーティに行ったよ。

B2：うん。パーティーに行ったよ，田中さんと。

（3A）の wh 疑問文に対する答え（「田中さんと」）は焦点となる重要な情報であり，新情報を担っています。（3A）に対して，（3B3）のような右方移動構文を用いて答えるのは不自然です。一方，すでに先行文脈に現われている旧情報であれば，（4B1）だけでなく，右方移動構文を用いた（4B2）も可能な答えとなります。

（3）と（4）の対比から，日本語では旧情報を文末に移動することはできますが，新情報を表わす要素は移動できないことが分かります。

≫ 英語と比べてみよう！

英語の右方移動構文に関わる移動操作には，大別すると，①「外置（extraposition）」と②「重名詞句転移（heavy NP shift）」の 2 種類があります。外置操作が適用されている構文を「外置構文」と呼ぶことにします。

外置構文には，主語位置にある that 節や疑問節を文末に移動して，主語位置に虚辞（形式主語）を置く（5b）（6b）のような構文があります。

（5） a. [That Sue would arrive late] was expected.

b. *It* was expected [that Sue would arrive late].

（6） a. [Why she turned down the offer] was unclear.

b. *It* was unclear [why she turned down the offer].

§8.2 で英語の情報の配列には，旧情報を文頭に近い位置に，新情報を文末に近い位置に配置する傾向があることを述べました。旧情報は話し手／聞き手の双方がすでに知っている情報ですから，その情報は最小限の言語化，つまり，短い句（軽い句）にまとめることができるはずです。それに対して，聞き手の知らない新情報は，文の中で一番伝えたい重要な情報を表わすので，長い句（重い句）になる傾向があると考えられます。このような情報の流れという観点からすると，文中の句は，「軽い句から重い句へ（from light to heavy）」という順序で並べるのが自然な配列だと言うことができます。

（5a）（6a）では文主語が用いられており，VP よりも重い句になっています。また，文主語とVPの表わす情報を比べてみると，前者の方がより重要な情報（＝新情報）を表わしていると考えられます。したがって，文主語を文末に外置した（5b）（6b）の方が，情報構造上の要請に適った語順だということができます。ただし，ここでいう「重さ」は音韻的な特徴で，音韻的に重いものを文末に置くという英語の文体的特徴が関わっています。（5b）（6b）は情報構造上の要請と文体的特徴が一致したケースと考えられます。

外置にはもう1つ「名詞句からの外置（extraposition from NP）」と呼ばれる右方移動があります。主語，目的語のNPからそれを修飾する前置詞句や関係節，あるいは同格節を文末に移動する規則です。

（7） a. [A review *of this article*] came out yesterday.

　　 b. [A review] came out yesterday *of this article*.

（Ross 1986: 176）

（8） a. [The claim *that the rain was causing the accident*] was made by John.

　　 b. [The claim] was made by John *that the rain was causing the accident*. （Emonds 1976: 147–148）

（9） a. She published [an article *that criticizes John's proposal*] in a science magazine.

　　 b. She published [an article] in a science magazine *that criticizes John's proposal*.

（7b）では（7a）の主語NP内のPPが，（8b）では（8a）の主語NP内の同格節が文末に移動しています。（7b）で移動しているのはof this articleで，文中の他の要素と比べて重い句とは言えませんが，新情報の一部を成しています。（7a）を日本語に訳すと，「昨日この論文の書評が出た。」となります。a review of this articleが不定冠詞で始まることからもこの文の主題（旧情報）ではないことが分かります。つまり，（7a）では主語のa review of this articleは新情報として導入されているのです。したがって，of this articleの外置は新情報の一部が文末に移動していることになります。

（9b）では目的語のan articleを修飾する関係節が文末に移動しています。この場合も，an articleの内容を述べている関係節が最も伝えたい情報（新情報）を表わしています。

また，主語 NP からの外置には制限があります。動詞が他動詞の場合は，主語からの外置は許容されません。

（10）a. ［The book *by Mark Twain*］angered many Southerners.

b. *［The book］angered many Southerners *by Mark Twain.*

（10a）のような他動詞構文では，主語が旧情報を担い，VP（angered many Southerners）が新情報を担うため，旧情報の一部を文末に外置することはできません。自動詞でもそのすべてが主語からの述語を許容するわけではありません。主語からの外置を許容する述語は「存在」や「出現」を表わす自動詞（appear, arise, be, come, emerge, exist など），あるいは受動態動詞です。これらの動詞は，主語を新情報として導入する機能を担っているので，その一部は文末に移動できるのです。

次に重名詞句転移について見ることにします。重名詞句転移は重い目的語の NP を文末に移動する操作です。

（11）a. He threw *the letter which he had not decoded* into the wastebasket.

b. He threw into the wastebasket *the letter which he had not decoded.* （Ross 1986: 34）

重名詞句転移で移動することのできる NP は，（11b）のように重い名詞句であることが多いのですが，軽い NP であっても次のように不定名詞句であれば文末に転移することができます。

（12）a. Kevin gave *a new book* to his mother.

b. Kevin gave to his mother *a new book.*

（Stowell 1981: 107）

これは不定名詞句が新情報を担うからです。一方，旧情報を表わす代名詞は（13b）のように文末に転移することはできません（§2.10 を参照）。

（13）a. John wants to give *it* to Mary.

b. *John wants to give to Mary *it.* （Rochemont 1978: 33）

以上，英語の外置と重名詞句転移は，新情報を表わす句を文末に移動する操作であることを見ました。日本語でも文中の要素を動詞の後に移動することができますが，英語とは異なり旧情報を表わす句だけが移動の対象となります。

課題解決！

［3］では the article that was published in the journal という重名詞句が文末に転移されています。これは転移された NP が新情報を担っていると考えられるからです。［2］では last year を 2 通りに解釈することができます。つまり，［2］は多義的で，「その雑誌に去年掲載された論文を読んだ」と「その雑誌に掲載された論文を去年読んだ」のいずれにも解釈することができます。しかし，重名詞句転移が適用された［3］には［2］のような多義性はなく，「去年読んだ」という意味しかありません。このように右方移動を適用することによって，多義性を回避する効果が得られることがあります。

練習問題

A 次の文を何らかの右方移動が関与した文に書き換えなさい。

1 A man who was wearing very funny clothes just came in.

2 I found some fruit which I picked up on the way home delicious.

3 That John would accept the offer is unlikely.

4 To walk about 30 minutes a day is good for your health.

B 次の文が不適格な理由を答えなさい。

1 *A book fell by Chomsky.

2 *Did that Mary offended her parents surprise you ?

3 *I gave presents my neighbors living downstairs and next door.

C 次の a と b の違いを答えなさい。

a A man who was wearing very funny clothes just came in, {didn't he/*wasn't he}, Mary ?

b A man just came in who was wearing very funny clothes, {wasn't he/?didn't he}, Mary ?

（Ziv 1975: 569）

参考文献

Akmajian, Adrian (1970) "On Deriving Cleft Sentences from Psudo-Cleft Sentences," *Linguistic Inquiry* 1, 149-168.

安藤貞雄（2005）『現代英文法講義』開拓社，東京.

Baker, Carl Leroy (1968) *Indirect Questions in English*, Doctoral dissertation, University of Illinois.

Bolinger, Dwight L. (1975) "On the Passive in English," *The First LACUS Forum*, ed. by Adam Makkai and Valerie Makkai, 57-80, Hornbeam Press, Columbia.

Bresnan, Joan W. (1972) *Theory of Complementation in English Syntax*, Doctoral dissertation, MIT. [Published by Garland, New York, 1979.]

Carlson, Gregory N. (1977) *Reference to Kinds in English*, Doctoral dissertation, University of Massachusetts, Amherst.

Carrier, Jill and Janet Randall (1992) "The Argument Structure and Syntactic Structure of Resultatives," *Linguistic Inquiry* 23, 173-234.

デ・シェン，ブレント（1997）『英文法の再発見：日本人学習者のための文法・語法の解説と練習問題』研究社，東京.

Culicover, Peter W. (1971) *Syntactic and Semantic Investigations*, Doctoral dissertation, MIT.

Declerck, Renaat (1984) "The Pragmatics of *It*-Clefts and *Wh*-Clefts," *Lingua* 64, 251-289.

Diesing, Molly (1992) *Indefinites*, MIT Press, Cambridge, MA.

Dixon, Robert M. W. (1991) *A New Approach to English Grammar, on Semantic Principles*, Clarendon Press, Oxford.

Dowty, David (1979) *Word Meaning and Montague Grammar*, Reidel, Dordrecht.

江川泰一郎（1991）『英文法解説（改訂三版）』金子書房，東京.

Elliot, Dale E. (1974) "Toward a Grammar of Exclamations," *Foundations of Language* 11, 231-246.

Emonds, Joseph E. (1976) *A Transformational Approach to English Syntax: Root, Structure-Preserving, and Local Transformations*, Academic Press, New York.

福地肇（1995）『英語らしい表現と英文法：意味のゆがみをともなう統語構造』研究社，東京.

福地肇（2012）「英文法と英作文」，『学習英文法を見直したい』大津由紀雄（編），217-230，研究社，東京.

Gee, James Paul (1977) "Comments on the Paper by Akmajian," *Formal Syntax*, ed. by Peter W. Culicover, Thomas Wasow, and Adrian Akmajian, 461-481, Academic Press, New York.

Grimshaw, Jane (1979) "Complement Selection and the Lexicon," *Linguistic*

Inquiry 10, 279-326.
Gundel, Jeanette K. (1974) *Role of Topic and Comment in Linguistic Theory*, Doctoral dissertation, University of Texas at Austin. [Reproduced by Indiana University Linguistics Club, 1977.]
Halliday, Michael A. K. (1967) "Notes on Transitivity and Theme in English: Part I," *Journal of Linguistics* 3, 37-81.
原口庄輔・中村捷・金子義明（編）(2016)『増補版　チョムスキー理論辞典』研究社，東京.
Higgins, Francis Roger (1973) *The Pseudo-Cleft Construction in English*, Doctoral dissertation, MIT. [Published by Garland, New York, 1979.]
Horn, George M. (1974) *The Noun Phrase Constraint*, Doctoral dissertation, University of Massachusetts, Amherst.
Huddleston, Rodney and Geoffrey K. Pullum (2002) *The Cambridge Grammar of the English Language*, Cambridge University Press, Cambridge.
Huddleston, Rodney and Geoffrey K. Pullum (2005) *A Student's Introduction to English Grammar*. Cambridge University Press, Cambridge.
池上嘉彦（1981）『「する」と「なる」の言語学：言語と文化のタイポロジーへの試論』大修館書店，東京.
Imai, Kunihiko, Heizo Nakajima, Shigeo Tonoike and Christopher D. Tancredi (1995) *Essentials of Modern English Grammar*, Kenkyusha, Tokyo.
庵功雄・高梨信乃・中西久実子・山田敏弘（2000）『初級を教える人のための日本語文法ハンドブック』スリーエーネットワーク，東京.
庵功雄・高梨信乃・中西久実子・山田敏弘（2001）『中級を教える人のための日本語文法ハンドブック』スリーエーネットワーク，東京.
Jackendoff, Ray (1972) *Semantic Interpretation in Generative Grammar*, MIT Press , Cambridge, MA.
Jacobson, Pauline (1990) "Raising as Function Composition," *Linguistics and Philosophy* 13, 423-475.
加賀信広・大橋一人（2017）『授業力アップのための一歩進んだ英文法』開拓社，東京.
影山太郎（1996）『動詞意味論：言語と認知の接点』くろしお出版，東京.
影山太郎（編）（2001）『日英対照 動詞の意味と構文』大修館書店，東京.
影山太郎（編）（2009）『日英対照 形容詞･副詞の意味と構文』大修館書店, 東京.
神尾昭雄（1983）「名詞句の構造」,『日本語の基本構造』（講座 現代の言語 1）井上和子（編），77-126, 三省堂，東京.
上林洋二（1984）「措定と指定：ハとガの一面」筑波大学修士論文.
萱原雅弘・佐々木一隆（1999）『大学生のための現代英文法』開拓社，東京.
金田一春彦（1950）「国語動詞の一分類」,『言語研究』15：48-63.（金田一春彦（編）（1976）『日本語動詞のアスペクト』，5-26．むぎ書房，東京．に所収）
Kiparsky, Paul and Carol Kiparsky (1970) "Fact," *Progress in Linguistics*, ed. by Manfred Bierwisch and Karl E. Heidolph, 143-173, Mouton, The Hague.
岸本秀樹（2012）「日本語コピュラ文の意味と構造」,『属性叙述の世界』影山太郎（編），39-67，くろしお出版，東京 .
岸本秀樹・菊池朗（2008）『叙述と修飾』研究社，東京.
Kratzer, Angelika (1995) "Stage-Level and Individual-Level Predicates," *The*

Generic Book, ed. by Gregory N. Carlson and Francis Jeffry Pelletier, 125-175, Chicago University Press.
久保田正人（2007）『ことばは壊れない：失語症の言語学』開拓社，東京．
熊本千明（1989）「日・英語の分裂文について」『佐賀大学英文学研究』17，11-34．
國廣哲彌（編）（1980）『日英語比較講座 第2巻 文法』大修館書店，東京．
Kuno, Susumu（1973）*The Structure of the Japanese Language*, MIT Press, Cambridge, MA.
久野暲（1978）『談話の文法』大修館書店，東京．
久野暲・高見健一（2005）『謎解きの英文法 文の意味』くろしお出版，東京．
久野暲・高見健一（2013）『謎解きの英文法 時の表現』くろしお出版，東京．
久野暲・高見健一（2014）『謎解きの英文法 使役』くろしお出版，東京．
桒原和生・松山哲也（2001）『補文構造』研究社，東京．
桒原和生（2015）「英語教育における母語の知識の活用と文法指導」，『日本の英語教育の今、そして、これから』長谷川信子（編），30-52，開拓社，東京．
Langacker, Ronald W.（1995）"Raising and Transparency," *Language* 71, 1-62.
Leech, Geoffrey N.（1987）*Meaning and the English Verb*（2nd edition), Longman, London.
Lehrer, Adrienne（1970）"Verbs and Deletable Objects," *Lingua* 25, 227-253.
Levin, Beth and Malka Rappaport Hovav（1995）*Unaccusativity: At the Syntax-Lexical Semantics Interface*, MIT Press, Cambridge, MA.
益岡隆志（1991）『モダリティの文法』くろしお出版，東京．
益岡隆志（2013）「名詞修飾節と文の意味階層構造」，『世界に向けた日本語研究』遠藤喜雄（編），185-199，開拓社，東京．
Milsark, Gary L.（1974）*Existential Sentences in English*, Doctoral dissertation, MIT.
Mittwoch, Anita（1990）"On the Distribution of Bare Infinitive Complements in English," *Journal of Linguistics* 26, 103-131.
村杉恵子・斎藤衛・宮本陽一・瀧田健介（編）『日本語文法ハンドブック：言語理論と言語獲得の観点から』開拓社，東京．
中村捷（2009）『実例解説 英文法』開拓社，東京．
西山佑司（2003）『日本語名詞句の意味論と語用論：指示的名詞句と非指示的名詞句』ひつじ書房，東京．
仁田義雄（1997）『日本語文法研究序説：日本語文法の記述文法を目指して』くろしお出版，東京．
野田尚史（1984）「副詞の語順」『日本語教育』52，79-90．
岡田伸夫（1985）『副詞と挿入文』大修館書店，東京．
小野尚之（編）（2007）『結果構文研究の新視点』ひつじ書房，東京．
小野尚之（編）（2009）『結果構文のタイポロジー』ひつじ書房，東京．
Prince, Ellen F.（1978）"A Comparison of WH-Clefts and *It*-Clefts in Discourse," *Language* 54, 883-906.
Quirk, Randolph, Sidney Greenbaum, Geoffrey Leech and Jan Svartvik（1985）*A Comprehensive Grammar of the English Language*, Longman, London.
Rochemont, Michael S.（1978）*A Theory of Stylistic Rules in English*, Doctoral dissertation, University of Massachusetts, Amherst. [Published by Gar-

land, New York, 1985.]
Ross, John Robert (1986) *Infinite Syntax!*, Albex Publishing Corporation, New Jersey.
Rothstein, Susan (1983) *The Syntactic Forms of Predication*, Doctoral dissertation, MIT.
Rothstein, Susan (2004) *Structuring Events: A Study in the Semantics of Lexical Aspect*, Blackwell, Oxford.
Rundako, Juhani (1989) *Complementation and Case Grammar: A Syntactic and Semantic Study of Selected Patterns of Complementation in Present-Day English*, State University of New York Press, New York.
Saito, Mamoru and Keiko Murasugi (1990) "N′-Deletion in Japanese: A Preliminary Study," *Japanese/Korean Linguistics* 1, 258-301.
Simpson, Jane (1983) "Resultatives," *Papers in Lexical-Functional Grammar*, ed. by Lori Levin, Malka Rappaport Hovav, and Annie Zaenen, 143-157, Indiana University Linguistics Club, Bloomington.
Stowell, Timothy A. (1981) *Origins of Phrase Structure*, Doctoral dissertation, MIT.
Vendler, Zeno (1957) "Verbs and Times," *The Philosophical Review* 66, 143-160.
Washio, Ryuichi (1997) "Resultatives, Compositionality and Language Variation," *Journal of East Asian Linguistics* 6, 1-49.
Wechsler, Stephen (2005) "Resultatives Under the 'Event-Argument Homomorphism' Model of Telicity," *The Syntax of Aspect: Deriving Thematic and Aspectual Interpretations*, ed. by Nomi Erteschik-Shir and Tova Rapoport, 255-273, Oxford University Press, Oxford.
安井稔(1995)『納得のゆく英文解釈』開拓社，東京.
安井稔(1996)『改訂版 英文法総覧』開拓社，東京.
吉川千鶴子(1995)『日英比較 動詞の文法：発想の違いから見た日本語と英語の構造』くろしお出版，東京.
吉田正治(1995)『英語教師のための英文法』研究社，東京.
吉田正治(1998)『続英語教師のための英文法』研究社，東京.
Ziv, Yael (1975) "On the Relevance of Content to the Form-Function Correlation: An Examination of Extraposed Relative Clauses," *Papers from the Parasession on Functionalism*, 568-579, Chicago Linguistic Society, Chicago.

【事典・辞典】

『英語基本動詞辞典』1980. 小西友七，研究社，東京.
『現代英文法事典』1987. 安井稔（編），大修館書店，東京.
『コンサイス英文法辞典』1996. 安井稔（編），三省堂，東京.
『オックスフォード実例現代英語用法辞典（第3版）』2007. マイケル・スワン（吉田正治訳），研究社，東京.
『[最新] 英語構文事典』2001. 中島平三（編），大修館書店，東京.
『新英語学辞典』1987. 大塚高信・中島文雄（監修），研究社，東京.

＊
『ジーニアス英和辞典（第4版）』2006. 小西友七・南出康世（編），大修館書店，東京.
Oxford Dictionary of English（2nd edition revised），2005. Soanes Catherin and Angus Stevenson, Oxford University Press, Oxford.
『ランダムハウス英和大辞典（第2版）』1994. 小西友七・安井稔・國廣哲彌・堀内克明（編），小学館，東京.
『新英和大辞典』2002. 竹林滋（編）研究社，東京.
『新編 英和活用大辞典』1995. 市川繁治郎（編集代表），研究社，東京.

【例文出典】

Active English: Readings in the Liberal Arts and Humanities, Jim Knudsen, Nan'un-do, 2017.
Campus Wide，東京大学教養学部英語部会，東京大学出版会，東京，2006.
Everyday English: Current Topics to Read and Talk About, Jim Knudsen, Nan'un-do, Tokyo, 2016.
Fifty Key Thinkers on Language and Linguistics, Margaret Thomas, Routledge, London, 2011.（『ことばの思想家 50 人 重要人物からみる言語学史』マーガレット・トーマス（中島平三監訳）朝倉書店，東京，2016）
"Recent Advances in Non-Invasive Studies of Higher Brain Functions," *Brain and Development* 15.6, p. 423.
Silence, Shusaku Endo, Picador, New York, 2016.（『沈黙』遠藤周作，新潮文庫，東京，1996.）
The Art of Science, Roger Peng and Elizabeth Matsui, 2016.
The Japan Times, February 7, 2011, February 29, March 6, 8, 9, 13, 2016, Dec 12, 2015, May 5, 2018.
The Language Instinct: How the Mind Creates Language, Pinker Steven, Harper Perennial, New York, 1994.（『言語を生み出す本能［上・下］』スティーブン・ピンカー（椋田直子訳）NHK ブックス，東京，1995）
『東大英単』東京大学教養学部英語部会，東京大学出版会，2009.
https://www.hsph.harvard.edu/obesity-prevention-source/obesity-causes/food-environment-and-obesity/
https://www.healthline.com/health/flu-shot-side-effects
https://www.ucsusa.org/global-warming#.Wpe0Xq09zow

索　引

あ行

か行

さ行

た行

な行

は行

ま行

や行

ら行

わ行

【語句索引】

と　215
ない　233
なら　215
に　220
ば　215

【著者略歴】

石居康男（いしいやすお）

1958年神奈川県生まれ。1981年東京学芸大学教育学部卒業。1983年同大学大学院教育学研究科修士課程修了。1985年東北大学大学院文学研究科博士前期課程修了。1986年フルブライト大学院留学プログラムにて渡米，1991年コネチカット大学大学院言語学科博士課程修了（Ph.D.）。慶應義塾大学経済学部助教授を経て，現在，神田外語大学外国語学部英米語学科教授。2003～2004年南カリフォルニア大学言語学科客員研究員（フルブライト研究員プログラム）。
著書：『英語から日本語を見る』（研究社，2003年［共著］）

桒原和生（くわばらかずき）

1965年岐阜県生まれ。1988年獨協大学外国語学部卒業。1990年同大学大学院外国語学研究科修士課程修了。1993年同大学大学院外国語学研究科博士後期課程修了（博士（英語学））。神田外語大学外国語学部講師，助教授を経て，現在，神田外語大学外国語学部英米語学科教授。1999～2000年マサチューセッツ工科大学言語哲学科客員研究員。
著書：『補文構造』（研究社，2001年［共著］）

【協力】

藤巻一真（神田外語大学外国語学部英米語学科准教授）

日本語を活用して学ぶ英文法　　NDC835/viii, 317p/21cm

2020年4月1日　初版第1刷発行
2022年1月15日　初版第2刷発行
2024年9月20日　初版第3刷発行

［著　者］石居 康男・桒原 和生
［発行者］佐野 元泰
［発行所］神田外語大学出版局
〒261-0014 千葉県千葉市美浜区若葉1-4-1
TEL 043-273-1481
http://www.kandagaigo.ac.jp/kuis/press/
［発売元］株式会社ぺりかん社
〒113-0033 東京都文京区本郷1-28-36
TEL 03-3814-8515
http://www.perikansha.co.jp
［印刷・製本］藤原印刷株式会社

ISBN978-4-8315-3013-4　Printed in Japan